高职高专"十四五"规划教材

产品质量检验与品质分析

主　编　李　芬　卢立娟　胡德声
副主编　傅深娜　陈红冲　黄琼俭

北　京
冶　金　工　业　出　版　社
2021

内 容 提 要

本书分为认识产品质量检验与品质分析、化工产品检验及其标准化、分析检验的数理统计与质量保证、品质分析常用统计技术、无机产品工业盐酸的抽样检验和有机化工产品尿素的委托检验6个模块。本书紧密结合企业实际，确定典型无机和有机化工产品检验实训内容，利用质量控制的手段，对所检测的产品进行质量分析。

本书可作为化工、医药、食品、环境、轻工等高等职业院校和化工行业中、高级化学检验工实训教学用书，也可作为与化学检验相关的企业或商检部门化验人员的参考资料。

图书在版编目(CIP)数据

产品质量检验与品质分析/李芬，卢立娟，胡德声主编．—北京：冶金工业出版社，2021．3

高职高专“十四五”规划教材

ISBN 978-7-5024-7604-5

Ⅰ．①产…　Ⅱ．①李…　②卢…　③胡…　Ⅲ．①产品质量—质量检验—高等职业教育—教材　Ⅳ．①F273．2

中国版本图书馆CIP数据核字(2021)第034993号

出 版 人　苏长永

地　　址　北京市东城区嵩祝院北巷39号　邮编　100009　电话　(010)64027926

网　　址　www.cnmip.com.cn　电子信箱　yjcbs@cnmip.com.cn

责任编辑　杨盈园　美术编辑　彭子赫　版式设计　禹　蕊

责任校对　王永欣　责任印制　李玉山

ISBN 978-7-5024-7604-5

冶金工业出版社出版发行；各地新华书店经销；北京虎彩文化传播有限公司印刷

2021年3月第1版，2021年3月第1次印刷

787mm×1092mm　1/16；13印张；312千字；196页

39.00元

冶金工业出版社　投稿电话　(010)64027932　投稿信箱　tougao@cnmip.com.cn

冶金工业出版社营销中心　电话　(010)64044283　传真　(010)64027893

冶金工业出版社天猫旗舰店　yjgycbs.tmall.com

(本书如有印装质量问题，本社营销中心负责退换)

前 言

产品质量对于企业的重要性不言而喻，在企业的管理工作中，产品质量检验和品质分析是一项非常重要的工作，只有加强产品实现过程的质量检查和质量监督，才能够在很大程度上提高企业的竞争力和发展能力。“产品质量检验与品质分析”是化工技术类相关专业的一门理论和实践相结合的课程，摆脱了传统分析化学及其实验教材的学科体系。本书以现行国家标准为依据，重点讨论如何将技术标准的规定应用到产品质量检验的实践之中，并应用相关分析化学的理论知识解读技术标准，进而应用于产品质量检验。通过典型的无机和有机化工产品检验实训，培养化学检验人员的操作技能，以及应用理论知识解决实际问题的能力。本书同时利用统计分析技术对产品质量情况进行分析，培养面向化工、医药、环境等领域质量检验和品质管理等技术人员。如果读者能够掌握和操作书中设定的内容，定会收到触类旁通的效果。考虑到其他教材中已对化学分析的基本操作技术和仪器使用、维护方法等做了详细的叙述，故本书不再重复这些基础知识。

本书分为6个模块，内容简明扼要，通俗易懂，每个模块都有学习目标和习题，是为高职院校化工技术类专业和药品质量分析类专业、化工行业中、高级化学检验工编写的。

本书模块1和模块3由重庆工业职业技术学院李芬编写，模块2由重庆工业职业技术学院卢立娟编写，模块4由重庆工业职业技术学院胡德声编写，模块5由重庆工业职业技术学院黄琼俭编写，模块6由重庆工业职业技术学院傅深娜和陈红冲编写，全书由李芬负责统稿，重庆工业职业技术学院吴明珠担任主审，并得到了重庆工业职业技术学院应化教研室和医药教研室的大力支持。在此表示衷心的感谢。

由于编者水平有限，书中不足之处，恳请读者和专家批评指正。

编　者

2020年8月

目　录

模块 1 认识产品质量检验与品质分析

【学习目标】

（1）掌握产品质量检验基本概念与分类。
（2）了解产品质量检验的主要功能、作用和检验形式。
（3）了解品质分析的作用、特点、基本内容和方法。

任务 1.1 产品质量检验的基本知识与分类

产品质量检验和品质分析是生产和产品流通的“眼睛”，简单地说就是应用于产品生产和流通的分析检验。国际标准化组织制定和发布的 ISO 9000 系列质量管理文件，已经把分析检验置于和产品生产同等的地位实行质量管理，并要对质量管埋体系进行认证。我国自确立社会主义市场经济体制以来，工业生产部门和产品流通领域的分析检验任务日益繁重。特别是加入世界贸易组织（WTO）加速了我国融入经济全球化的进程，进出口贸易与日俱增，在产品质量检验和认证方面必须与国际接轨。形势的发展对分析检验工作提出了更新、更高的要求，高素质、高技能的分析检验人员培训任务迫在眉睫。

1.1.1 产品质量检验的基本概念

与产品质量检验相关的基本概念包括产品、产品质量、产品质量检验。

（1）产品。产品是指作为商品提供给市场，被人们使用和消费，并能满足人们某种需求的任何东西，包括有形的物品、无形的服务、组织、观念或它们的组合。产品一般可以分为 4 种通用类别和 5 个层次。4 种通用类别是服务、软件、硬件、流程性材料；5 个层次即核心产品、基本产品、期望产品、附加产品、潜在产品。核心产品是指整体产品提供给购买者的直接利益和效用；基本产品是核心产品的宏观化，即品质、式样、特征、商标及包装；期望产品是指购买者在购买产品时，一般会期望得到的一组特性或条件；附加产品是指超过顾客期望的产品附带获得的各种利益总和，包括产品说明书、保证、安装、维修、送货、技术培训等；潜在产品指现有产品包括所有附加产品在内的，可能发展成为未来可能产生的改进和变革。

产品是“一组将输入转化为输出的相互关联或相互作用的活动”的结果，即“过程”的结果。在经济领域中，通常也可理解为组织制造的任何制品或制品的组合。产品在《现代汉语词典》当中的解释为“生产出来的物品”。简单来说“为了满足市场需要而创建的用于运营的功能及服务”就是产品。

（2）产品质量。产品质量是指产品适应社会生产和生活消费需要而具备的特性，它是产品使用价值的具体体现。它包括产品内在质量和外观质量两个方面，产品的内在质量是指产品的内在属性，包括性能、寿命、可靠性、安全性、经济性 5 个方面。产品的外观质量指产品的外部属性，包括产品的光洁度、造型、色泽、包装等，如自行车的造型、色彩、光洁度等。

质量具有广义性。在质量管理体系涉及的范畴内，组织的相关方对组织的产品、过程、体系都可以提出要求。产品、过程、体系都具有固有特性，所以质量不仅指产品的质量，也指过程和体系的质量。

质量概念可以分为 3 种：

1）符合性质量概念。以符合现行标准的程度作为衡量依据。

2）适用性质量概念。以适合顾客需要的程度作为衡量依据。

3）广义质量概念。质量是一组固有特性满足要求的程度。狭义产品质量概念指有形制成品（如笔、水杯等）。广义产品质量概念指硬件、服务（如快递、旅游活动等）、软件（如电子游戏、字典等）、流程性材料（如食用油、煤炭等）。

（3）产品质量检验。产品质量检验是对产品的一项或多项质量特性进行观察、测量、试验，并将结果与规定的质量要求进行比较，以判断每项质量特性合格与否的一种活动。产品质量检验基本任务首先是按程序和相关文件规定对产品形成的全过程包括原料进货、作业过程、产品实现的各阶段、各过程的产品质量，依据技术标准、图样、作业文件的技术要求对其进行质量符合性检验，以确认其是否符合规定的质量要求；其次是对检验确认符合规定质量要求的产品给予接受、放行、交付，并出具检验合格凭证；第三是对检验确认不符合规定质量要求的产品按程序实施不合格品控制，剔除、标识、登记并有效隔离不合格品。

1.1.2　产品质量检验的主要功能

产品质量检验的主要功能包括：

（1）把关。把关是产品质量检验最基本的职能，也可称为质量保证职能。这一职能是质量检验出现时就已经存在的，即使是生产自动化高度发展的将来，检验的手段和技术有所发展和变化，质量检验的把关作用仍然是不可缺少的。企业的生产是一个复杂的过程，人、机、料、法、环（4M1E）等诸要素，都可能使生产状态发生变化，各个工序不可能处于绝对的稳定状态，质量特性的波动是客观存在的，要求每个工序都保证生产 100% 的合格品实际上是不可能的。因此，通过检验实行把关职能，做到不合格的原材料不投产、不合格的半成品不转序、不合格的零部件不组装、不合格的产品不出厂才能真正保证产品的质量。

（2）预防。现代产品质量检验区别于传统检验在于现代质量检验不单纯是起把关的作用，同时还起到预防的作用。检验的预防作用主要表现在以下两个方面：一方面通过工序能力的测定和控制图的使用起到预防作用，如发现工序能力不足，或通过控制图表明生产过程出现了异常状态，则要及时采取技术组织措施，提高工序能力或消除生产过程的异常因素，预防不合格品的发生；另一方面通过工序生产中的首检与巡检起预防作用，当一批产品处于初始加工状态时，一般应进行首件检验（首件检验不一定只检查一件），当首件检验合格并得到认可时，方能正式成批投产。

（3）报告。报告也就是信息反馈。这是为了使管理者和有关质量管理部门及时掌握生产过程中的质量状态，评价和分析质量体系的有效性。为了能做出正确的质量决策，了解产品质量的变化情况，必须把检验结果用报告形式，特别是计算所得的指标反馈给管理决策部门和有关管理部门，以便做出正确的判断和采取有效的决策措施。报告的主要内容包括以下几个方面：

1）原材料、外购件、外协件进厂验收检验的情况和合格率指标；

2）产品出厂检验的合格率、返修率、报废率、降级率以及相应的金额损失；

3）按车间和分小组的平均合格率、返修率、报废率、相应的金额损失及排列图分析；

4）产品报废原因的排列图分析；

5）不合格品的处理情况报告；

6）重大质量问题的调查、分析和处理报告；

7）改进质量的建议报告；

8）检验人员工作情况报告，等等。

（4）改进。改进是产品质量检验参与质量改进工作，充分发挥质量把关和预防作用的关键，也是检验部门参与质量管理的具体体现。质量检验人员一般都是由具有一定生产经验、业务熟练的工程技术人员或技术工人担任。他们熟悉生产现场，对生产中人、机、料、法、环等因素有比较清楚的了解。因此对质量改进能提出更切实可行的建议和措施，这也是质量检验人员的优势所在。实践证明，特别是设计、工艺、检验和操作人员联合起来共同投入质量改进，能够取得更好的效果。

（5）监督和验证。监督和验证是市场经济和质量保证的客观要求，而这种监督和验证是以检验为基础的。从微观和宏观管理出发，质量监督主要分为以下 5 个方面：

1）自我监督。包括企业通过内部检验系统的正常运转，对原材料和外购件进行把关的质量监督；对产品设计质量的监督；对产品形成过程的质量监督；对产品进入流通领域的质量监督等。

2）用户监督。企业通过建立和完善用户满意度评价体系，定期对用户进行调查和访问，取得产品进入流通领域之后，用户对质量的直接评价，从而为企业不断改进目标和策略提供科学依据。

3）社会监督。企业通过各种形式和渠道，积极参与和配合消费者的民间团体组织，对自身产品和服务质量进行评价，以真正体现企业的社会责任。

4）法律监督。市场经济就是法制经济。企业通过认真学习和遵守法律制度正确地约束自身的经营行为和维护自身的合法权益。同时，消费者以及全社会通过《产品质量法》《食品卫生法》《药品管理法》《计量法》《民法通则》《经济合同法》《民事诉讼法》《行政诉讼法》《刑法》《反不正当竞争法》《消费者权益保护法》《仲裁法》等相关法律监督和规范社会各类质量行为，以保护国家和生产者、销售者以及广大消费者的合法权益。

5）国家监督。国家监督是指由国家授权，以第三方公正为立场的机构所进行的质量监督。例如，国家商检部门对进出口产品的质量标准所进行的检查监督等。此外，国家对主要工业产品，例如，包括食品、生活日常用品等实行定期和不定期的抽查监督，起到监督企业经营行为、保护消费者合法权益、维护社会经济秩序的重要作用。

1.1.3 产品质量检验的分类

1.1.3.1 按检验阶段分类

（1）进货检验（IQC）。进货检验是根据产品标准或检验规程对原材料、外购配套件和外协件入厂时进行的检验，防止不合格物料进入生产流程，保证过程产品符合规定要求，不合格的原料进入不良材料处理流程。进货检验的一般流程如图1-1所示，材料不良通知书见表1-1。

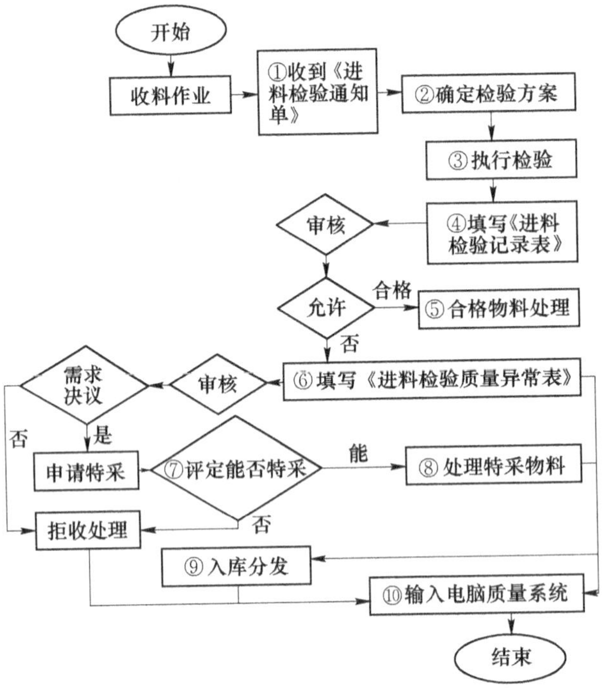

图1-1 进货检验的一般流程

表1-1 材料不良通知书

<table>
<tr><td colspan="2">供应商</td><td colspan="2"></td><td colspan="2">品名</td><td colspan="2"></td><td colspan="2">型号</td><td></td></tr>
<tr><td colspan="2">交货日期</td><td colspan="2"></td><td colspan="2">交货单号</td><td colspan="2"></td><td colspan="2">交货数量</td><td></td></tr>
<tr><td>检验方法</td><td>□全检
□抽检</td><td colspan="2">不良数/检验数</td><td colspan="2"></td><td>不良率/%</td><td></td><td colspan="2">前批不良率/%</td><td></td></tr>
<tr><td colspan="3">不良内容（图示）</td><td>项次</td><td colspan="2">不良项目</td><td colspan="2">不良数</td><td colspan="2">不良率</td><td>备注</td></tr>
<tr><td colspan="3" rowspan="2"></td><td>1</td><td colspan="2"></td><td colspan="2"></td><td colspan="2"></td><td></td></tr>
<tr><td>2</td><td colspan="2"></td><td colspan="2"></td><td colspan="2"></td><td></td></tr>
<tr><td colspan="11">本公司应急措施
执行责任者：</td></tr>
<tr><td colspan="11">供应商防止再发对策
预定完成时间：
改善品标示：</td></tr>
<tr><td colspan="7">本公司</td><td colspan="4">供应商</td></tr>
<tr><td>提出</td><td></td><td>主管</td><td></td><td>经理</td><td colspan="2"></td><td>品管</td><td></td><td>经理</td><td></td></tr>
</table>

（2）过程检验（IPQC）。

1）首件检验。首件检验是指在批量产品生产中对第一件产品（或直到把工艺状态调整好为止的若干个产品）的检验，主要目的是为了尽早发现过程中影响产品质量的系统因素，防止产品成批报废，由操作者、检验员（或 IE）共同进行，合格后送检验员专检，检验员应按规定在检验合格的首件上作出标识，填写相应的首件检验记录，并保留首件产品直到该批产品完工。通常需要首件检验的情况：

① 一批产品开始生产时。

② 一个工作班开始生产时。

③ 作业人员变换工作地，生产第一个产品时。

④ 设备重新调整或工艺发生变化时。

⑤ 材料、零件、部件、组件发生变化时。

2）巡回检验。巡回检验是指检验员在生产现场按一定的时间间隔对有关工序的产品和生产条件进行的监督检验，并及时做好相应的记录。通常需要对生产线巡检的情况：

① 当人员有变化时，对人员的教育培训及评价有无及时实施。

② 设备、工具、计量器具在日常使用时，有无定期检查、校正，保养是否处于正常状态。

③ 物料和零部件在工序中的摆放、搬运及拿取方法是否造成物料不良。

④ 不合格品有无明显标志并放置在规定区域。

⑤ 工艺文件（或作业指导书）能否正确指导生产，工艺文件是否齐全并得到遵守，产品的标识和记录能否保证可追溯性。

⑥ 生产环境：6S。

⑦ 生产因素变换时（修机、换模、换料）是否按要求通知质检员到现场验证。

（3）最终检验（FQC）。最终检验是涉及实物质量的最后一个关口，因此必须根据合同规定及有关技术标准或技术要求对产品实施最终检验。入库前已进行了严格检验的则无需进行出厂检验；如果仓库贮存环境（温度、湿度）对产品有影响时则须进行出厂检验，防止不合格品出厂和流入到用户手中，损害用户利益和企业的信誉。

1.1.3.2 按检验场所分类

（1）固定场所检验。适用于检验仪器设备不便移动或使用较频繁的情况，固定检验站相对工作环境较好，也有利于检验工具或仪器设备的使用管理。

（2）流动检验（巡回检验）。适用于检验工具比较简单，精度要求不很高的检验；适用于产品质量大，不宜搬运的产品。流动检验的优点有：

1）容易及时发现过程（工序）出现的质量问题，使作业人员及时调整过程参数和纠正不合格，从而可预防发生成批废品的出现。

2）可以节省中间产品搬运和取送的工作，防止磕碰、划伤等缺陷的产生。

3）节省作业者在检验站排队等候检验的时间。

1.1.3.3 按检验产品数量分类

（1）全数检验。全数检验又称全面检验、普遍检验，是指根据质量标准对送交检验的全部产品逐件进行试验测定，从而判断每一件产品是否合格的检验方法。优点是能提供产品完整的检验数据和较为充分、可靠的质量信息。缺点是检验的工作量相对较大、检验的周期长、需要配置的资源数量较多、检验涉及的费用也高，增加质量成本。全数检验一般应用于小批量、多品种，重要和价格昂贵的产品；对以后工序加工有决定性影响的项目；质量严重不均的工序和制品；不能互换的装配件；抽样方案判为不合格批次，需重新检验筛选的产品。

（2）抽样检验。抽样检验又称抽样检查，是从一批产品中随机抽取少量产品（样本）进行检验，以判断该批产品是否合格的统计方法和理论。它与全数检验不同之处在于后者需对整批产品逐个进行检验，把其中的不合格品拣出来，而抽样检验则根据样本中的产品检验结果来推断整批产品的质量。如果推断结果认为该批产品符合预先规定的合格标准，就予以接收，否则就拒收。然而，经过抽样检验认为合格的一批产品中，还可能含有一些不合格品，有一定的风险。其优点是大大节约检验工作量和检验费用、缩短检验周期、减少检验人员，特别是属于破坏性检验时，只能采用抽样检验的方式。

主要的抽样方法包括简单随机抽样、系统抽样和分层抽样 3 种。适用范围为某些不可能实现全数检验的检测项目（如破坏性的，采用化学反应的试验）；生产批量大、自动化程度高、产品质量比较稳定的作业过程；检验费用昂贵的产品、少量不合格不会造成重大经济损失的产品。

（3）免检。免检是指对符合规定条件的产品免于政府部门实施的质量监督检查。如果一家企业某种产品获得了国家免检产品标志资格后，在免检有效期内享有：国家、省、市、县各级政府部门在内均不得对其进行质量监督检查；在全国各个省均不得对其进行质量监督检查；无论是生产领域，还是流通领域均不得对其进行质量监督检查。但是，免检产品也并不是处于失控状态，《免检免于质量监督检查管理办法》规定，用户、消费者有权对免检产品进行社会监督。当免检产品出现质量问题时，用户、消费者可以向生产企业所在地的质量技术监督部门申诉和举报。质监部门按照法律法规及有关规定进行处理。

被批准质量免检的产品在免于政府部门实施监督检查的同时，必须同时具备以下必备条件：

1）企业必须具备独立的法人资格。

2）产品质量长期稳定，免检产品连续稳定生产两年以上，出厂的产品未出现批次质量不合格。在两年内未出现因产品质量问题发生对用户、消费者的人身造成伤害或者造成财产损失。未发生对用户、消费者反映有问题的产品不依法履行“三包”规定，造成较坏社会影响等质量事故。

3）企业有完善的质量管理体系。

4）产品市场占有率和企业经济效益综合排名位于本行业前列。

5）产品标准达到或严于国家标准或行业标准的要求。

6）产品在全国省级以上（含省级）质量技术监督部门最近组织的监督检查中连续 3 次以上（含 3 次）均为合格，且两年内未出现不合格的情况。连续 3 次以上均为合格是指次与次之间没有出现不合格的情况。

7）产品应当符合有关法律、法规的要求和国家产业政策。

1.1.3.4 按检验的执行人员分类

（1）自检。自检是生产工人对自己生产产品进行的自我检验，自检一般只能做感官检查和对部分质量特性的测量，有一定的局限性。

（2）互检。互检是生产工人相互之间进行检验。互检主要有：下道工序对上道工序流转过来的产品进行检验；小组质量员或班组长对本小组工人加工出来的产品进行抽检等。互检可以及时发现不符合作业规程的质量问题，并及时纠正和采取纠正措施，可以有效地防止自检中发生的错、漏检造成的损失。

（3）专检。专检是由专业检验人员进行的检验，是现代化大生产劳动分工的客观要求。专职检验人员无论对产品的技术要求、工艺知识和检验技能，都比生产工人熟练，所用检测仪也比较精密，检验结果比较可靠，检验效率也比较高。其次，由于生产工人有严格的生产定额，定额又同奖金挂钩，所以容易产生错检和漏检，有时操作者的情绪也产生影响。自检、互检、专检构成"三检"，专检是互检和自检不能取代的，而且必须以专业检验为主导。

1.1.3.5 按对产品损害的程度分类

（1）破坏性检验。破坏性检验是在产品检验过程中使得受检产品的形态发生变化，产品的使用功能或性能遭到一定程度破坏的检验形式或者方法。如电子元件的寿命试验、电池片电极拉力试验、产品的周期湿热试验等。进行破坏性检验后，无法实现对该样品进行重复检验，而且一般都丧失了原有的使用价值。

（2）非破坏性检验。非破坏性检验是产品经过检验以后，受检产品的形态没有发生变化，产品的性能和使用功能没有受到影响的检验形式或者方法。如机械零件的尺寸等大多数检验都是属于非破坏性检验。现在由于无损检查的发展，非破坏性检验的范围在扩大。

1.1.3.6 按检验技术手段分类

（1）理化检验。理化检验是借助物理、化学的方法，使用某种测量工具或仪器设备，如千分尺、千分表、验规、显微镜等所进行的检验。

1）物理检验。物理检验是根据产品的一些物理常数（如密度、相对密度、折射率和旋光度等）与产品的组分及含量之间的关系进行检测的方法。物理检验包括：

① 度量衡检验。能够检测几何形状及尺寸精度、质量、密度、粒度、黏度等。

② 光学检验法。利用光学原理，采用各种光学仪器检测材料的物理、化学性能及组分。如熔点、凝固点、沸点、闪点、燃点、导热性、耐热性的温度测试。

③ 电学性能检验。利用电工原理，采用电工、电子仪器检测材料的各项电性能和电参数。如电流、电压、电阻、电容、电感、频率、介电常数。

④ 力学性能检验。利用物理力学原理对材料的力学和力学性能进行检测。这是金属和非金属材料最常用、最基本的检验方法，如拉伸强度、疲劳强度、硬度等。

⑤ 无损检测。在不损坏被检材料的前提下，对材料表面或内部的缺陷、性能、状态、结构进行检测，主要有射线、超声波、磁粉、渗透、涡流等探伤方法。

2）化学检验。化学检验是利用化学试剂和试验仪器及一定的测试方法，对产品的化学组分及含量所进行的测定。化学检验包括：

① 化学分析。以化学反应为基础进行的测试。

② 仪器分析。借助特殊仪器，通过检验试样的光学性能、电学、电化学性能等物理或化学性质得到所测物质的组分含量。

（2）感官检验。依靠检验人员的感觉器官进行产品质量评价或判断的检查（色、味、形、声响、手感、视觉等）。其优点是方法简便易行，不需要特殊仪器、设备、化学试剂，判断迅速、成本低廉；缺点是该方法属于主观评价的方法，检验结果易受检验者感觉器官的敏锐程度、审美观念、实践经验、生理等因素影响，因而要求检验人员有较高的素质、较丰富的经验、较强的判断能力，否则容易出现不确切的判断或误判、错判。

1.1.3.7　按检验目的分类

（1）生产检验。生产检验是生产企业在产品形成的整个生产过程中的各个阶段对其所进行的检验，目的在于保证生产企业所生产产品的产品质量。

（2）验收检验。验收检验是买方或使用单位（用户）为了保证买到满意产品，按照国家（国际）现行的技术标准或合同规定而进行的检验。

（3）监督检验。监督检验指经各级政府主管部门所授权的独立检验机构，按质量监督管理部门制订的计划，从市场抽取商品或直接从生产企业抽取产品所进行的市场抽查监督检验。监督检验的目的是为了对投入市场的产品质量进行宏观控制。

（4）验证检验。验证检验指经各级政府主管部门所授权的独立检验机构，从企业生产的产品中抽取样品，通过检验验证企业所生产的产品是否符合所执行的质量标准要求的检验。如产品质量认证中的形式试验就属于验证检验。

（5）仲裁检验。仲裁检验指当供需双方因产品质量发生争议时，由各级政府主管部门所授权的独立检验机构抽取样品进行检验，提供仲裁机构作为裁决的技术依据。

1.1.3.8　按供需关系分类

（1）第一方检验。生产方（供方）称为第一方。第一方检验指生产企业自己对自己所生产的产品进行的检验。第一方检验实际就是生产检验。

（2）第二方检验。使用方（顾客、需方）称为第二方。需方对采购的产品或原材料、外购件、外协件及配套产品等所进行的检验称为第二方检验。第二方检验实际就是进货检验（买入检验）和验收检验。

（3）第三方检验。由各级政府主管部门所授权的独立检验机构称为公正的第三方。第三方检验包括监督检验、验证检验、仲裁检验、委托检验等。

委托检验不同于监督抽查和执法检查，是企业的自主自愿行为。随着社会的发展和进步，人们对于产品的要求已不仅仅限定于外观和耐用性，而是将环保、健康、节能等作为选择产品的主要依据。以纺织品服装为例，人们的关注点已逐渐从款式、耐用转移到产品的舒适、环保和功能上来，对面料化学残留以及功能性的检测需求越来越强烈。企业迫于政府监管和社会关注，从自身发展的需要出发，希望通过第三方委托检验从源头把好产品原料质量关，保证其产品安全、环保、可靠。另外，随着科技的发展，新的、具有特殊性能的功能性面料不断出现，例如像市场上已经出现的防静电、吸湿快干、抗菌防臭等面料，需要专业的第三方检测机构来为产品的特性提供可靠、具有说服力的证据。

随着市场经济的发展，委托检验不仅有效地利用了政府资源，提高了仪器设备利用率，也为企业加强质量控制、促进科技研发、增强产品竞争力提供了强有力的技术支持，成为当前商品贸易过程中企业规避风险经常采取的手段和做法，是产品质量检验的一种重要方式。

1.1.4　产品质量检验的作用

产品质量检验的作用是为了获得合格的原材料、外购件及外协件，保证产品质量，还可为企业的索赔提供依据；使工艺过程处于受控状态，确保生产出合格的零部件；向用户提供合格的产品，扩大市场份额，降低质量成本等。产品质量检验在生产中的重要性，有以下 3 个方面：

（1）质量检验是工业生产的眼睛，是企业管理科学化、现代化的基础工作之一。没有质量检验的生产就像是盲人走路，无法掌握生产过程的状态，使生产失去必要的控制和调节。质量检验是企业的一项专业技术，是企业的核心机密。削弱了质量检验，就像人体失去了健康的眼睛，一切生产都会陷于盲目和混乱中。

（2）质量检验是企业最重要的信息资源。许多信息都直接或间接的通过质量检验来获得。首先是质量指标，没有检测的结果和数据，就无法计算如合格率、返修率、报废率等。而所有这些指标，都是同企业的经济效益密切相关的，是计算企业经济效益的依据和重要基础。此外，质量检验的结果还是设计工作、工艺工作、操作水平、文明生产以及整个企业管理水平的综合反映。

（3）质量检验是保护用户利益和企业信誉的卫士。产品质量直接影响到社会和用户的切身利益，也影响到企业信誉。到目前为止，传统的质检把关方式仍然是保护用户利益和企业信誉的有效手段。有人认为，如果放松或取消质量检验将是企业的一种“自杀”行为。

1.1.5　产品质量检验的形式

产品质量检验的形式包括以下几个方面：

（1）查验原始质量凭证。具体是查验原始质量凭证，如质量证明书、合格证、检验（试验）报告等以认定产品质量状况。

（2）实物检验。由本单位专职检验人员或委托外部检验单位按规定的程序和要求对产品进行观察、试验、测量后出具检验记录，作为产品合格的证据。

（3）派员进厂（驻厂）验收。采购方派人到供货方对其产品、产品组成部分进行现场查验和接收，对产品形成的作业过程（工艺）和质量控制实行监督和成品质量的认定。

任务 1.2　品质分析基本知识

1.2.1　品质分析的作用

品质主要指的是定型的科学技术内在信息状态。作为企业要素的人力、产品、服务等，都必须借助科学技术手段，不断地提升其内在科技内涵，并进行必要的信息化披露，准备接受质量标准的衡量和评测。在市场竞争中，品质是质量、信誉、责任和文化的集合，品质是始终如一的一种追求，品质的外在表现是品牌。

品质不仅是产品，也是企业“人品”的一种外在表现。卓越的品质，常常使产品的使用获得超值和满足的体验，继而将这种体验传递给周围的人一起分享，形成良好的口碑传播，这对产品的销售和品牌形象的提升起着直接的推动作用。

一般来说，品质和质量可以混用，产品品质就是好的质量，品质以质量为中心，质量是品质的保障，二者是相互的。可以说质量决定品质，也可以说品质决定质量。从这个意义上说，品质与质量是同意但不同的叫法，但是略有不同，品质属于定性分析，主要是主观因素，评价标准或判断是主观的。而质量属于定量分析，主要是客观因素，评定标准和数据是客观的。

品质分析即为产品质量分析，就是对产品的质量水平从影响的各方面进行评价与判断，找出影响产品质量的主要因素，提出改进建议和措施并指导有效实施的工作过程。其作用主要体现在：

（1）品质分析是对企业质量管理活动最终成果的判定，它客观地显示了企业质量管理工作的综合水平。

（2）品质分析是质量管理咨询的切入点，可从对最终结果的分析发现各环节的质量问题，以便及时采取调整措施使质量管理咨询工作做到有的放矢。

（3）品质分析能真正掌握企业的产品质量水平和动态，通过对质量缺陷的调查研究、同国内外同类产品进行比较，瞄准竞争产品，提出质量改进建议帮助客户提高国际、国内市场的占有率和客户满意度。

1.2.2　品质分析特点

品质分析的特点包括 3 方面：

（1）衡量指标的多样性。产品质量的衡量指标类型往往在 6 个以上，如：性能指标、寿命指标、可靠性指标、外观质量指标、经济性指标、安全性指标等，其复杂程度很高。

（2）咨询过程有较强的技术性。产品质量分析有别于其他管理咨询，通常需要行业专家亲自参与，同时咨询人员还必须具备较强的统计技术运用和分析能力。

（3）分析中较多依靠计量检测的数据。必要时需要咨询专家，亲自选取样本进行实地检测或委托专门的检测机构检测，有时候还需要进行必要的科学研究。

1.2.3　品质分析的内容和方法

对于不同的产品，衡量其质量的指标也不尽相同，如有形产品和服务产品在指标上有较大区别。但反映产品质量指标水平的高低和质量的稳定性，以及顾客对质量的满意程度等 3 项内容是共同的。品质分析将对上述 3 项内容做出判断，寻找原因并在此基础上提出改善建议。

1.2.3.1　产品质量水平分析

产品的质量水平分析通常从 3 个方面进行，即质量标准分析、本企业质量达标程度分析以及质量水平行业比较分析。

（1）质量标准分析。

1）产品质量标准的收集有：国家标准、行业标准、企业标准、企业内控标准、协议标准。

2）产品质量标准评价。首先，对各类标准的指标内容做比较，应特别关注客户新的要求。其次，对各类标准的指标水平做比较，评价本企业选择的标准能否满足客户要求，下一级标准能否保证上一级标准的要求，如不能满足则应进行修订与补充。

在上述基础上，选定评价本企业产品质量的标准内容。

（2）本企业产品质量达标程度分析。产品质量达标程度分析的参照对象是质量标准：1）按产品质量等级分析；2）按产品质量合格率水平分析；3）按质量计划完成率分析；4）按产品质量实测水平分析。

（3）产品质量水平行业比较分析。产品质量水平行业之间比较分析，其内容仍然是上述 4 项，但比较的基准可以选用行业的平均水平、先进水平和竞争对手水平。

1.2.3.2　质量稳定性分析

质量稳定性分析包括产品质量稳定性高的典型特征和产品质量稳定性的判别方法。

（1）产品质量稳定性高的典型特征。当一个实际的系统处于一个平衡的状态时，如果受到外来作用的影响时，系统经过一个过渡过程仍然能够回到原来的平衡状态，我们判别这个系统是稳定的，否则判别系统不稳定。

在稳定的生产条件下，产品质量特性的分布应符合正态分布。正态分布由两个参数决定：均值 μ、标准差 σ。

理想的产品质量特性检测数据分布应为产品质量特性检测数据呈正态分布、平均值与指标公差中心重合，产品质量特性检测数据分布的两边距规格限有一定的余量。

（2）产品质量稳定性的判别方法。产品质量分布是否在合理的范围呈现正态分布，是判别产品质量稳定性的依据。判别是否符合正态分布的方法中，直方图法是比较简便的方法之一。其步骤为：

1）采集数据，制作直方图。

2）正态分布的判别：①产品质量符合性好。近似正态分布，且数据分布中心（平均值）与指标公差中心基本重合、数据分布没有超过指标上限和下限，产品质量处于受控状态。②产品质量符合性较好。近似正态分布，且数据分布中心（平均值）与指标公差中心稍有偏移、数据分布极少超过指标上限或下限，产品质量处于次受控状态。③产品质量符合性差。非近似正态分布，因数据分布中心（平均值）与指标公差中心偏移较大，有较多数据超过指标上限或下限，产品质量处于失控状态。

1.2.3.3　顾客满意度分析

A　顾客满意度对企业的影响

顾客满意是顾客的一种心理活动。顾客满意度用来测量一家企业（公司）在满足或超过顾客购买产品的期望方面所达到的程度。顾客满意的 3 个构成要素是：直接要素商品和服务、间接要素企业形象。顾客不满意只能给企业（公司）带来不良的后果，甚至威胁到企业的生存。

B　顾客满意度评价指标

用户评价指标一般包括用户期望和产品性能，还包括产品的合用性、可信性、可用性、可靠性、可维修性、安全性、环境影响、美学规范、产品交付、产品价格、广告宣传、企业形象、服务、用户投诉、用户忠诚度等。

我国顾客满意度评价模型，选用了如下 6 个结构变量构成，即顾客对产品的：(1) 预期质量；(2) 感知质量；(3) 感知价值；(4) 满意程度；(5) 忠诚度（顾客保持率）；(6) 抱怨（投诉）程度。

复习与测试

1. 判断：

(1) 质量是指产品或服务满足顾客需求的程度。　(　　)

(2) 质量检验是对产品质量特性进行检验，以确定每项质量特性合格情况的管理性检查活动。　(　　)

(3) 检验和验证是一个概念，只是叫法不一样。　(　　)

(4) 验证指通过提供客观证据对规定要求已得到满足的认定。　(　　)

(5) 最终检验是对最终作业完成的产品是否符合规定质量特性的检验，因此不包括包装的检验。　(　　)

(6) 不合格品的让步接受必须经过必要的批准手续。　(　　)

(7) 让步使用处置意见仅对当批的不合格品，不允许长期重复让步使用。　(　　)

(8) 纠正就是针对不合格的原因所采取的措施。　(　　)

(9) 自检、互检、专检这“三检”应以专检为主，自检、互检为辅。　(　　)

(10) 实施抽样检验就一定会犯两类错误，因此，全数检验是最理想的一种检验方法。　(　　)

2. 单选：

(1)（　　）是检测工作过程的首要环节，是一项很重要的基础性工作。

A　样品　　B　检测操作　　C　抽取样品　　D　质量检验

(2) 国家对产品质量实行以（　　）为主要方式的监督检查制度。

A　专项检查　　B　统一检查　　C　抽查　　D　定期监督

(3) 质量检验的“把关”指的是（　　）。

A　不合格品率的统计分析　　B　不合格品不放行

C　测定过程（工序）能力　　D　提出提高质量的建议

(4) 以下答案属于产品检验查验的原始质量凭证的是（　　）。

A　产品说明书　　B　检验报告　　C　供销合同　　D　技术标准

(5) 质量检验定义中，“观察”的含义是指（　　）。

A　测量过程中对量值的观察　　B　对测量条件的变化进行观察

C　用“感官”感受的方法进行观察　　D　对测量人员的操作进行观察

(6) 产品检验与产品验证的顺序关系是（　　）。

A 先进行产品验证 B 检验在验证之前

C 验证是检验的一个环节 D 两者同时进行

（7）在质量检查的确认和处置步骤中，对批量产品，根据产品批量质量情况和检验判定结果分别做出接收、拒收、（ ）处置。

A 回收 B 退回 C 复检 D 入库

3. 简答：

（1）质量检验的功能有哪些？

（2）质量检验的作用是什么？

（3）品质分析的内容包含哪些？

模块2 化工产品检验及其标准化

【学习目标】

（1）了解化学工业在国民经济中的作用和地位。

（2）了解化学工业的原料及主要产品。

（3）了解化工产品质量检验的意义和作用。

（4）掌握化工产品分析的标准及标准化。

（5）掌握分析检验标准方法以及标准物质。

（6）理解化工产品质量检验程序和技术。

任务2.1 化学工业的原料资源及主要产品

2.1.1 化学工业在国民经济中的地位

化学工业是国民经济基础产业之一，化学工业在国民经济中是工业革命的助手，发展农业的支持，为工农业生产提供着重要的原料保障，肩负着为国防生产配套高技术材料的任务，并提供常规战略物资。在国民经济中，农业是国民经济的基础，工业是国民经济的主导，化学工业是国民经济的支柱产业之一。

（1）化学工业为各工业部门提供大量的原材料。化学工业又称化学加工工业，是利用物质发生化学变化的规律，改变物质结构、成分、形态等生产化学品的工业部门，化工产品不仅与人类生活的衣、食、住、行息息相关，而且国民经济各部门都离不开它，包括基本化学工业和塑料、合成纤维、石油、橡胶、药剂、染料工业等。

化学工业自其形成之日起，就为各工业部门提供必需的基础物质。例如，采矿工业需要的大量炸药，金属冶炼需要的盐酸、硫酸、纯碱，纺织工业需要的合成纤维、染料，汽车工业需要的橡胶、塑料制品等。

近年来，世界各国都高度重视发展高新技术，新材料的开发与生产成为推动社会进步、培植经济新增长点的一个重要方面。航天、电子、信息、能源等领域所需的复合材料、纳米材料以及高温超导材料的设计和制备，有许多必须运用到化工技术和工艺。

（2）化学工业是发展农业的支柱。自20世纪化学工业为农业提供大量的化肥和农药以来，农作物单位面积产量显著提高。实践证明，在农业的各项增产措施中，化肥的作用占40%~65%。氮、磷、钾复合肥料和微量元素肥料的开发，进一步满足了不同土壤结构、不同农作物的需求。近年来，各种植物生长调节剂和多品种农药的生产和应用，对于农作物防治病虫害起到了不可替代的作用。

（3）化学工业是改善人民生活的重要手段。化学工业向人们提供丰富多彩的产品。除了各种化工材料制品为人所用以外，还有许多用量少而效果十分明显的产品使人们的生活质量得到不断改善。例如，防治疾病用的各种合成药物，用于食品防腐、调味、强化营养的食品添加剂，生产化妆品、香料、香精的各种助剂，房屋、家具用的各种涂料，洗涤用的表面活性剂，信息产业用的各种磁记录材料等，不胜枚举。

（4）化学工业对加速国防建设具有重大意义。炸药是国防工业的重要产品，而制造炸药的主要原料是硫酸、硝酸和苯的化合物。现代化的战争工具，如飞机制造需使用大量的铝，而铝是用纯碱分解铝矿石得来的。随着火箭、导弹、人造卫星、原子能工业和计算机技术的发展，需要多种特殊性能的合成材料、燃料、铀、重水和硼化物等，这些都要由化学工业提供。

总之，化学工业与国民经济、国防、文化与生活的所有领域都有着广泛的联系。在我国现代化建设中，化学工业是保证其他工业部门、农业、交通运输、国防以及科学技术发展所需材料和产品的基础。

2.1.2　化学工业的原料资源

自然界包括地壳表层、大陆架、水圈和生物圈等，其内蕴藏的许多资源都是可供化学加工的初始原料。自然资源有矿物、植物和动物，还包括空气和水。

矿物原料包括金属矿、非金属矿和化石燃料矿。金属矿多以金属氧化物、硫化物、无机盐类或复盐形式存在；非金属矿以多种化合物形态存在，其中含硫、磷、硼、硅的矿石储量较丰富；化学燃料包括煤、石油、天然气和油页岩等，它们主要由碳、氢元素组成，是最重要的能源和化工原料。目前世界上85%左右的能源和化学工业均建立在石油、天然气和煤资源的基础上。石油炼制、石油化工、天然气化工、煤化工等在国民经济中占有极为重要的地位。

生物资源是自农、林、牧、副、渔业得到的植物体和动物体。它们提供了诸如淀粉、蛋白质、脂肪、糖类和纤维素等食品和化工原料。未来开发以生物为原料生产化工产品的新工艺、新技术将是重要的课题之一。

原料的概念不仅限于自然资源，某种化工产品往往是其他化学加工部门的原料。工业废渣、废液、废气以及人类使用过的物质和垃圾，排放或废弃到环境中会造成巨大的危害。然而，它们可以作为再生资源，经过物理或化学再加工，可以成为有价值的产品和能源。

2.1.3　化学工业的主要产品

化学工业是以矿石、煤、石油、天然气、水、空气或农副产品为原料，以一系列化学处理为主要生产手段，改变物质原有的性质、状态和组成，制成人们所需的产品。化学工业分支部门众多，相互关系密切，产品种类繁多。化学品包括基础化工原料和化工产品。

2.1.3.1　基础化工原料

基础化工原料可用于生产其他化学品，主要包括无机化学原料和有机化学原料。如表2-1和表2-2所示。

表 2-1　常见的无机化学原料

分　类	名　称
无机酸	硫酸、硝酸、盐酸、磷酸、硼酸、氢氟酸
无机碱	氢氧化钠、氢氧化钾、碳酸钠、碳酸氢钠、硼砂、氨水
无机盐	硫化物、硫酸盐、硝酸盐、氯化物、氯酸盐、磷化物、磷酸盐、碳酸盐
单质	黄磷、赤磷、金属钠、金属镁、硫黄； 氢气、氧气、氮气、氯气、氦气、氖气等
氧化物	氧化镁、氧化锌、氧化铜、氧化镍、三氧化二砷、五氧化二磷、过氧化氢

表 2-2　常见的有机化学原料

分　类	名　称
烃类	乙烷、环己烷、三氯甲烷、四氯化碳、乙烯、丙烯、丁烯、异丁烯、丁二烯、三氯乙烯、乙炔、苯、乙苯、苯乙烯
醇类	甲醇、乙醇、乙二醇、丙三醇、聚乙烯醇、苯甲醇
酚类	苯酚、对氯苯酚、对苯二酚、硝基苯酚
醚	乙醚、石油醚
醛	甲醛、乙二醛、正丁醛
酮	丙酮、乙酰丙酮
羧酸及衍生物	甲酸、乙酸、丙烯酸、乙二酸、苯二甲酸、苯酐、对苯二甲酸二甲酯、乙酸乙烯酯、丙烯酸甲酯
胺和腈	己内酰胺、乙二胺、环己胺、丙烯腈

2.1.3.2　化工产品

化工产品包括肥料、农药、涂料、合成材料、专用化学产品和日用化学品等，这些产品一般不再用来生产其他工业产品。按照 GB 7635—1987 将常见化工产品分为 9 大类，见表 2-3。

表 2-3　常见化工产品

分　类	名　称	分　类	名　称
无机酸类		石油化工产品类	有机原料、合成塑料、树脂、橡胶等
氯碱类		有机精细化工产品类	染料、农药、医药、涂料、催化剂等
化肥类		食品类	
无机精细化工产品类	无机盐、试剂、助剂等	油脂类	油脂、肥皂等
石油炼制品类	汽油、煤油、柴油、润滑油等		

化工产品又可分为无机化工产品和有机化工主要产品。

(1) 无机化工产品。大宗的无机化工产品有硫酸、硝酸、盐酸、纯碱、烧碱、合成氨和化学肥料，其次是生产规模较小、品种多样的无机盐和元素化合物。

按照原料来源和工艺路线，无机化工生产主要有以下几种类型：

1）合成氨、硝酸、氮肥工业以水、空气、煤或天然气为原料制备氮氢混合气，合成氨；再由氨出发生产硝酸、硝铵、尿素及其他铵盐。

2）制碱工业。以海水中提取的食盐为基础原料，采用氨碱法（配以石灰石、氨等）生产纯碱（碳酸钠），或与合成氨厂联合生产纯碱与氯化铵。电解食盐水溶液生产氢氧化钠，同时得到氢气和氯气，可以继续合成盐酸或供其他部门使用。

3）硫酸和无机盐工业。以相应的矿石为原料，经热处理或酸碱处理制成所需的产品。如硫铁矿熔烧产生二氧化硫，经氧化、吸收即可制得硫酸；电磷矿石可生产磷酸和磷肥；由硼镁矿生产硼酸和硼酸盐；由铬铁矿生产铬酸盐和重铬酸盐等。

（2）有机化工主要产品。由石油、天然气、煤等天然资源，经过化学加工可得到乙烯、丙烯、丁二烯、苯、甲苯、二甲苯、乙炔、萘、合成气等基本有机化工产品。这些产品再经过各种化学加工，可以制成更多有机化工产品。

从基本有机化工产品出发，按其用途和加工方向的差异，可以概括为 3 类：

1）直接作为消费品。例如，作为溶剂、萃取剂、气体吸收剂、抗冻液、载热体、消毒剂等。

2）作为单体，经加聚反应或缩聚反应制成塑料、合成橡胶、合成纤维等高分子化合物。例如，聚乙烯、聚氯乙烯、聚苯乙烯、丁苯橡胶、顺丁橡胶、涤纶、腈纶及一些具有特殊功能的工程材料、高分子复合材料等。品种非常多，用途十分广泛，以乙烯为原料生产的主要化工产品如图 2-1 所示。

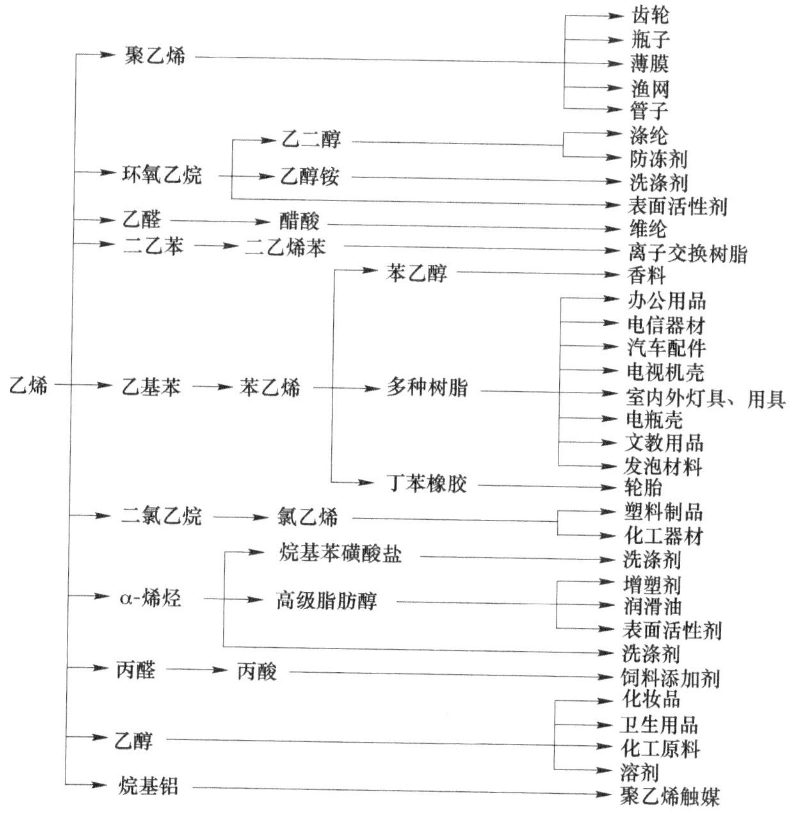

图 2-1　以乙烯为原料生产的主要化工产品

3）作为精细化工的原料（中间体），进一步深加工制造精细化工产品。如医药、农药、染料、颜料、涂料、感光材料、磁性材料、食品添加剂、胶黏剂、催化剂、功能高分子材料和一些生化制品等。随着工农业和科学技术发展的需求，人民生活水平的提高和保护生态环境的迫切性，精细化工产品的品种正在迅速更新和发展。

任务 2.2　化工标准化

化学工业是国民经济重要的基础和原材料工业，具有品种多、服务面广、配套性强等特点。随着我国经济的全面发展，化学工业也获得了长足的发展，化工标准化在其中功不可没。化工行业标准化工作在走新型工业化道路，促进全行业健康和谐发展方面取得了很大进展。化工标准化涵盖了基本化学品、农药、肥料、涂料、染料、橡胶、塑料、胶黏剂、化学矿、非金属、橡塑机等 20 多个专业。

目前，由中国石油和化学工业协会管理的化工专业标准化技术委员会和技术归口单位共计 57 个，其中全国性标委会 14 个，全国性分标委会 33 个，行业标委会 6 个，只作为技术归口单位 4 个。同时，按专业进行归口管理的单位有 3 个。

2.2.1　标准与标准化

2.2.1.1　标准

A　标准的定义

标准是为了在一定的范围内获得最佳秩序，对活动或其结果规定共同的和重复使用的规则、导则或特性的文件。标准应以科学、技术和经验的综合成果为基础，经有关方面协商一致，由技术主管部门批准，以特定形式发布，作为共同遵守的准则和依据。

B　标准的分类与代号

标准的分类与分级是科学管理和信息交流所要求的。因为标准类别很多，分类繁杂，不能只用一种分类法对所有的标准进行分类。为了不同的目的，可以从各种不同的角度对标准进行不同的分类。比较常用的方法有 3 种，即标准层级分类法、标准性质分类法、标准约束性分类法。

（1）标准层级分类法。按照标准化层级标准作用和有效的范围，可以将标准划分为不同层次和级别的标准，如国际标准、区域标准、国家标准、行业标准、地方标准和企业（公司）标准。

1）国际标准（international standard）是由国际标准化或标准组织制定，并公开发布的标准是国际标准（ISO/IEC 第 2 号指南）。因此，ISO 和 IEC 批准、发布的标准是目前主要的国际标准，ISO 认可即列入《国际标准题内关键词索引》的一些国际组织如国际计量局（BIPM）、食品法典委员会（CAC）、世界卫生组织（WHO）等组织制订、发布的标准也是国际标准。

2）区域标准（regional standard）是由世界某一区域标准或标准组织制定，并公开发布的标准（ISO/IEC 第 2 号指南）。这里“区域”是指世界上按地理、经济或政治划分的区域，它是为了某一区域的利益建立的标准。如欧洲标准化委员会 CEN 发布的欧洲标准（EN）就是区域标准。

3）国家标准（national standard）是由国家标准团体制定并公开发布的标准（ISO/IEC 第 2 号指南）。如 GB、ANSI、BS、NF、DIN、JIS 等是中国、美国、英国、法国、德国、日本等国家标准的代号。

我国国家标准由国务院标准化行政主管部门（国家技术监督局）制定，统一编号，分为强制性标准和推荐性标准。强制性国家标准的代号为汉语拼音字母“GB”，推荐性国家标准的代号为“GB/T”。

国家标准的编号由国家标准的代号、国家标准发布顺序号和国家标准发布的年号构成。

强制性国家标准的编号：

GB　×××××　—　××××

- ××××：标准发布年代号
- ×××××：标准发布顺序号
- GB：强制性国家标准代号

推荐性国家标准的编号：

GB/T　×××××　—　××××

- ××××：标准发布年代号
- ×××××：标准发布顺序号
- GB/T：推荐性国家标准代号

如 GB 2716—2005《食用植物油》，其中 GB 表示该标准为强制性国家标准，2716 为该国家标准的顺序号，2005 表示年代号；GB/T 601—2016《化学试剂　标准滴定溶液的制备》，其中 GB/T 表示该标准为推荐性国家标准，601 为该国家标准的顺序号，2016 表示年代号。

4）行业标准（trade standard）是由行业标准化团体或机构改革标准，发布在某行业范围内统一实施的标准，又称为团体标准。如美国的材料试验协会标准（ASTM）、石油学会标准（API）、机械工程师协会标准（ASME）、英国的劳氏船级社标准（LR），都是国际上有权威性的团体标准，在各自的行业内享有很高的信誉。我国的行业标准是对没有国家标准而又需要在全国某个行业范围内统一技术要求所制定的标准，如 JB、QB、FJ、TB 等就是机械、轻工、纺织、铁路运输行业的标准代号。

国务院标准化行政管理部门规定了各个行业的标准代号，其中化工行业标准代号为汉语拼音字母“HG”，石油化工行业标准代号为“SH”等。行业标准的编号由行业标准代号、标准顺序号和标准发布年号组成，与国家标准编号仅区别在代号上。

强制性行业标准的编号：

××　××××　—　××××

- ××××：标准发布年代号
- ××××：标准发布顺序号
- ××：强制性行业标准代号

推荐性行业标准的编号：

```
××/T  ××××  —  ××××
 │     │        └── 标准发布年代号
 │     └─────────── 标准发布顺序号
 └───────────────── 推荐性行业标准代号
```

如 NY 5119—2002《无公害食品　饮用菊花》，其中 NY 表示该标准为农业行业强制性标准，5119 为该行业标准的顺序号，2002 为年代号；HG/T 2496—2006《漂白粉》，其中 HG/T 表示该标准为化工行业推荐性标准，2496 为该行业标准的顺序号，2006 为年代号。

5）地方标准（provincial standard）是由一个国家的地方部门制定并公开发布的标准（ISO/IEC 第 2 号指南）。我国的地方标准是对没有国家标准和行业标准而又需要在省、自治区、直辖市范围内统一产品安全、卫生要求、环境保护、食品卫生、节能等有关要求所制定的标准，它由省级标准化行政主管部门统一组织制订、审批、编号和发布。

强制性地方标准的代号由汉语拼音字母“DB”加上省、自治区、直辖市行政区划代码前两位数字组成，加斜线再加“T”则为推荐性地方标准代号。例如，吉林省代号为 22000，吉林省强制性地方标准代号为 DB 22，推荐性标准代号为 DB 22/T。

地方标准的编号，由地方标准代号、地方标准顺序号和年号 3 部分组成。

强制性地方标准的编号：

```
DB××  ××××  —  ××××
 │     │        └── 标准发布年代号
 │     └─────────── 标准发布顺序号
 └───────────────── 强制性地方标准代号
```

推荐性地方标准的编号：

```
DB××/T  ××××  —  ××××
 │       │        └── 标准发布年代号
 │       └─────────── 标准发布顺序号
 └─────────────────── 推荐性地方标准代号
```

如 DB 11/1488—2018《餐饮业大气污染物排放标准》由北京市质量技术监督局、北京市环境保护局颁布；DB 50/T 679—2016《固定污染源废气 VOCs 的测定　气相色谱-质谱法》由重庆市质量技术监督局、重庆市环境保护局颁布。

6）企业标准（enterprise standard）是由企事业单位自行制定、发布的标准，也是对企业范围内需要协调和统一技术要求、管理要求和工作要求所制定的标准。美国波音飞机公司、德国西门子电器公司、新日本钢铁公司等企业发布的企业标准都是国际上有影响的先进标准。

我国企业标准的代号为汉语拼音字母“Q”加斜线再加企业代号组成。企业代号可用汉语拼音字母或阿拉伯数字组成，也可以两者兼用组成。

企业标准的编号由该企业的企业标准代号、顺序号和年号 3 部分组成。

```
Q/×××  ××××  —  ××××
 │      │        └── 企业标准发布年代号
 │      └─────────── 标准发布顺序号
 └────────────────── 企业标准代号
```

（2）标准性质分类法。按标准性质可以将标准分为技术标准、管理标准和工作标准。标准性质分类如图 2-2 所示。

- 标准
  - 技术标准
    - 基础标准
      - 指导性标准
      - 通用技术语言标准
      - 数学数据标准
      - 互换性及结构要素标准
      - 环境条件标准
    - 产品标准
    - 方法标准
    - 安全、卫生标准
    - 环境保护标准
  - 管理标准
    - 国民经济管理标准
    - 企业生产管理标准
      - 技术管理标准
      - 生产组织标准
      - 管理业务标准
  - 工作标准
    - 部门工作标准
    - 个人工作标准

图 2-2　标准性质分类

（3）标准约束性分类法。按标准约束性分类，国家标准、行业标准和地方标准的性质分为两类：一类是强制性标准，另一类是推荐性国家标准。对于强制性标准，是指在一定范围内，国家运用行政和法律的手段强制实施的标准，根据《标准化法》规定强制性标准必须执行，不符合强制性标准的产品，禁止生产、销售和进口。对于推荐性标准，是指生产、检验、使用等方面通过经济手段或市场调节而自愿采用的标准，一经接受并采用或各方商定同意纳入经济合同中，就具有法律上的约束性。

C　标准的有效期

标准分类法不是固定不变的，随着科技的发展，旧的方法不断被新的方法代替，新的标准颁布后，旧的标准即应立即作废。

自标准实施之日起至标准复审重新确认、修订或废止的时间，称为标准的有效期（标龄）。由于各国情况不同，标准有效期也不同。例如，ISO 标准每 5 年复审一次，平均标龄 4.92 年。我国在国家标准管理办法中规定国家标准实施 5 年内要进行复审，即国家标准的有效期一般为 5 年。

2.2.1.2　标准化

A　标准化的定义

标准化是为了在一定的范围内获得最佳秩序，对实际的或潜在的问题制定共同的和重复使用的规则的活动。它包括制定、发布及实施标准的过程。标准化的重要意义是改进产品、过程和服务的适用性，防止贸易壁垒，促进技术合作。

B　标准化的对象和基本特性

在国民经济的各个领域中，凡具有多次重复使用和需要制定标准的具体产品，以及各种事物、规划、要求、方法、概念等，都可称为标准化对象。它既包括了事物，又包括概念，对“事”制订的标准，一般属于管理标准和方法标准。对“物”制订的标准，一般属于产品标准；对“概念”制订的标准，一般属于名词、术语、代号、符号等标准。标准化对象一般可以分为两大类：一类是标准化的具体对象，即需要制定标准的具体事物；另一类是标准化总体对象，即各种对象的总和所构成的整体，通过它可以研究各种具体对象的共同属性、本质和普遍规律。

标准化的基本特性主要包括：（1）抽象性；（2）技术性；（3）经济性；（4）连续性（继承性）；（5）约束性；（6）政策性。

C　标准化的基本原理

标准化的基本原理通常是指统一原理、简化原理、协调原理和最优化原理。

（1）统一原理。统一原理是为了保证事物发展所必需的秩序和效率对事物的形成、功能或其他特性，确定适合于一定时期和一定条件的一致规范，并使这种一致规范与被取代的对象在功能上达到等效。

（2）简化原理。简化原理是为了经济有效地满足需要，对标准化对象的结构、形式、规格或其他性能进行筛选提炼，剔除其中多余的、低效能的、可替换的环节，精炼并确定出满足全面需要所必要的高效能的环节，保持整体构成精简合理，使其功能效率最高。

（3）协调原理。协调原理是为了使标准的整体功能达到最佳，并产生实际效果，必须通过有效的方式协调好系统内外相关因素之间的关系，确定为建立和保持相互一致，适应或平衡关系所必须具备的条件。

（4）最优化原理。最优化原理是按照特定的目标，在一定的限制条件下，对标准系统的构成因素及其关系进行选择、设计或调整，使之达到最理想的效果的标准化原理。

2.2.2　采用国际标准和国外先进标准

2.2.2.1　国际标准和国外先进标准

A　国际标准

国际标准包括以下 3 个方面：

（1）国际标准化组织（ISO）和国际电工委员会（IEC）所制定的全部标准。

（2）列入 ISO 出版的《国际标准题内关键词索引》（KWIC 索引）中的 27 个国际组织所制定的部分标准。

（3）其他国际组织制定的某些标准，如联合国粮农组织（UN-FAD）标准。在国际上具有权威性，国际标准化组织确认并公布的其他国际组织见表 2-4。

B　国外先进标准

国外先进标准是指国际上有权威的区域性标准、世界主要经济发达国家的国家标准和通行的团体标准，以及其他国际上先进的标准。国外先进标准的范围如下：

（1）国际上具有权威的区域性标准，如欧洲标准化委员会（CEN）、欧洲经济共同体（EEC）等的标准。

（2）世界主要经济发达国家的标准，如美国国家标准（ANSI）、英国国家标准（BS）、德国国家标准（DIN）、法国国家标准（NF）、日本工业标准（JIS）等。

表 2-4　国际标准化组织确认并公布的其他国际组织

序号	组织名称	名称简称	序号	组织名称	名称简称
1	国际计量局	BIPM	21	国际煤气工业联合会	IGU
2	国际人造纤维标准化局	BISFN	22	国际制冷学会	IIR
3	食品法典委员会	CAC	23	国际劳工组织	ILO
4	时空系统咨询委员会	CCSDS	24	国际海底组织	IMO
5	国际建筑研究和创新理事会	CIB	25	国际种子检验协会	ISTA
6	国际照明委员会	CIE	26	国际电信联盟	ITU
7	国际内燃机会议	CIMAC	27	国际纯粹与应用化学联合会	IUPAC
8	国际牙科联合会	FDI	28	国际毛纺组织	IWTO
9	国际信息与文献联合会	FID	29	国际动物流行病学局	OIE
10	国际原子能机构	IAEA	30	国际法制计量组织	OIML
11	国际航空运输协会	IATA	31	国际葡萄与葡萄酒局	OIV
12	国际民航组织	ICAO	32	材料与结构研究实验所国际联合会	RILEM
13	国际谷物科学与技术协会	ICC	33	贸易信息交流促进委员会	TraFIX
14	国际排灌研究委员会	ICID	34	国际铁路联盟	UIC
15	国际辐射防护委员会	ICRP	35	联合国/经营、交易和运输程序和实施促进中心	UN/CEFACT
16	国际辐射单位和测试委员会	ICRU	36	联合国教科文组织	UNESCO
17	国际制酪业联合会	IDF	37	国际海关组织	WCO
18	互联网工程任务组	IETF	38	国际卫生组织	WHO
19	国际图书馆协会与学会联合会	IFTA	39	世界知识产权组织	WIPO
20	国际有机农业运动联合会	IFOAM	40	世界气象组织	WMO

（3）国际上通行的团体标准，如美国材料和试验学会标准（ASTM）、美国石油学会标准（API）、美国化学会标准（ACS）、日本橡胶协会标准（SRIS）、日本食品添加剂公定书等。

2.2.2.2　采用国际标准和国外先进标准的意义

A　采用国际标准的意义

（1）采用国际标准是消除贸易技术壁垒的重要基础之一。随着经济全球化趋势的加快，国际贸易的迅速发展，标准的作用更加突出，尤其是国际标准已成为全球市场的准入证。与此同时，世界各国之间的竞争不断加剧，谁先在标准上占有优势，谁就能在国际市场上占有一席之地。国际标准化大环境给中国的经济技术发展造成巨大压力，也对我国的标准化工作提出了新的挑战。我国加入 WTO 的有关承诺表示，中国技术法规的制定将以国际标准为基础，并使以国际标准为基础制定的技术法规的比例在 5 年内增加 10%（我国“九五”末期国家标准中采用国际标准和国外先进标准的比率为 43.5%）。

国际标准反映了国际上已经普遍达到的比较先进的科学技术和生产水平，是反映全球工业界、研究人员、消费者和法规制定部门经验的结晶，包含了各国的共同需求。因此，采用国际标准是消除贸易技术壁垒的重要基础之一。这一点已在世界贸易组织的贸易中的技术壁垒协定（WTO/TBT 协定）中被明确认可。为了发展对外贸易，尽量采用和使用国际标准，并且尽快废止与国际标准有冲突的国家标准和其他标准是十分重要的。

（2）采用国际标准有利于提高我国技术法规的科技水平。国际标准反映了国际上已经普遍达到的比较先进的科学技术和生产水平，积极采用国际标准有利于提高我国技术法规的科技水平，使我国技术法规能与国际接轨。

（3）提高了我国在采用国际标准上与各国和各地区的一致性。GB/T 20000 的部分条款采用了 ISO/IEC 指南 21 的主要规定。对于国家标准与国际标准一致性程度和差异采用国际上的统一方法进行标识，将避免模糊混乱，有助于与世界各国、各地区之间的贸易与交流。

为了对国家标准与相应的国际标准进行比较，迅速了解它们之间的关系，对它们的一致性程度进行标识十分重要。由于采用国际标准时情况各异，过分详细地划分一致性程度是不合理的，把一致性程度划分为等同和修改已足够使用。

B　采用国外先进标准的意义

国外的先进标准特别是美国和欧洲等发达国家的标准是国际标准化组织制定国际标准的重要参考文献，因此要及时了解和掌握国外标准的发展动态，积极采用国外的先进标准。这可以有效地缩短与发达国家的差距，吸取发达国家在技术法规建设过程中得到的教训。

2.2.2.3　采用国际标准和国外先进标准的程度化分和表示方法

国家质量监督检验检疫总局 2001 年 11 月 21 日发布的《采用国际标准管理办法》中规定，我国标准采用国际标准的程度，分为等同采用、修改采用和非等效。

（1）等同采用。等同采用是指与国际标准在技术内容和文本结构上相同，或者与国际标准在技术内容上相同，只存在少量编辑性修改。等同采用（identical）代码为：IDT。

国家标准与相应国际标准的一致性程度等同时，应符合下列条件：

1）国家标准与国际标准在技术内容和文本结构方面完全相同。

2）国家标准与国际标准在技术内容上相同，但可以包含下述小的编辑性修改：

① 用小数点符号“.”代替小数点符号“,”；

② 对印错误的改正或页码变化；

③ 从多语种出版的国际标准的版本中删除其中一种或几种语言文本；

④ 把国际标准的技术勘误或修正单并入文本中；

⑤ 为了与现有的系列国家标准一致而改变标准名称；

⑥ 用“本标准”代替“本国际标准”；

⑦ 增加资料性要素（例如资料性附录，这样的附录不应变更、增加或删除国际标准的规定）；典型的资料性内容包括对标准使用者的建议，培训指南或推荐的表格或报告；

⑧ 删除国际标准中资料性概述要素（包括封面、目次、前言和引言）；

⑨ 如果使用不同的计量单位制，为了提供参考，增加单位换算的内容；

⑩“反之亦然原则”对等同采用程度适用，该原则是指国家标准能够接受的内容在国

际标准中也能够接受；国际标准能够接受的内容在国家标准中也能够接受，符合国家标准也就符合了国际标准，反之也是如此。

（2）修改采用。国家标准与国际标准之间允许存在技术性差异，这些差异应清楚地标明并给出解释。国家标准在结构上与国际标准对应。只有在不影响对国家标准和国际标准的内容及结构进行比较的情况下，才允许对文本结构进行修改。“修改”内容还包括“等同”条件下的编辑性修改。“反之亦然原则”不适用。修改采用（identical）修改采用代码为：MOD。

国家标准与相应国际标准的一致性程度“修改”时，除应符合以上条件外，还应符合：一个国家标准应尽可能仅采用一个国际标准。个别情况下，在一个国家标准中采用几个国际标准可能是适宜的，但这只有在使用列表形式对所做的修改做出标识和解释并很容易与相应国际标准做比较时，才是可行的。

“修改”可包括如下情况：

1）国家标准的内容少于相应的国际标准。例如，国家标准不如国际标准的要求严格，仅采用国际标准中供选用的部分内容。

2）国家标准的内容多于相应的国际标准。例如，国家标准比国际标准的要求更加严格，增加了内容或种类，包括附加试验。

3）国家标准更改了国际标准的一部分内容。国家标准与国际标准的部分内容相同，但包含有与对方不同的要求。

4）国家标准增加了另一种供选择的方案。国家标准中增加了一个与相应的国际标准条款同等地位的条款，作为对该国际标准条款的另一种选择。

国家标准可能包括相应国际标准的全部内容，也可能包括不属于该国际标准的一部分附加技术内容。在这种情况下，即使没有对所包含的国际标准做任何修改，其一致性程度也只能是“修改”或是“非等效”。

（3）非等效。非等效指国家标准与相应国际标准在技术内容和文本结构上不同，它们之间的差异没有被清楚地标识。非等效还包括在国家标准中只保留了少量或者不重要的国际标准条款的情况。非等效（not equivalent）代号为：NEQ。

2.2.3　化工标准化

2.2.3.1　化工标准化的意义

企业是商品的生产者和经营者，企业与《标准化法》有着十分密切的关系。例如，企业生产的产品必须按标准生产，对产品检验要遵守统一的检验方法，要有统一的包装、运输方式。可以这样说，没有标准，企业就无法组织好生产，生产的产品也无法更快更好地进入市场，也就不可能获取更多更好的经济效益。同时，违反强制性标准的企业还要受到处罚。企业为了提高产品的信誉和产品的竞争能力，按《标准化法》规定，可以申请认证。认证是国际上通行的贸易管理制度。取得贸易合格认证的产品，就能得到用户的信赖。实施标准是我国《标准化法》规定的标准化工作的 3 大任务之一。组织实施标准是指有组织、有计划、有措施地把标准文本内容贯彻到生产实际中的活动，它是整个标准化活动中的一个关键环节，是实现化工标准化这个最终目的必不可少的手段。

2.2.3.2　化工标准化的特点

化工标准化工作是我国工业标准化工作的重要组成部分，除具有工业标准化的共性外，还有如下的行业特点。

（1）化工标准化的专业性和配套性较强。化工产品的品种繁多，性能差异大，更新换代快。所以产品及其试验方法标准数量多、范围广、更新快。化工各个专业的每种产品都有不同的试样制备或取样方法，专业与专业之间的标准既有共同之处，又有各自的特殊性。例如，农药专业有农药术语标准、农药产品标准；染料专业有染料及中间体分析标准。

（2）产品标准质量指标实行分档分级。一种化工产品往往有多种用途，不同的用户对同一产品的质量可能有不同的要求。因此在制定产品标准时应根据不同用途的需要，对产品质量指标进行分档分级，以免造成产品质量的过剩和不足。例如，磷酸氢钙既可作肥料，又可作饲料和食品添加剂，还可作为牙膏的原料。对于不同用途的磷酸氢钙，其质量指标显然是不同的。

（3）化工产品的质量特性有时采用代用指标。化工产品质量的优劣，往往是在使用和加工过程中才反映出来的。例如，评价漂白粉的质量主要是看它对织物的漂白能力如何，但在生产过程中难以测定其漂白能力。在制定漂白粉产品标准时，只能采用易于测定并能反映其特性的有效氯含量作为代用指标。其他某些化工产品测定其密度、沸程、结晶点等物理参数作为代用指标。

（4）化工标准必须考虑安全和节能。化工产品多是具有易燃、易爆、有毒和腐蚀性的物质，部分化工生产是在高温、高压下进行的。化工标准应针对这些特点考虑安全和节能。为确保安全生产，需规定出相应的要求，如各种安全作业标准、“三废”排放标准等。同时要推广那些科学且行之有效的节能新工艺、新技术，以达到节约能源、降低消耗的目的。

（5）化工产品包装标准占有重要位置。化工产品有气体、固体、液体 3 种形态，并随外界温度、压力的变化可能有所变化，如热分解、裂变、聚合等。化工产品多属危险品，危害人身安全。因此，化工产品的包装标准极为重要，每种化工产品都有具体的包装要求，如化肥包装标准、农药包装标准、纯碱包装标准等。为了引起人们的注意，国家规定了醒目的危险品包装标志，如“易燃”“易爆”“剧毒”等标志。

2.2.3.3　化工标准资料

在标准化系统中，每一项活动都是依据相应的标准化文件（如标准、标准规范、标准化指导性技术文件等）进行的。因此，许多标准化文件必然会按照它们之间的关系形成一个体系。在研究这个体系时应该注意到，标准化活动是以企业生产活动的全过程作为对象。只要有助于建立起正常的生产秩序和获得最佳经济效益，而且又符合标准化原则的任何事物和概念，都应该建立标准，并把它们列入标准体系表中。

由于化工标准体系的范围很大，本章节重点介绍技术标准的标准体系，管理标准和工作标准未涉及。对于化工产品的分析，大多已有现成的方法和规程，这些资料可以从各种分析化学文献、手册和书籍中查到，但最直接、最可靠的是从技术标准资料中查阅标准分析检验的方法。

化工技术标准资料主要来源于以下方面：

（1）国家标准和行业标准单行本。我国国家技术监督局发布的最新技术标准，一般是以单行本形式由中国标准出版社出版，出版情况通过《中国标准导报》和《中国标准化》杂志公布。

（2）《化学工业标准汇编》。《化学工业标准汇编》汇集了国家技术监督局和原化学工业部批准发布的全部化学工业现行国家标准和行业标准，由全国化学标准化技术委员会组织编写，中国标准出版社出版，按专业内容不同分编成若干册。自 1995 年以来，这套汇编陆续进行修改和补充，表 2-5 列出了较新版本的名称和出版年代。

表 2-5　化学工业标准汇编

名　称	内　容	年　份
化学工业标准汇编	化工综合	1995
化学工业标准汇编	无机化工（上、中、下）	2003
化学工业标准汇编	有机化工（上、下）	1996
化学工业标准汇编	化肥（第 2 版）	2000
化学工业标准汇编	农药（第 2 版）	2000
化学工业标准汇编	化学试剂	2001
化学工业标准汇编	化学原料矿	2018
化学工业标准汇编	涂料与颜料（上、下）	2003
化学工业标准汇编	染料及染料中间体	1995
化学工业标准汇编	橡胶原材料（上、下）（第 2 版）	2000
化学工业标准汇编	橡胶物理和化学试验方法	2002
化学工业标准汇编	水处理剂与工业用水水质分析方法	2003
化学工业标准汇编	表面活性剂	1997
化学工业标准汇编	胶黏剂	1997
化学工业标准汇编	化学助剂	2003
化学工业标准汇编	催化剂、分子筛	2000
化学工业标准汇编	食品添加剂	1996
化学工业标准汇编	感光材料	1999
化学工业标准汇编	磁记录材料	1999
化学工业标准汇编	气体	2002
化学工业标准汇编	炭黑	1995

（3）《国家标准汇编》。《国家标准汇编》是一套巨型汇编，按国家标准的顺序号编印，由中国标准出版社出版。它收编了包括化工方面国家标准在内的全部国家标准。在每个分册的书脊上注有该册的出版年代及包含国家标准的顺序号范围。

（4）《中国强制性国家标准汇编》（第 3 版）。《中国强制性国家标准汇编》是由中国标准化管理委员会组织编写，中国标准出版社出版。共有 18 卷、43 个分册，其中化工卷 1、化工卷 2 汇集了截至 2002 年底发布的化工方面强制性国家标准的全文。

关于国际标准和国外先进标准的资料，国家技术监督局情报所有馆藏。

2.2.3.4　化工技术标准的检索

A　主要检索工具

（1）《中华人民共和国国家标准目录及信息总汇》（2003）。该书由国家标准化管理委员会编写，中国标准出版社出版。该书由 4 部分组成：国家标准专业分类目录（中、英文），被废止的国家标准目录，国家标准修改、更正、勘误通知信息以及索引。其中国家标准专业分类目录按中国标准文献分类法（CCS）编排，收录截至 2002 年底前批准发布的现行国家标准 20055 项。

（2）《中华人民共和国行业标准目录》（2002）。该书由国家标准化管理委员会编写，中国标准出版社出版。该书汇集了截至 2001 年 9 月底以前国务院有关部门发布的全部行业标准目录，按行业标准名称代号的字母顺序编排，分为上、下两册。上册汇集包括化工（HG）、环保（HJ）、机械（JB）、建材（JC）等 23 个行业标准目录；下册汇集包括轻工（QB）、石油化工（SH）、石油天然气（SY）、商检（SB）等 32 个行业标准目录。

（3）《化学工业国家、行业标准和国际标准目录》（2001）。该书由化工标准化研究所编，化学工业出版社出版。该书收录了 2001 年 5 月以前发布的化学工业现行国家标准、化工行业标准，以及与化工有关的国际标准目录，提供了国内与国际标准化组织（ISO）关于化工标准的信息。该书共收集国家标准 1855 项、行业标准 1751 项、国际标准 2157 项。

（4）《标准目录总汇　化工、石油、石油化工卷》（光盘），由中国标准出版社出版（2004）。该光盘是化工、石油、石油化工行业的标准目录总汇，其中包含国家标准（GB）约 2200 项，化工行业标准（HG）约 1800 项，石化行业标准（SH）约 500 项，石油行业标准（SY）约 1800 项，ISO 标准约 2300 项。该光盘支持多种检索方式，包括分类检索、组合检索、全文检索等，具有快速、灵活、准确、方便的特点。

（5）上网检索。随着互联网的普及和计算机检索文献的发展，人们可以通过计算机在互联网上查阅所需的技术标准。下面提供几个能够检索技术标准的网址。

1）http：//www. china-cas. com/（中国标准化信息网）；

2）http：//www. cssn. net. cn/（中国标准服务网）；

3）http：//www. cnsis. info/（上海标准化服务信息网）；

4）http：//www. bzcbs. com. cn（中国标准出版社）；

5）http：//www. nssn. org/（全球标准化资料库）。

B　检索实例

（1）检索工业硫酸的质量标准和分析方法。首先查阅《中华人民共和国国家标准目录及信息总汇》，在第一部分国家标准专业分类目录“G. 化工”中找到“无机化工”单元，G11 段中有 GB/T 534—2014 工业硫酸技术条件；GB/T 11198. 1—1989 工业硫酸　硫酸含量的测定和发烟硫酸中游离三氧化硫含量的计算　滴定法；GB/T 11198. 2—1989 工业硫酸　灰分的测定　重量法；GB/T 11198. 3—1989 工业硫酸　铁含量的测定　邻菲罗啉分光光度法等共 16 项。

根据这组标准编号和标准名称，查找《化学工业标准汇编：无机化工》中册化工产品标准部分，即可查到工业硫酸标准及其分析规程的具体内容。

（2）查找工业 1,2-二氯乙烷的质量标准和检验方法。首先查阅《中华人民共和国国家标准目录及信息总汇》，没有查到此项内容。再查《中华人民共和国行业标准目录》，在其上册“HG. 化工”行业部分“有机化工原料”单元中查到：HG/T 2662—1995 工业 1,2-二氯乙烷。根据这一标准编号和名称，查《化学工业标准汇编：有机化工》即可找到 1,2-二氯乙烷的质量标准和分析规程的具体内容。

（3）现有一测定邻苯二甲酸酯类增塑剂的分析规程，不知是否符合国家标准，想了解一下国内外有哪些标准分析方法。查阅《化学工业国家标准、行业标准和国际标准目录》，在国家标准部分“G70　化学助剂基础标准与通用方法”单元中查到：GB/T 6489.1—2001 工业邻苯二甲酸酯类分析方法　热处理后的色泽测量；GB/T 6489.2—2001 工业邻苯二甲酸酯类分析方法　酸度测定；GB/T 6489.3—2001 工业邻苯二甲酸酯类分析方法　酯含量的测定——皂化滴定法；GB/T 6489.4—2001 工业邻苯二甲酸酯类分析方法　酯类闪点的测定　克利夫兰开口杯法；

又在该目录国际标准部分“TC47　化学”中查到：ISO 1385-1—1977 工业用邻苯二甲酸酯类试验方法　第 1 部分　通则；ISO 1385-2—1977 工业用邻苯二甲酸酯类试验方法　第 2 部分　热处理后色度测定；ISO 1385-3—1977 工业用邻苯二甲酸酯类试验方法　第 3 部分　灰分的测定；ISO 1385-4—1977 工业用邻苯二甲酸酯类试验方法　第 4 部分　以酚酞为指示剂的酸度测定——滴定法；ISO 1385-5—1977 工业用邻苯二甲酸酯类试验方法　第 5 部分　酯含量的测定——皂化后滴定法。

其中我国国家标准的全文可由《化学工业标准汇编：化学助剂》或由包含该标准顺序号 6489 的《国家标准汇编》分册中找到。关于国际标准的原文或译文，可到国家技术监督情报所查询。

2.2.3.5　标准分析规程的解读和应用

查到化工产品的质量标准和分析规程以后，切不可盲目“照方抓药”急于测定试样。应该深刻理解分析规程的内涵和对分析工作者操作技能的要求，认真做好各项准备工作，方可应用于实际产品的分析。

现以 GB/T 210.2—2004 工业碳酸钠及其试验方法　工业碳酸钠产品标准中规定的“总碱量测定”项目为例，说明如何解读和应用标准分析规程。标准原文如下：操作步骤：称取 1.7g 样品，置于已称量质量的称量瓶中，放入烘箱内，开始时温度不能高于 100℃，打开称量瓶瓶盖，使温度逐渐升高至 250~270℃，干燥至恒重。取出于干燥器内冷却至室温，称量（精确至 0.0002g），将样品倒入锥形瓶内再称得空瓶的质量。前后质量之差为样品的称取量。将称得的样品加 50mL 水溶解，加 10 滴溴甲酚绿-甲基红混合指示液，用盐酸标准滴定溶液［$c(HCl)=1mol/L$］滴定至溶液由绿色变为暗红色，煮沸 2min，冷却后继续滴定至暗红色为终点。同时做空白试验。

A　解读方法原理

标准分析规程文字精练、严谨，主要讲述如何操作，原理方面叙述不多。作为中、高级分析化验人员，应该运用分析化学基础知识理解有关的方法原理。本项测定需要解读以下几点：

（1）试样为什么预先要做干燥处理？干燥过程中会发生哪些变化？

（2）称量试样采用的是哪种称量方法？为什么？

（3）采用溴甲酚绿-甲基红混合指示剂有什么优点？变色点 pH 如何？

（4）滴定终点前为什么要煮沸 2min？煮沸过程中会发生什么变化？

（5）同时做空白试验有什么意义？

弄清这些问题才能取得分析检验的主动权。

B　熟练操作技能

本项测定需用到下列操作技能，必须预先掌握并运用自如。

（1）能够正确使用烘箱和干燥器。

（2）熟练使用分析天平，能够按减量法连续称取几份试样。

（3）熟练掌握酸式滴定管的操作，能正确控制和观察滴定终点。

（4）确保空白试验与样品滴定的操作过程和终点颜色完全相同。

C　应用于样品分析

在具备必要的理论知识和操作技能的基础上，准备好所需的仪器和试剂，按分析规程一丝不苟地进行操作，并计算和表述分析结果。当平行样的测定结果符合允许偏差要求时，才能报告分析结果。

应该指出，标准分析方法都是经过多次试验、普遍公认的方法。如果实际样品的分析结果重现性不好，出现较大的偏差，首先要从主观上找原因，如操作是否有失误之处，所用试剂浓度是否准确等。可以在不同的分析人员或不同实验室之间进行校核。

2.2.4　标准物质及其应用

2.2.4.1　标准物质的概念

标准物质是具有一种或多种足够均匀和很容易地确定特性值，用以校准设备、评价测量方法或给材料赋值的材料或物质。

标准物质是一种计量标准，都附有标准物质证书，规定了对某种或多种特性值可溯源的确定程序，对每一个标准值都有确定的置信水平的不确定度。工业分析中使用标准物质的作用是检查分析结果正确与否、标定各种标准溶液的浓度，作为基准试剂直接配制标准溶液等，借以检查和改进分析方法。

标准物质可以是纯的或混合气体、液体或固体。如校准黏度计用的纯水，量热法中用作热容校准物质的蓝宝石，化学分析校准用的基准试剂、标准溶液，钢铁分析中使用的标准钢样，药品分析中使用的药物对照品等。

在质量检验中由于试样组成的广泛性和复杂性，分析方法不同程度地存在系统误差，依据基准试剂确定的标准溶液浓度不能准确反映待测试样的组分含量，必须使用标准试样来标定标准溶液的浓度。对于不同类型的物质，应选用同类型的标准试样并要求在选用标准试样时应使其组成、结构等与待测试样相近。例如，冶金行业中的标准钢铁试样有普碳钢标准试样、合金钢标准试样、纯铁标准试样、铸铁标准试样等，并根据其中组分的含量不同可分成一组多品种的标准试样。例如，在测定普碳钢试样中某组分时，不能使用合金钢标准试样作对照。此外在选择同类型的标准试样时，也应注意该组分的含量范围，所测试样中某组分的含量应与标准试样中该组分的含量相近，这样分析结果将不因组成和结构等因素而产生误差。

标准物质具有以下基本特征：

（1）标准物质的材质是均匀的。

（2）标准物质在有效期内性能稳定，其特征量值保持不变。

（3）标准物质必须具有量值的准确性。

（4）标准物质必须有证书。证书上说明该标准物质的标准值和定值准确度。

（5）标准物质有足够的产量和贮备，可按规定精度重新制备。生产标准物质必须由国家主管部门授权。

2.2.4.2　标准物质的种类和应用

1975 年国际标准化组织（ISO）成立了标准物质委员会（ISO/REMCO），将标准物质的管理纳入标准化管理的轨道。我国于 1988 年成立了全国标准样品技术委员会。为了更好地参与国际标准化活动，促进我国标准物质管理与国际接轨，国家质量技术监督局于 1996 年批准成立了 ISO/REMC 中国委员会，协调我国与国际之间标准物质的技术交流活动。目前我国已能够生产、分发铁与钢、非铁合金、高纯金属、岩石土壤、气体、煤及焦炭、化工产品、生物等多类标准物质。

我国将标准物质分为一级标准和二级标准。

（1）一级标准（CBW）是用绝对测量方法或其他准确、可靠方法测量其特性值，测量准确度达到国内最高水平的有证标准物质，主要用于研究与评价标准方法及对二级标准物质定值。

（2）二级标准（GBW(E)）是用准确可靠的方法，或直接与一级标准物质比较方法值的物质，也称工作标准物质。主要用于评价分析方法及同一实验室或不同实验室间质量保证。

标准物质的种类很多，涉及面很广，按行业特征分类可分为 13 类，其分类方法见表 2-6，化工产品的标准物质见表 2-7。

表 2-6　标准物质的分类

序号	类别	一级标准物质数	二级标准物质数	序号	类别	一级标准物质数	二级标准物质数
01	钢铁	258	142	08	环境	146	537
02	有色金属	165	11	09	临床化学与药品	40	24
03	建材	35	2	10	食品	9	11
04	核材料	135	11	11	煤炭、石油	26	18
05	高分子材料	2	3	12	工程	8	20
06	化工产品	31	369	13	物理	75	208
07	地质	238	66	14	合计	1168	1422

标准物质的下列用途是显而易见的：

（1）标准物质是分析、评价、鉴定新技术、新方法的重要手段。近年来国际上对新技术、新方法准确度及精密度的评价普遍采用标准物质。

表 2-7　化工产品的标准物质

名　　称	国家标准编号	纯度/%
碳酸钠	GBW 06101a	99.995
乙二胺四乙酸二钠	GBW 06102	99.979
氯化钠	GBW 06103a	99.995
苯	GBW 06104	99.95
重铬酸钾	GBW 06105b	99.989
邻苯二甲酸氢钾	GBW 06106	99.998
草酸钠	GBW 06107	99.960
氯化钾	GBW 06109	K：99.97；Cl：100.00
碘酸钾	GBW 06110	99.91
乙酰苯胺	GBW 06201	C：71.09；H：6.71；N：10.36

（2）标准物质常被用作校正用的基准物。如 pH 标准物质用来确定酸度计的 pH 刻度值；用氧化镨钕玻璃滤光器校准分光光度计的波长。

（3）标准物质用作确定物质特性量值的工作标准，是控制分析检验质量的有力工具。既可用于实验室内部的质量保证，又可用于不同时间和空间的实验室之间的分析质量评定。

（4）标准物质是进行技术仲裁的依据。

由此可见，标准物质是保证文字标准有效实施的实物标准。它是技术标准的另一种存在形式，它与文字标准合在一起构成完整的标准形态。利用标准物质测出数据的可比性提供了在全国乃至全世界范围内进行技术协作的可能性。

任务 2.3　分析检验标准方法

2.3.1　标准方法的概念及分类

2.3.1.1　标准方法的概念

标准方法是经过试验论证，取得充分可靠的数据的成熟方法，而不一定是技术上最先进、准确度最高的方法。制定一个标准方法需经历较长的时间，花费较大的代价，因而其制定总是落后于需要。标准化组织每隔几年对已有的标准进行修订，颁布一些新的标准。因此使用标准方法时要注意是否已有新的标准替代了旧标准，应及时使用新的标准方法。此外，工业分析中是否采用标准方法要根据化学检验的目的和要求而定。

2.3.1.2　标准方法的分类

制订和采用标准方法是质量保证的重要措施。国际标准化组织（ISO）为此下设 162 个技术委员会（TC），制订各种标准方法。他们每年都颁布一套新的标准方法，每 5 年对已有的标准方法进行修改，但是 ISO 标准不带强制性。我们国家和各部委根据我国技术发展水平，不断公布国家标准（GB）和部颁标准（化工部为 HG，冶金部为 YB，石油部为

SY，轻工部为 QB），用新标准代替旧标准。各企业也可以制定自己的标准，在一定范围内使用。一些部委主管部门为了贯彻国家标准，根据具体测试要求，参照国家标准，使其具体化，制定出本行业标准，并注明与国家标准“等效”。国家标准也可参照国际标准进行制订，使与之“等效”分析检验的标准方法一般分为以下几种：

（1）绝对测量法（或权威方法）。测定值为绝对值，与质量、时间等基本单位或导出量直接有关，有最好的准确度。例如，重量法由分析天平直接称量被测物质，常被用作仲裁分析。

（2）相对测量法（或标准参考方法）。测定值是相对量。以标准物质或基准物含量为标准，确定被测物质的含量。这类方法已被证明没有系统误差。如果存在系统误差，也是已知并能够加以校正的，因而有足够的准确度和精密度。滴定分析法以及大多数的仪器分析法都属这一类方法。这类方法是分析化学中用得最多、最广的方法。

（3）现场方法。这类方法以能及时测定数据，指导生产和监控为主要目标，对准确度的要求往往可以降低。

2.3.2　选择分析方法

2.3.2.1　分析方法选择的重要性

在实际工作中，分析检验的任务多种多样，分析对象可能是无机试样或有机试样；要求分析的组分可能是单项分析或全分析；组分的含量可能属于常量组分、微量组分或痕量组分等。分析方法很多，不同的方法使用对象和使用的条件是不同的。针对具体样品中某特定成分的测定，也可以用不同的方法进行测定，但各种方法的准确度是不同的，所得的结果就难免有差别，所以选择合适的分析方法是十分重要的。一般在选择分析方法时要坚持适用性原则、准确度原则，即选择的分析方法要适合所分析的样品，所选择的分析方法的准确度要能满足分析目的的要求。在能满足分析结果准确度要求的基础上，优先选择分析速度快的分析方法，同时尽量考虑资源节约和环境友好。

2.3.2.2　选择分析方法应考虑的问题

在国家标准、行业标准、地方标准或企业标准中，一般对某一对象的分析会提供不止一种测试方法，各使用部门可以根据本单位的实际情况，选择能开展工作的方法来使用。对于常量组分的测定，一般都采用化学分析方法，如质量分析法、滴定分析法和气体容量法等。而对于微量组分或痕量组分的测定则要采用仪器分析法，如光谱分析法、电化学分析法和色谱分析法等。在产品分析检验工作中，要根据工业生产的实际要求和条件，考虑以下几方面的问题：

（1）测定的目的要求。首先要明确测定的目的和要求，它主要包括要测定哪些组分，准确度高低，对测定的速度要求等。如用碘量法测定铜，这种方法简单快速，重现性好，对一般铜的测定已足够准确。但如果是测定电解铜，碘量法就不能用了，因为误差太大了，只能用电解重量法才能满足要求（结果只能在小数点后第二位很小的范围内变化）。又如对生产过程的控制分析（如炉前分析，一般要求在 2～3min 出结果），此时分析速度是关键，而对准确度要求不是太高，只要不超过允许误差范围就行，因此，常常用快速分析法。然而对于仲裁分析、验证分析（如对标样进行分析），就要求有很高的准确度，此时应该选择准确度较高的分析方法。在科学研究中，有时还要求对待测组分的形态、活性、手性进行表征与测定，这时宜选用形态分析。

（2）待测组分的性质和含量范围。要测定常量组分，选用适于常量组分的测定方法；测定微量组分等方法组分则选用于微量组分的分析方法。因为适用于测定常量组分的分析方法大多不适用于对微量组分的测定，反之亦然。每种分析方法都适用于一定的测定对象和一定的含量范围，如重量法、容量法（包括电位滴定、电导滴定、库仑滴定等）和 X 射线荧光衍射法等一般用于含量在 $10^{-2}\sim10$ 级的常量组分的测定。但当两种方法都可以用时，则选用简单经济快速的分析方法，如容量分析和重量分析中首选容量分析，但如果无基准试剂或标样时，则选重量法。

对于含量在 10^{-3}级及更低级别的微量组分测定，应选具有较高灵敏度的仪器进行分析，如分光光度法、原子吸收光谱法、极谱法等。这些方法虽不能达到重量法和容量法那样高的准确度，但对微量组分的测定，这些方法的准确度是能满足要求的。

被测组分的性质也是要考虑的，如灰分、不溶性残渣的测定，只能用重量法。又如碱金属元素性质活泼，其离子既不能形成配合物，又无氧化还原性，其盐类溶解度均较大，但具有焰色反应，因此宜用火焰光度法和原子吸收分光光度法测定。

分析样品的性质、组分、结构和状态不同，试样的预处理和分解方法也不同试样的分解方法和成分分析方法要相适用。如硅酸盐中二氧化硅的测定，如采用氟硅酸钾容量法，在用熔融法分解试样时务必用含钾的熔剂分解试样，而不能用钠的熔剂去分解。因为氟硅酸钾的溶解度小于氟硅酸钠。

（3）共存组分的影响。在选择测定方法时，必须考虑共存组分对测定的影响。因为任何一个分析方法，其选择性或者说抗干扰性能力是有限的，样品中共存物的种类和含量不同，选择的分析方法就不同。在工作中总是希望用选择性好的方法，这样对分析速度和准确度都是有利的，但实际上被测物质很复杂，其共存组分往往影响测定，所以必须考虑如何避免和分离共存的干扰组分。

（4）分析成本。分析成本相对生产成本是较低的，但作为分析工作者在实际工作中也必须重视分析成本。一般在满足分析结果要求的前提下，尽量选择分析成本较低的方法，因为成本较低的分析方法有益于分析方法的准确度和分析速度的提高，同时对企业提高经济效益有益。

（5）环境保护。在实际工作中一方面要尽量选择不使用或少使用有毒有害的试剂；同时在分析过程中要尽量不产生或少产生有毒有害物质，即尽量使用符合环保要求的分析方法。

（6）实验室的实际条件。在满足生产所需要的灵敏度、准确度和所需分析时间的前提下，要根据实验室的现有条件，如实验室现有设备、试剂和技术条件等进行全面考虑。

总之，一个理想的分析方法应是灵敏度和准确度高、检出限低，操作简便快速。但在实际中，一个测定方法很难同时满足所有的测试条件，即不存在适用于任何试样、任何组分的测定方法。因此，在选择分析方法时，首先必须了解被测组分是以常量或以微量的状态存在、试样组分的复杂性、干扰组分的性质和本单位所具备的条件等。由于实际的样品一般都比较复杂，因此，必须全面考虑各方面的具体情况，再确定选择合适的测试方法以满足测定的要求。

2.3.3　分析方案的拟定

通常用于工业生产的都是比较成熟的测定方法，但在实际中也会遇到一些不熟悉的物质或新产品，需要拟定分析方案进行测定。拟定分析方案的基本过程包括了解被分析试样的基本情况、查阅文献、拟定实验程度、进行验证性试验、优化试验条件、完善分析方法及确定分析方案。

一个成功的分析方法的产生，一般经过几个过程才能完成。

（1）了解被分析试样的基本情况。要根据试样的来源，观察定性试验的结果，在此基翻上查阅相关资料，获得试样的基本情况。如主要组分和共存组分及其大致含量范围、杂质存在情况及大致含量范围，试样的性质状况，以及对测定的准确度和测定速度要求等，对拟定分析方案提供帮助。

1）组分分析。组分分析就是指试样中化学组成成分间的质量关系，它又分全分析、主要组分分析、指定组分分析。

① 全分析。全分析是对样品中所含的各种成分进行分析。全分析对原料的综合利用非常有意义，特别在矿石利用方面。到底应该分析哪些项目不是毫无目标，对于一个已知矿石，确定要分析的项目可以从两方面考虑：一是除主要组分外通常存在有共同组分，如 SO_2、CaO、MgO 等；二是周期表中相邻的元素，即地球化学中伴生关系的元素可能出现，如铝矾土和闪锌矿中常含有镓。因为和锌、铝是相邻元素，且铝和镓离子半径相近，锌和镓原子半径又很相近。确定了分析项目才能进行下一步工作，必要的定性检查对确定分析项目是有帮助的。对于一个未知样，显然要先进行定性检查，通常用光谱分析把各组分鉴定出来，再确定分析项目。

② 主要组分分析。前面所说的全分析通常是指对全部主要组分的分析，金属材料的主要组分的分析通常是指主体组分的分析，当然有时将主要杂质组分的分析也算在内，如钢样 5 大元素的分析就是主要组分的分析。

③ 指定组分分析。指定组分分析是指对样品中某一种或几种组分进行分析。究竟指定哪一种组分进行分析，应该从生产实际需要来制定，如铁矿石工业分析中，测可溶性铁比测总铁更有意义；石灰工业分析中测有效氧化钙总量更有意义。

2）特殊项目分析。一些工业原材料往往要求对某些特殊性质做出测定，如煤的工业分析中，一般只要求水分、灰分、挥发分、固定碳、发热量等。石油产品一般分析水分、酸值、碘值等特殊值，而不分析其他化学成分。

（2）文献检索。分析化学文献数量庞大，其中最实用的是“标准分析法”。因为标准分析法对精密度、准确度及干扰等问题都有明确的说明，是常规实验室易于实施的方法。在文献中选择分析方法时，试样组分、待测物的性质和状态、使用的仪器性能等要与文献中的相一致。

（3）拟定实验程序。当对分析的样品有了大致的了解，确定了要分析的项目，并查阅大量的文献资料后，从样品性质、被测成分含量、实验室现有条件等拟定实验程序。

（4）进行试验。通过大量条件试验，选定最佳的浓度、酸度、温度等实验条件。此外，还要考虑测定方法的分析速度、应用范围复杂程度、成本、操作安全性、创新性及污染等因素，这样才能对测定方法做出比较全面的综合评价，从而完善分析方法。

（5）确定分析方案。一个完整的分析方案，一般包括主题内容与适用范围，引用标准，术语、符号、代号，方法提要或原理，试剂和材料，仪器设备，试样，分析步骤，分析结果表示，精密度，其他附加说明。

2.3.4　分析方法的评定

客观评价一个分析方法的优劣，通常有 3 项指标，即检出限、精密度和准确度。进行验证性试验时，首先要进行精密度检验，即按照拟订的方法平行测定 10~20 次，计算标准偏差和变异系数，然后进行准确度检验。准确度的检验方法有采用标准试样对照法与标准方法或公认方法的结果对照法与标准加入回收试验法。详见模块 3。

任务 2.4　化工产品质量检验程序和技术

2.4.1　化工产品质量检验的程序

检验就是根据产品标准或检验规程对原材料、中间产品、成品进行观察，适当时进行测量或试验，并把所得到的特性值和规定值做比较，判定出各个物品或成批产品合格与不合格的技术性检查活动。一般检验流程包含以下几个部分：

（1）检验的准备。熟悉规定要求，选择检验方法，制定检验规范。

（2）测量或试验。按已确定的检验方法和方案，对产品质量特性进行定性或定量观察、测量、试验，得到需要的量值和结果。

（3）记录。对测量的条件、测量得到的量值和观察得到的技术状态用规范化的格式和要求予以记载或描述，作为客观证据保存下来。

（4）比较和判定。由专职人员将检验的结果与规定的要求进行对照比较，确定每一项质量特性是否符合要求，从而判定被检验的产品是否合格。

（5）确认和处置。检验有关人员对检验的记录和判定的结果进行签字确认。

1）对合格品准予放行，并及时转入下一作业过程（工序）或准予入库、交付（销售、使用）。对不合格品，按其程度分情况做出返工、返修、让步接收或报废处置。

2）对批量产品，根据产品批质量情况和检验判定结果分别做出接收、拒收、复检处理。

分析检验一般包括原材料检验、中间产品检验、产品和副产品检验。

（1）原材料检验。原材料检验是指企业生产加工的对象，可以是原始的矿产物，也可以是其他企业的产品。原材料分析的主要项目为主成分及杂质，以分析主成分是否符合生产工艺要求和所含的杂质对生产工艺产生的影响等。

（2）中间产品检验。中间产品检验又称中控分析，要求快速，以便及时调节生产的工艺条件。现代化的化工企业多采用在线自动分析，通过网络系统和计算机处理系统，将各分析测控点获得的数据汇集到控制中心，由控制中心将处理结果及时反馈到各个生产控制点，自动调节工艺条件。

（3）产品和副产品检验。产品和副产品检验是对产品中相关技术指标进行分析测定，一般包括两大任务：一是对主成分进行测定；二是对杂质含量、外观和物理指标进行分析。

化工产品分析技术包括定性鉴定和定量分析技术。如果怀疑一批产品的真伪，首先需要进行定性鉴定。一般说来，对于指定的产品往往只需对各项质量指标进行定量测定，根据测定结果确定产品质量等级。化工产品质量检验技术如图 2-3 所示。

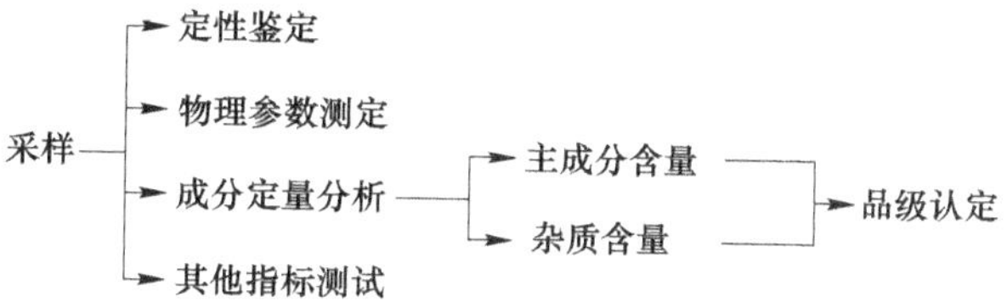

图 2-3　化工产品质量检验技术

2.4.2　化工产品的采样技术

从待检验的大宗物料中取得分析试样的过程称为采样。采样的目的是采取能代表原始物料平均组成的少量分析试样。化工产品有固体、液体和气体，有均匀的和不均匀的。显然，应根据产品的性质、均匀程度、数量等决定具体的采样和制样步骤。国家标准对化工产品的采样原则和方法做了明确规定，其版本如下：GB/T 6678—2003 化工产品采样通则；GB/T 6679—2003 固体化工产品采样通则；GB/T 6680—2003 液体化工产品采样通则；GB/T 6681—2003 气体化工产品采样通则。

除了这些通则规定以外，对于指定的某种化工产品，在其产品标准中补充说明了采样的特殊要求，分析工作者必须严格执行。

2.4.3　定性鉴定技术

一种未知物的定性分析是十分复杂的工作，不在本书讨论之列。一种化工产品的定性鉴定主要是检验其主成分是否与产品名称相符合。比较简单且实用的方法是利用产品主成分与某种试剂所发生的特征化学反应，观察反应的外部特征进行定性鉴定。

（1）有颜色变化。如在水溶液中 Fe^{3+} 与 SCN^- 作用生成血红色配合物 $Fe(SCN)_3$，利用这一反应可鉴定 Fe^{3+}；甲醛在硫酸溶液中与变色酸作用，呈现亮紫色，可用于鉴定甲醛。

（2）有沉淀生成。如 SO_4^{2-} 与 Ba^{2+} 作用生成白色的 $BaSO_4$ 沉淀，该沉淀不溶于酸，可用于鉴定硫酸盐或钡盐；苯胺在盐酸水溶液中与 $K_2Cr_2O_7$ 和 $CuSO_4$ 反应，析出苯胺黑絮状物，可证实苯胺存在。

（3）有气体生成。如在含有 CO_3^{2-} 的溶液中加入盐酸，即有 CO_2 气体产生，将生成的 CO_2 气体导入澄清的石灰水中，生成难溶的 $CaCO_3$ 使石灰水变浑浊。

$$CO_3^{2-} + 2H^+ = CO_2 \uparrow + H_2O$$

$$CO_2 + Ca(OH)_2 = CaCO_3 \downarrow + H_2O$$

利用这两个反应可以鉴定可溶性碳酸盐。

（4）焰色反应。该法是用盐酸润湿的铂丝，先在无色火焰上灼烧至无色，再蘸取样品溶液或粉末，在无色火焰上灼烧。根据这时火焰呈现的颜色确定试样的成分，主要适用于一些金属及其盐的鉴定，如表 2-8 所示。

表 2-8　金属及其盐的焰色

物　质	焰　色	物　质	焰　色
钾及其盐	紫色	锶及其盐	深红色
钠及其盐	黄色	钙及其盐	橙红色
钡及其盐	绿色	铜及其盐	绿色

一种化工产品的定性鉴定，往往需要从不同角度进行试验，之后做出综合判断。例如，试样的焰色反应试验呈现黄色火焰，与酸作用生成的气体又使石灰水变浑浊，即可确定试样为碳酸钠。需注意的是，某些有机物的鉴定还需要配合测定物理参数，以得到可靠的鉴定结果。

2.4.4　物理参数测定技术

众所周知，纯水的沸点为 100℃，冰点为 0℃。如果向水中加入少量盐，就会导致沸点升高和冰点下降，这是由于少量盐的存在影响了水分子间的相互作用。类似地，化工产品的纯度或者杂质含量与其物理参数有着密切的关系。特别是某些有机化工产品不便于对其主成分和杂质的含量一一测定，这种情况下物理参数的测定就成为标志产品质量的重要指标。

化工产品检验中涉及的物理参数有密度、熔点、结晶点（凝固点）、沸点、沸程、折射率、电导率、旋光度、黏度、闪点和燃点等。在现行国家标准中规定了一些物理参数的测定方法和技术要求。例如：GB/T 4472—2011 化工产品密度、相对密度测定通则；GB/T 7534—2004 工业用挥发性有机液体沸程的测定；GB/T 6488—2008 液体化工产品　折光率的测定；这些物理参数的测定原理、仪器和操作技术，本书从略。

2.4.5　定量分析技术

2.4.5.1　定量分析的常用方法

测定试样中化学成分的含量即进行定量分析，是化工产品检验中最重要的内容。按照分析原理和操作技术的不同，定量分析方法分为化学分析法和仪器分析法两大类。化学分析以物质的化学计量反应为基础。

$$待测组分+试剂 = 反应产物$$

若采用滴定的方式，根据试剂溶液的用量和浓度计算待测组分的含量，即称为滴定分析法；若根据称量反应产物的质量来计算待测组分的含量，则称为称量分析法（或重量分析法）。

仪器分析是以物质的物理或物理化学性质为基础的分析方法。这类方法因需要使用光、电、电磁、热等测量仪器，故称为仪器分析法。现代仪器分析包括多种检测方法，目前在化工产品检验中应用较多的是分光光度法、电位分析法和气相色谱法。

2.4.5.2　定量分析的一般过程

定量分析的多数方法就其本质来说，都是进行相对测量。可以概括为以下一般过程：

（1）确定方法，准备标准溶液和有关试剂。标准溶液是与试样中待测组分“相对比较”的物质，在滴定分析中称为“标准滴定溶液”更为确切，它要与试样中的待测组分发生定量化学反应，通过本身用量及浓度来反映被测物含量；在仪器分析中，标准溶液是用来测定样品待测组分含量的比较标准液，标准溶液浓度的准确度至关重要。

（2）准确计量分析试样，并处理成可供测量的状态。多数情况下需用分析天平准确称量一定质量的试样，用水或其他溶剂溶解，并处理成可供测定的状态；或定容后分取一定体积的试样溶液。有些液体产品可以准确量取一定体积的试样。试样量计量的准确度应与所采用分析方法的准确度相符合。

（3）进行定量。测定按所选用方法的操作步骤，加入必要的辅助试剂，进行定量测定。如滴定、显色及测定吸光度等。其中最关键的是相对测量“条件”和“终点”的掌握。在滴定分析中要找准滴定终点；在光度分析中要注意标准溶液与试液的测量条件必须一致。

（4）计算和表述定量分析结果。将测定过程中记录的数据代入相应的计算式或查对工作曲线，求出试样中待测组分的含量。计算中应注意有效数字的保留必须与测定方法的准确度相适应。对于一个定量分析项目，一般要做 2~3 个平行样。技术标准中规定了平行样品测定的允许偏差，如果平行样测定结果的绝对偏差在允许差范围内，可以取其平均值报告分析结果。否则，应该查找原因后重做试验。

2.4.5.3　定量分析结果的表述

定量分析的结果，有多种表述方法。按照我国现行国家标准的规定，应采用质量分数、体积分数或质量浓度加以表述。

（1）质量分数（w_B）。物质中某组分 B 的质量（m_B）与物质总质量（m）之比，称为 B 的质量分数。

$$w_B = \frac{m_B}{m} \tag{2-1}$$

其比值可用小数或百分数表示。例如，某纯碱中碳酸钠的质量分数为 0.9820 或 98.20%。在一些资料中往往直接写成质量分数，如 $w_B(\%) = 98.20$。

（2）体积分数（φ_B）。气体或液体混合物中某组分 B 的体积（V_B）与混合物总体积（V）之比，称为 B 的体积分数。

$$\varphi_B = \frac{V_B}{V} \tag{2-2}$$

其比值可用小数或百分数表示。例如，某天然气中甲烷的体积分数为 0.93 或 93%；工业乙醇中乙醇的体积分数为 95.0%，或表示成 $\varphi_B(\%) = 95.0$。

（3）质量浓度（ρ_B）。气体或液体混合物中某组分 B 的质量（m_B）与混合物总体积（V）之比，称为 B 的质量浓度。

$$\rho_B = \frac{m_B}{V} \qquad (2\text{-}3)$$

质量浓度常用单位为克每升（g/L）或毫克每升（mg/L）。例如，乙酸溶液中乙酸的质量浓度为 360g/L，生活用水中铁含量一般小于 0.3mg/L。在定量分析中，一些杂质标准溶液的含量或辅助溶液的含量也常用质量浓度表示。

2.4.6　产品质量等级认定

按照我国《工业产品质量分等导则》的规定，工业产品质量水平划分为优等品、一等品和合格品 3 个等级。

（1）优等品。质量标准必须达到国际先进水平，且实物质量水平与国外同类产品相比达到近 5 年内的先进水平。

（2）一等品。质量标准必须达到国际一般水平，且实物质量水平达到国际同类产品的一般水平。

（3）合格品。按我国现行标准（国家标准、行业标准、地方标准或企业标准）组织生产，实物质量水平必须达到相应标准的要求。

若产品质量达不到现行标准，则为废品或等外品。

对于指定的产品检验任务，按标准分析检验方法完成各项指标的测试后，写出包含各项检验结果的检验报告，并与质量标准相对照，确定产品的质量等级。与所有指标完全符合某等级要求时，才能确认该产品的等级。

2.4.7　化工生产分析检验实例

2.4.7.1　生产过程分析检验

化工生产过程一般可概括为原料预处理、化学反应、产品分离及精制等步骤。为使生产过程在最佳工艺条件下运行，确保制得产品的产率和质量，必须对原料、中间产物和产品进行适时、准确的分析检验。本节以联合制碱法生产纯碱（工业碳酸钠）和氯化铵为例，说明分析检验在化工生产中的作用。

联合制碱的原料是食盐、氨和二氧化碳。其中氨和二氧化碳由合成氨厂提供，故称为联合制碱。该生产方法基于以下反应：

$$NH_3 + NaCl + CO_2 + H_2O \longrightarrow NaHCO_3 + NH_4Cl(\text{母液 1})$$

$$2NaHCO_3 \xrightarrow{\triangle} Na_2CO_3 + CO_2\uparrow + H_2O$$

$$NH_4Cl(\text{母液 1}) + NaCl(\text{固}) \longrightarrow NH_4Cl\downarrow + NaCl(\text{母液 2})$$

联合制碱工艺流程如图 2-4 所示。富含 NaCl 的母液 2 经过吸氨制成氨母液 2，送往碳化塔与通入的 CO_2 反应，生成碳酸氢钠和氯化铵，前者溶解度小而结晶析出。经真空过滤，滤饼煅烧为纯碱。滤液富含 NH_4Cl，称为母液 1，吸氨后经冷却进入冷析结晶器析出氯化铵结晶，经离心分离、干燥，得到氯化铵产品。冷凝器的上层溢流清液与离心分离的滤液均送往盐析结晶器，在此加入洗净的精盐（NaCl）。由于食盐溶解进一步析出氯化铵结晶，晶体送冷凝器冷却使晶体增大，上层溢流液即母液 2 返回吸氨和碳化，形成闭合循环。

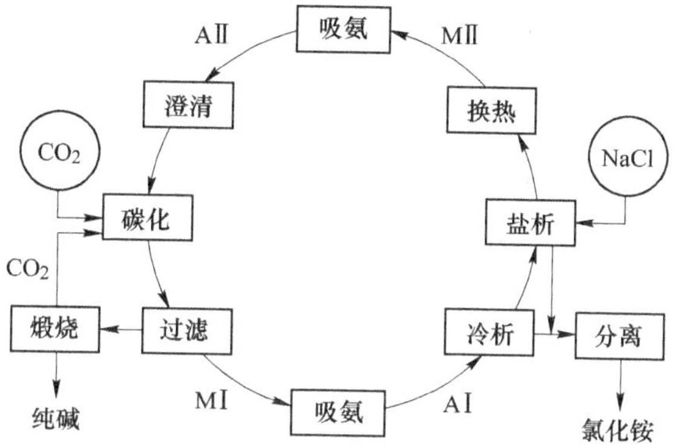

图 2-4　侯氏联合制碱工艺流程

在联合制碱生产过程中，除了对原料盐、氨气、二氧化碳和生产的成品进行检验以外，必须经常取样检验各工序之间溶液的成分，即母液 2、氨母液 2、碳化取出液、母液 1、氨母液 1 等溶液中游离氨（F_{NH_3}）、固定氨（c_{NH_3}）、CO_2、NaCl 等成分的含量。例如，在盐析结晶器中加入多少氯化钠合适？生产中用 γ 值（母液 2：c_{Na^+}/固定氨浓度）来衡量。加入 NaCl 多，γ 值大，NH_4Cl 产量大；但 NaCl 过多，来不及溶解而混入氯化铵成品中则影响产品质量。一般当盐析器母液温度为 10～15℃时，γ 值控制在 1.5～1.8。母液 2 的吸氨量常用 β 值（氨母液 2：游离氨/氯化钠）衡量，生产上一般控制在 1.04～1.12 之间。母液 1 吸氨的目的是使其中溶解度较小的 $NaHCO_3$ 和 NH_4HCO_3 转化成溶解度较大的 Na_2CO_3 和 $(NH_4)_2CO_3$，防止冷却时与 NH_4Cl 共同析出。母液 1 的吸氨量可控制 a 值（F_{NH_3}/c_{CO_2}）在 2.15～2.30 范围内。a 值大，游离氨损失大；a 值过低，会有 $NaHCO_3$ 析出混在氯化铵中，影响产品质量。

由此例可见，化工生产过程中的分析检验十分重要。根据分析数据及时进行工艺调控，才能优质、高产、低耗和安全地进行生产。

2.4.7.2　化工产品流通中的分析

化工生产方法、原料及产品的多样性和复杂性，对化工生产的成品质量分析检验和产品流通领域的质量控制，提出了更高的要求。用同一种原料可能制造出多种不同的化工产品；同一种产品可采用不同的原料或不同的方法和工艺路线来生产；不同厂家生产的产品由于原料和生产工艺条件不同，得到的产品质量存在一定的差异；一种产品有多种用途，不同的用户对其产品质量可能有不同的要求。这些复杂的因素就要求国家技术管理部门制定出符合科学技术和生产实际，又被普遍公认的产品质量规格和相应的检验方法，这就是产品标准。生产厂家应生产符合标准的产品，商检部门按照同样的标准，检验产品流通领域中的产品质量。当生产厂家与用户对某产品质量有争议时，需要双方共同按此标准进行仲裁检验。

国家标准 GB/T 210 规定的工业碳酸钠的质量指标见表 2-9。工业碳酸钠产品分为优等品、一等品和合格品，不同等级的产品其主成分含量和允许的杂质含量不同，相应的产品价格也有较大的差异。因此通过严格的产品检验确定其产品质量等级具有十分重要的意义。

表 2-9　工业碳酸钠的质量指标

项　目		指　标		
		优等品	一等品	合格品
总碱量（以干基的 $NaCO_3$ 的质量分数计）/%		≥99.2	≥98.8	≥98.0
总碱量（以湿基的 $NaCO_3$ 的质量分数计）①/%		≥97.9	≥97.5	≥96.7
氯化物（以干基的 NaCl 的质量分数计）/%		≤0.70	≤0.90	≤1.20
铁（Fe）的质量分数（干基计）/%		≤0.004	≤0.006	≤0.010
硫酸盐（以干基的 SO_4 的质量分数计）/%		≤0.03	≤0.03	—
水不溶物的质量分数/%		≤0.04	≤0.10	≤0.15
堆积密度②/$g \cdot mL^{-1}$		≥0.90	≥0.90	≥0.90
粒度③，筛余物/%	180μm	≥70.0	≥65.0	≥60.0
	1.18mm	≤2.0	—	—

① 包装时含量，交货时产品中总碱量乘以交货产品的质量再除以交货清单上产品的质量之值不得低于此数值。

② 氨碱产品控制指标。

③ 重质碳酸钠控制指标。

自我国实行改革开放以来，建立了社会主义市场经济体制，在商品流通领域中的分析任务日益繁重。某些不法商人唯利是图，推销商品以次充好的现象时有发生，而产品质量控制正是生产和流通的眼睛，是假冒伪劣的克星。

2001 年我国加入了世界贸易组织（WTO），面对加入世贸组织带来的机遇和挑战，产品质量检验工作要树立服务理念，不仅要为生产和管理服务，还应为市场服务，为国际贸易服务。

随着市场经济的快速发展，化工产业升级、结构调整、技术创新以及环保工作任务十分艰巨，这也为化工产品质检工作提供了广阔的施展空间。我们必须在全面提升化工技术标准整体水平的同时，加强高新科技产品技术标准和相关检测技术的研究，推进化工行业的进步和发展。

复习与测试

1. 填空：

（1）化学工业的原料资源包括（　　）（　　）（　　）和（　　）。

（2）化学工业的主要产品可以分为（　　）和（　　）两大类。

（3）强制性国家标准代号为（　　），推荐性国家标准代号为（　　），化工行业标准代号为（　　）。

（4）我国技术标准分为（　　）（　　）（　　）和（　　）4 级。

（5）我国采用国标标准和国外先进标准的程度分为（　　）（　　）和（　　）3 种情况。

（6）检索化工技术标准的常用工具书有（　　）（　　）和（　　）。

（7）化工产品定量分析的结果可用（　　）（　　）和（　　）加以表示。

（8）我国工业产品质量分为（　　）（　　）和（　　）3个等级。

2. 单选：

（1）企业标准的构成以（　　）标准为主体。

A　技术　　B　管理　　C　工作　　D　产品

（2）标准是指为在一定范围内获得最佳秩序，对活动或其结果规定共同的和（　　）使用的规则、导则或特性文件。

A　单独　　B　偶尔　　C　重复　　D　连续

（3）我国规定国家标准的复审年限为（　　）年。

A　3年　　B　4年　　C　5年　　D　6年

（4）推荐性国家标准的代号是（　　）。

A　GB　　B　GB/T　　C　HG/T　　D　DB/T

（5）行业标准是对（　　）的补充，是专业性、技术性较强的标准。

A　地方标准　　B　出口产品标准　　C　国家标准　　D　企业标准

（6）标准的本质特征是（　　）。

A　统一　　B　协调配合　　C　先进、合理　　D　法制性

（7）国家标准是对全国经济技术发展有重大意义，必须在全国范围内统一的（　　）。

A　管理要求　　B　工作要求　　C　方法要求　　D　技术要求

（8）标准由（　　）这样一个不断发展，循环往复的过程，就是标准由低级向高级逐渐发展的过程。

A　实施—监督检查—修订　　B　修订—发布—实施

C　起草—批准发布—实施　　D　制定—实施—修订

（9）世界贸易组织（WTO）是目前世界上处理各国（　　）间贸易的国际组织。

A　企业　　B　标准化组织　　C　政府　　D　贸易组织

3. 简答：

（1）化工产品有哪些种类？举例说明化工产品在工农业生产和人民生活中的应用。

（2）分析检验在化工生产和产品流通中的作用如何？

（3）分析检验方法的评定包含哪些？

（4）什么是标准？什么是标准化？化工标准化有哪些特点？

（5）什么是标准物质？标准物质有哪几类？说明其基本特征和主要用途。

（6）化工技术标准资料有哪些？如何检索所需的化工产品质量标准和分析检验方法？

（7）试查阅下列化工产品的国家标准或行业标准，分别指出其产品检验所需的方法。

碳酸钠　　过氧化氢　　氧化镁　　硫酸铜　　盐酸

季戊四醇　　乙酰乙酸乙酯　　异丁醇　　冰醋酸　　尿素

（8）化工产品检验的一般程序如何？

（9）化工产品采样的原则要求如何？这方面国家标准有哪些规定？

（10）测定物理参数为什么能表述化工产品的质量？举例说明。

（11）现有一工业碳酸钠产品，经检验后获得下列数据。试鉴定该产品等级。

总碱量（Na_2CO_3）　98.82%　　铁（Fe）　0.005%

氯化物（NaCl）　0.88%　　水不溶物　0.10%

（12）化工产品定量分析的常用方法有哪些？试说明定量分析的一般过程。

模块3 分析检验的数理统计与质量保证

【学习目标】

（1）掌握分析检验的准确度、精密度概念及表示方法。

（2）掌握分析数据的统计处理与评价方法。

（3）掌握分析方法准确性的判断。

（4）了解分析检验的质量保证的意义、内容及保证体系。

（5）理解分析检验的质量控制和质量评价。

任务3.1 分析检验的数理统计

对于一个分析检验实验室而言，其产品就是“检验报告”，质量如何，必须要有一个衡量的标准。这里有多项衡量测定结果可靠性、可比性的指标，如灵敏度、精密度、准确度、不确定度、检测能力（检出限、定量限、校准曲线的线性范围）、多元素测定能力以及抗干扰水平等。各项指标的计算、比对等，都涉及数理统计。准确度、精密度和不确定度是衡量检验质量的标准。通常用不确定度近似表达检验结果或检验方法的准确度，分析方法中所规定的重复性限或临界极差可以用来衡量测试结果的精密度。

3.1.1 测量准确度与误差

3.1.1.1 基本概念

准确度（accuracy）是指测量结果与被测量的真值或约定真值之间的一致程度。准确度是反映分析方法或测量系统存在的系统误差和随机误差的综合指标。

真值是某一物理量本身具有的客观存在的真实值。真值是未知的，实际上用的是约定真值。下面几种情况的约定真值可视为已知：

（1）理论真值，如某化合物的理论组成，例：纯 NaCl 中 Cl 的含量。

（2）计量学约定真值，如国际计量大会确定的长度、质量、物质的量单位等。

（3）相对真值，认定精确度高一个数量级的测定值作为低一级测量值的真值，这种真值是相对比较而言的。如在仪器分析中常常用到的标准试样及管理试样中的组分的含量。

3.1.1.2 准确度的表示方法

准确度用绝对误差和相对误差来表示。

（1）绝对误差 E（absolute error）。绝对误差是指测定值（measured value）与真值（true value）之间的代数差值，可用式（3-1）表示。

$$E = \chi - \mu \tag{3-1}$$

式中，χ 为测量值；μ 为真值。

（2）相对误差 *RE*（relative error）绝对误差与被测量值的真值的比，可用式（3-2）表示。

$$RE = \frac{E}{\mu} \times 100\% \tag{3-2}$$

绝对误差和相对误差都有正、负之分，正误差表示测量值较真值偏高，负误差表示测量值较真值偏低。

3.1.1.3　误差的分类和来源

在分析检验过程中，由于存在着一些影响测定的因素，因此误差是客观存在的。根据误差的性质和产生的原因，一般可将其分为系统误差（systematic error）和随机误差（random error）两大类。

（1）系统误差。系统误差是指在重复性条件下，对同一被测量物进行无限多次测量所得结果的平均值与被测量的真值之差。

系统误差具有重复性和单向性，其大小是可以测定的，所以又称它为可测误差（determinate error）。系统误差产生的原因主要有以下几方面：

1）仪器误差（instrumental error）。由于仪器、量器不准引起的误差称为仪器误差。例如移液管的刻度不准确、分析天平所用的砝码未经校准等。

2）试剂误差（rengent error）。由于分析时所使用的试剂纯度不够而引起的误差称为试剂误差。例如试剂变质或被污染、蒸馏水中含微量待测组分等引起的误差。

3）方法误差（methodic error）。由于分析方法本身的缺陷所引起的误差称为方法误差。方法误差的大小与分析方法的特性有直接关系。例如在重量分析中沉淀的溶解或共沉淀而引起的误差；滴定分析法中由于滴定终点与化学计量点的差异、副反应的发生等所引起的误差，均属方法误差。

4）操作误差（operational error）。由于操作者操作不当造成的误差称为操作误差。例如滴定终点颜色的辨别偏深或过浅；读取滴定液体积时总是偏高或偏低等。

按系统误差的变化规律来分类，系统误差可以分为恒定系统误差和可变系统误差。恒定系统误差的大小与试样的多少无关，在测量过程中绝对误差保持不变，而相对误差会随试样质量增大而减小，如滴定分析中的指示剂误差便属于这种误差；可变系统误差中常见的是线性系统误差，也称比例误差，其分析结果的绝对误差随样品量的增大而成比例增大，而相对误差却与试样的多少无关。

（2）随机误差。随机误差是指测量结果与在重复性条件下，对同一被测量物进行无限多次测量所得结果的平均值之差。它是由于测量过程中各种因素的随机波动而引起的具有抵偿性的误差，因而又被称为偶然误差（accidental error）或不定误差（indeterminateror）。这些因素主要有实验室环境温度、气压、湿度的变化、测量仪器示值的波动、分析人员对各份试样处理时的微小差别等。随机误差的特点是大小和正负都变化不定，且无法加以校正，似乎没有规律性。但如果进行多次重复测定，就会发现测定数据的分布符合一定的统计规律。因此可以采用增加平行测定次数，取平均值的办法减小随机误差。

在定量分析中，除系统误差和随机误差外，还有一类过失误差（gross error），它是由分析人员粗枝大叶或违反操作规程所引起的。例如仪器失灵、试剂被污染、溶液溅失、沉淀穿滤、器皿不洁净、加错试剂、读错读数、记录和计算错误等。这种“过失误差”没有一定的规律，只要分析人员加强责任心，认真细致，严格遵守操作规程，这种误差是可以避免的。含有过失误差的测量值为异常值，在进行数据处理时，应将其剔除。

随机误差和系统误差直接影响到分析检验的准确度或精密度，而准确度和精密度又是分析质量的最重要的标准。而采用哪些可能的措施可以减少误差，则要依赖于误差本身的性质。因此，有必要对这两种误差最相关的特性进行总结和比较，如表 3-1 所示。

表 3-1　随机误差和系统误差的最显著的特征

序　号	随机（或不可测）误差	系统（或可测）误差
1	由操作者、仪器和方法的不确定性造成	由操作者、仪器和方法偏差造成
2	不可消除，但可通过仔细的操作而减小	原则上可认识且可减小（部分甚至全部）
3	可通过在平均值附近的分散度确认	由平均值与真值之间的不一致程度确认
4	影响精密度	影响准确度
5	通过精密度的大小定量（例如，标准差）	平均值与真值之间的差值

3.1.2　测量精密度与偏差

3.1.2.1　基本概念

精密度（precision）是指在规定条件下，相互独立的测试结果之间的一致程度。精密反映分析方法或测定系统存在的随机误差的大小。精密度越好，表示随机误差越小。

3.1.2.2　精密度的表示方法

精密度是指多次测定结果相互吻合的程度。用偏差（d）来表示。

（1）绝对偏差（absolute deviation）d_i：个别测得值 x_i−测得平均值 $\bar{x}$，可用式（3-3）表示。即

$$d_i = x_i - \bar{x} \tag{3-3}$$

（2）相对偏差（relative deviation）d_r：绝对偏差与平均值的比值，可用式（3-4）表示。即

$$d_r = d_i / \bar{x} \times 100\% \tag{3-4}$$

（3）平均偏差（average deviation）$\bar{d}$：各单个偏差绝对值的平均值，可用式（3-5）表示。即

$$\bar{d} = \frac{|d_1| + |d_2| + \cdots + |d_n|}{n} \tag{3-5}$$

（4）相对平均偏差（relative average deviation）$\bar{d}_r$：平均偏差与测量平均值的比值，可用式（3-6）表示。即

$$\bar{d}_r = \bar{d}/\bar{x} \times 100\% \tag{3-6}$$

（5）标准偏差（standard deviation）S：可用式（3-7）表示。即

$$S = \sqrt{\frac{\sum_{i=1}^{n}(x_i - \bar{x})^2}{n-1}} \tag{3-7}$$

式中，S 为表示偏差的最好方法，数学严格性高，可靠性大，能显示出较大的偏差。测定次数在 3~20 次时，可用 S 来表示一组数据的精密度；$n-1$ 为自由度。

（6）相对标准偏差（relative standard deviation）S_r、RSD、CV：可用式（3-8）表示。即：

$$S_r = \frac{S}{\bar{x}} \times 100\% \tag{3-8}$$

3.1.3 精密度与准确度的关系

精密度与准确度的关系如图 3-1 所示。

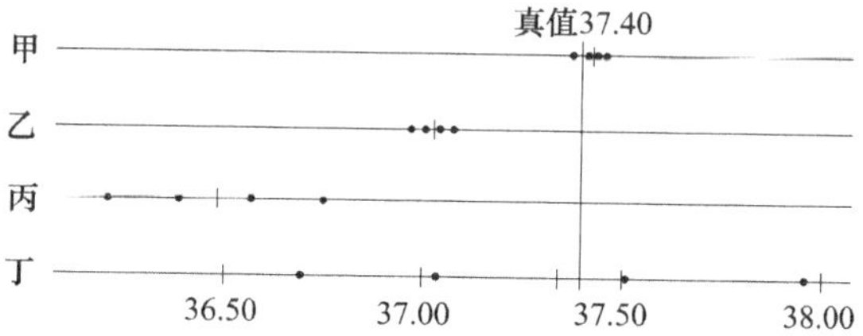

图 3-1　精密度与准确度的关系

甲—准确且精密；乙—不准确但精密；丙—不准确且不精密；丁—准确但不精密

结论：（1）精密度好，准确度不一定好，可能有系统误差存在。在确定消除了系统误差的前提下，精密度可表达准确度，准确度及精密度都高说明结果可靠；（2）准确度高精密度也不一定高。精密度不高，衡量准确度无意义，故精密度是保证准确度的前提。

3.1.4 分析数据的统计处理与评价

3.1.4.1 测量值的集中趋势和分散程度

先构造有限次测定测定可以测量的，表示样本的集中趋势的统计量有样本平均值和中位数，用样本平均值估计总体平均值；再构造表示样本的分散程度的统计量——样本标准偏差、相对标准偏差、方差、平均值的标准偏差、级差，用以估算总体标准差和方差，如图 3-2 和图 3-3 所示。

3.1.4.2 随机误差的正态分布

随机误差（又称不可测误差、偶然误差）是指测量结果与同一待测量的大量重复测量的平均结果之差。随机误差具有双向性、正态分布、不可校正，可增加平行测定次数、采取数理统计的方法减弱等特点。

- 有限次测定
  - 集中趋势
    - 样本平均值 $\bar{x}=\frac{1}{n}\sum_{i=1}^{n}x_i$（$n$为有限次）
    - 中位数x_M：大小排列，n为奇数时位于中间的数，n为偶数时是中间两数的平均值。少数次测量适用
  - 分散程度
    - 样本标准偏差 $S=\sqrt{\frac{\sum_{i=1}^{n}(x_i-\bar{x})^2}{n-1}}$（$n$为有限次，$n-1$为自由度）
    - 样本相对标准偏差 $CV=\frac{S}{\bar{x}}\times100\%$
    - 样本方差 $S^2=\frac{\sum_{i=1}^{n}(x_i-\bar{x})^2}{n-1}$
    - 平均值的标准偏差 $S_{\bar{x}}=\frac{S}{\sqrt{n}}$
    - 级差 $R=x_{max}-x_{min}$

图 3-2　有限次测量的统计量计算

- 无限次测定
  - 集中趋势 → 总体平均值 $\mu=\frac{1}{n}\sum_{i=1}^{n}x_i$ $(n\to\infty)$
  - 分散程度
    - 总体标准偏差 $\sigma=\sqrt{\frac{\sum_{i=1}^{n}(x_i-\bar{x})^2}{n}}$
    - 总体方差 $\sigma^2=\frac{\sum_{i=1}^{n}(x_i-\bar{x})^2}{n}$

图 3-3　无限次测量的统计量估算

（1）正态分布的概率密度函数。用式（3-9）表示。

$$y=f(x)=\frac{1}{\sigma\sqrt{2\pi}}e^{-(x-\mu)^2/(2\sigma^2)} \tag{3-9}$$

（2）$N(\mu,\sigma)$ 正态分布，用式（3-10）表示。

当 $x=\mu$ 时

$$y=f(x)=\frac{1}{\sigma\sqrt{2\pi}} \tag{3-10}$$

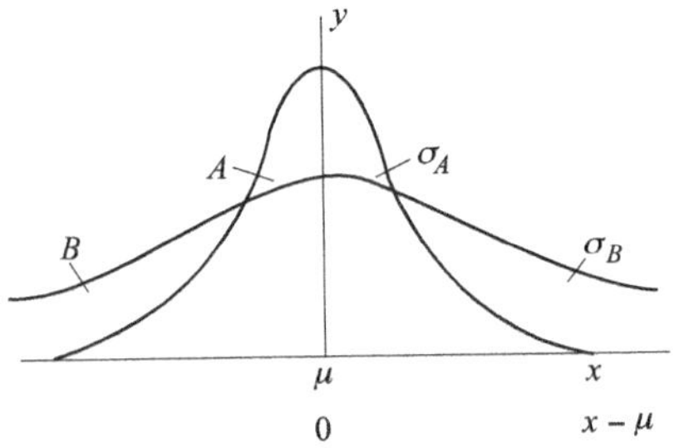

图 3-4　正态分布曲线（μ 同，σ 不同）

从图 3-4 可以看出；y 表示误差，曲线下包含的面积表示概率。小误差出现概率大，大误差出现概率小，特别大的误差出现概率极小；正误差概率＝负误差概率，测量值都落在$-\infty\sim+\infty$，总概率为 1；σ↑，y↓，数据分散，曲线平坦，σ↓，y↑，数据集中，曲线尖锐。此曲线不唯一，用一条曲线下覆盖

的面积来计算概率不合适。

（3）$N(0,1)$ 标准正态分布函数，用式（3-11）表示。

将图 3-4 中的横坐标改用 u 表示，则正态分布曲线都归结为一条曲线（见图 3-5）。令 $u=\frac{x-\mu}{\sigma}$，则 $u\sigma=x-\mu$。两边求导：$\sigma \mathrm{d}u=\mathrm{d}x$。

$$y=f(x)=\frac{1}{\sigma\sqrt{2\pi}}\mathrm{e}^{-u^2/2}$$

$$f(x)\mathrm{d}x=\frac{1}{\sqrt{2\pi}}\mathrm{e}^{-u^2/2}\mathrm{d}u=\varphi(u)\mathrm{d}u$$

$$\varphi(u)=\frac{1}{\sqrt{2\pi}}\mathrm{e}^{-u^2/2} \tag{3-11}$$

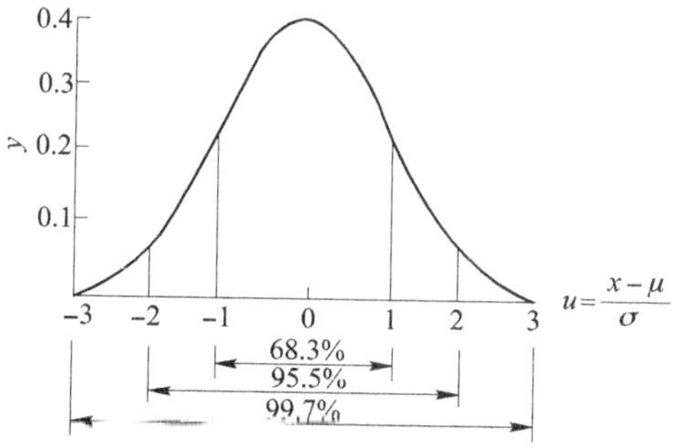

图 3-5　标准正态分布曲线，与 σ 无关

3.1.4.3　随机误差的 t 分布

在做有限次测定时，σ 未知，仅知道其估计值 s，用 s 代替 σ 时必然引起误差。可以用 t 代替 u，以补偿这一误差。这时随机误差不是正态分布，而是 t 分布。我们可以将 t 分布视为标准正态分布曲线上的某一段。正态分布与 t 分布相关参数如图 3-6 所示。

无数次测量 $u=\frac{\bar{x}-\mu}{\sigma_{\bar{x}}}$	有限次测量 $t=\frac{\bar{x}-\mu}{S_{\bar{x}}}$
$u=\frac{\bar{x}-\mu}{\sigma/\sqrt{n}}$	$t=\frac{\bar{x}-\mu}{S/\sqrt{n}}$
正态分布	t 分布

图 3-6　正态分布与 t 分布相关参数

正态分布与 t 分布区别：

（1）正态分布描述无限次测量数据；t 分布描述有限次测量数据；

（2）正态分布横坐标为 u，t 分布横坐标为 t；

（3）两者所包含面积均是一定范围内测量值出现的概率 P。

1）正态分布：P 随 u 变化；u 一定，P 一定；

2）t 分布：P 随 t 和 f 变化；t 一定，概率 P 与 f 有关。

（4）t 分布曲线与正态分布曲线相似，只是 t 分布曲线随自由度 f 而改变。当 f 趋近∞

时，t 分布就趋近正态分布，即 $f\to\infty$ 时，t 分布→正态分布。

3.1.4.4　区间参数估计

只有当 $n\to\infty$ 时，才有 x 的平均值趋向 μ，也才能得到最可靠的分析结果，但这是做不到的。由有限次测量得到的平均值总带有不确定性，只能在一定的置信度下，根据 x 的平均值对 μ 可能存在的区间进行估计。

（1）置信度（P）也称为可靠度，或置信水平、置信系数，就是随机误差的区间概率（见图 3-7）。即 t 一定时，测量值出现在 $\mu\pm ts$ 内的概率。

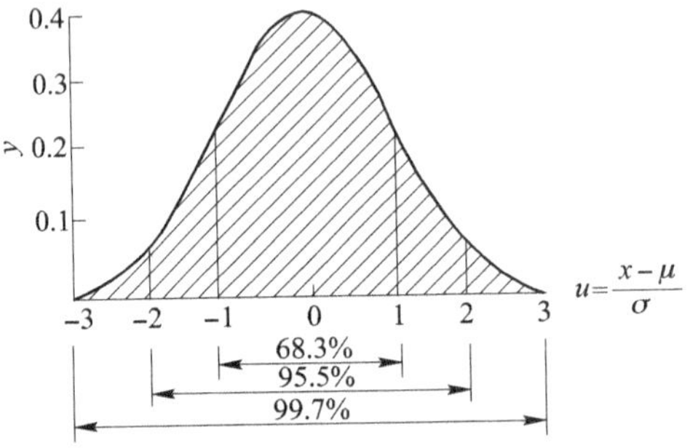

图 3-7　随机误差的区间概率

$$P(-\infty < x < \infty) = \int_{-\infty}^{\infty}\varphi(u)\,\mathrm{d}u = \frac{1}{\sqrt{2\pi}}\mathrm{e}^{-u^2/2}\mathrm{d}u = 1$$

正态分布曲线下面的面积表示全部数据出现概率的总和为 100%。P 是统计学上的置信概率，即样本值在某区间出现的概率，用式（3-12）表示。

$$P(0 < x < u) = \int_{0}^{u}\varphi(u)\,\mathrm{d}u = \frac{1}{\sqrt{2\pi}}\int_{0}^{u}\mathrm{e}^{-u^2/2}\mathrm{d}u = \text{阴影部分面积}$$

$$|u| = \frac{|x-\mu|}{\sigma} \tag{3-12}$$

正态分布概率积分情况见表 3-2。

表 3-2　正态分布概率积分

$\lvert u\rvert$	面积 P	$\lvert u\rvert$	面积 P
0.674	0.2500	2.000	0.4773
1.000	0.3413	2.576	0.4950
1.645	0.4500	3.000	0.4987
1.960	0.4750	∞	5.000

【例 3-1】　已知某试样中 Co 的百分含量的标准值为 1.75%，$\sigma=0.10\%$，又已知测量时无系统误差，求分析结果落在（1.75±0.15）% 范围内的概率。

解： $|u| = \dfrac{|x-\mu|}{\sigma} = \dfrac{|x-1.75\%|}{\sigma} = \dfrac{0.15\%}{0.10\%} = 1.5$

查表可知 $P=2\times0.4332=0.8664=86.64\%$。

（2）平均值的置信区间。在某一置信度下，以测量值为中心，真值出现的范围。

1）显著性水平 α 表示在某一 t 值时，测定值落在（$\mu+tS$）范围之外的概率，即：$\alpha=1-P$。

t 值与置信度及自由度有关。一般表示为 $t_\alpha(f)$，如 $t_{\alpha95}$（10）表示置信度为 95%，显著性水平 α 为 0.05，自由度为 10 的 t 值。表 3-3 为 $t_\alpha(f)$ 值表（双边）。

表 3-3 $t_\alpha(f)$ 值表（双边）

f	置信度，显著性水平		
	$P=0.90$	$P=0.95$	$P=0.99$
	$\alpha=0.10$	$\alpha=0.05$	$\alpha=0.01$
1	6.31	12.71	63.66
2	2.92	4.30	9.92
3	2.35	3.18	5.84
4	2.13	2.78	4.60
5	2.02	2.57	4.03
6	1.94	2.45	3.71
7	1.90	2.36	3.50
8	1.86	2.31	3.36
9	1.83	2.26	3.25
10	1.81	2.23	3.17
20	1.72	2.09	2.84
∞	1.64	1.96	2.58

2）平均值的精密度。总体均值标准差与单次测量值标准差的关系：

$$\sigma_{\bar{x}}=\frac{\sigma}{\sqrt{n}}$$

有限次测量均值标准差与单次测量值标准差的关系：

$$S_{\bar{x}}=\frac{S}{\sqrt{n}}$$

总体→抽出样本 n 通常 3~4 次或 5~9 次测定足够，

$n=4$，$S_{\bar{x}}=\frac{1}{2}S_x$；$n=25$，$S_{\bar{x}}=\frac{1}{5}S_x$。

图 3-8 为平均值的标准差与测定次数的关系。

3）平均值的置信区间。$\mu=\bar{x}\pm t\frac{S}{\sqrt{n}}$表示在一定置信度（概率）下，以平均值为中心，能够包含真值的区间（范围），反映了估计的精密度。置信度越高，置信区间越大。

由单次测量结果估计 μ 的置信区间：$\mu=x\pm u\sigma$。

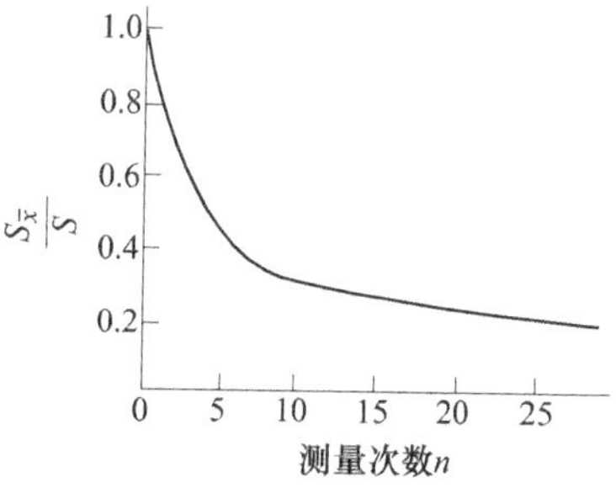

图 3-8 平均值的标准差与测定次数的关系

由多次测量的样本平均值估计 μ 的置信区间，用式（3-13）表示：

$$\mu=\bar{x}\pm u\sigma_{\bar{x}}=\bar{x}\pm u\frac{\sigma}{\sqrt{n}} \tag{3-13}$$

由少量测定结果均值估计 μ 的置信区间，用式（3-14）表示：

$$\mu=\bar{x}+tS_{\bar{x}}=\bar{x}+\frac{tS}{\sqrt{n}} \tag{3-14}$$

在一定置信度下，以平均值为中心，包括总体平均值的范围就叫平均值的置信区间。

从公式可知只要选定置信度 P，根据 P（或 α）与 f 即可从表中查出 $t_{\alpha}(f)$ 值，从测定的 $\bar{x}$、S、n 值就可以求出相应的置信区间，置信度越高，置信区间就越大，所估计的区间包括真值的可能性也就越大，一般置信度定在 95%或 90%。

【例 3-2】 如何理解 $\mu=47.50\%\pm0.10\%$（置信度 $P=95\%$）?

解：理解为在 47.50%±0.10%的区间内包括总体均值 μ 在内的概率为 95%。

【例 3-3】 对某未知试样中 Cl^- 的百分含量进行测定，4 次结果为 47.64%，47.69%，47.52%，47.55%，计算置信度为 90%、95%和 99%时的总体均值 μ 的置信区间。

解： $\bar{x}=\dfrac{47.64\%+47.69\%+47.52\%+47.55\%}{4}=47.60\%$

$$S=\sqrt{\frac{\sum(x-\bar{x})^2}{n-1}}=0.08\%$$

$P=90\%$时，$t_{0.10}(3)=2.35$，$\mu=47.60\%\pm\dfrac{2.35\times0.08\%}{\sqrt{4}}=47.60\%\pm0.09\%$

$P=95\%$时，$t_{0.05}(3)=3.18$，$\mu=47.60\%\pm\dfrac{3.18\times0.08\%}{\sqrt{4}}=47.60\%\pm0.13\%$

$P=99\%$时，$t_{0.01}(3)=5.84$，$\mu=47.60\%\pm\dfrac{5.84\times0.08\%}{\sqrt{4}}=47.60\%\pm0.23\%$

表 3-4 为不同 u 值下测量值的区间概率。

表 3-4　不同 u 值下测量值的区间概率

随机误差出现的区间 u（以 σ 为单位）	测量值出现的区间	概率 P
(−1，+1)	($u-1\sigma$，$u+1\sigma$)	68.3%
(−1.64，+1.64)	($u-1.64\sigma$，$u+1.64\sigma$)	90.0%
(−1.96，+1.96)	($u-1.96\sigma$，$u+1.96\sigma$)	95.0%
(−2，+2)	($u-2\sigma$，$u+2\sigma$)	95.5%
(−2.58，+2.58)	($u-2.58\sigma$，$u+2.58\sigma$)	99.0%
(−3，+3)	($u-3\sigma$，$u+3\sigma$)	99.7%

4）t 分布下的置信区间。更多的时候，我们都是要用样本平均值估计总体均值。所以 t 分布下的置信区间计算尤其有用。

图 3-9 为不同置信度下真实值的范围。由此，可以得出如下结论：置信度越高，置信区间越大，估计区间包含真值的可能性增加；置信区间反映估计的精密度；置信度可估计把握程度。

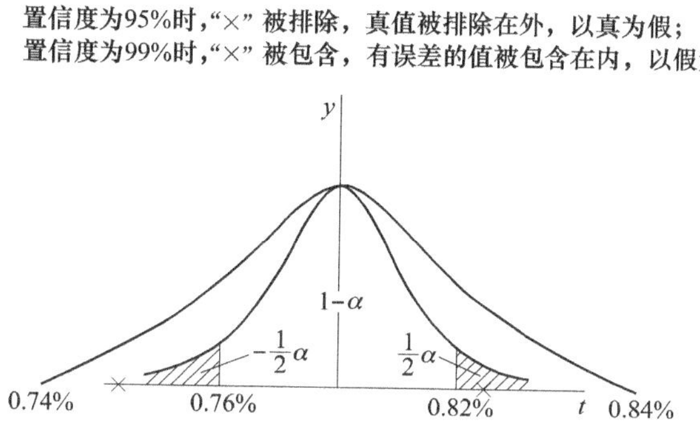

图 3-9　不同置信度下真实值的范围

3.1.5　分析方法准确性的判断

实际测得的数据总是有波动的，样本平均值未必正好等于真值 μ_0，这种差异可能完全是由随机误差引起的，也可能还包含系统误差。这两种情形从直观上难以分辨，需要进行显著性检验。检验方法如图 3-10 所示。

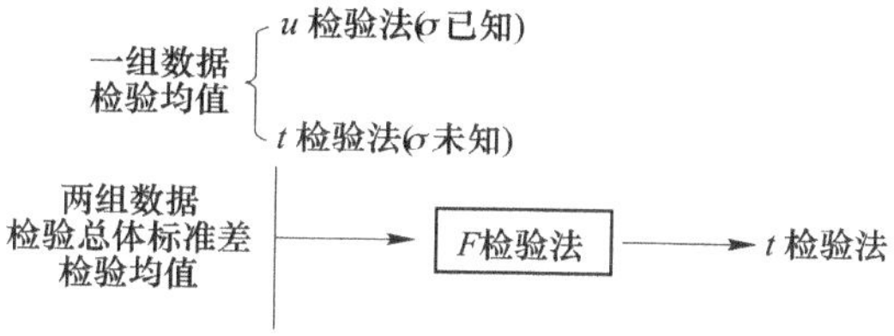

图 3-10　误差检验方法

3.1.5.1　σ 已知总体均值的检验

对于 σ 已知的数据，可以用 u 检验法（见图 3-11）。

拒绝域：$|u|>u_\alpha$，μ 的计算按式（3-15）计算。

$$\frac{\bar{x}-\mu_0}{\sigma/\sqrt{n}}<-u_\alpha \quad 或 \quad \frac{\bar{x}-\mu_0}{\sigma/\sqrt{n}}>u_\alpha \qquad (3\text{-}15)$$

小概率出现在拒绝域，拒绝假设，$\mu \neq \mu_0$。μ 与 μ_0 有显著性差异，有系统误差存在，具体的步骤为：

（1）提出假设：$\mu=\mu_0$。

（2）给定显著水平。

（3）计算。根据 $u=\dfrac{\bar{x}-\mu_0}{\sigma/\sqrt{n}}$。

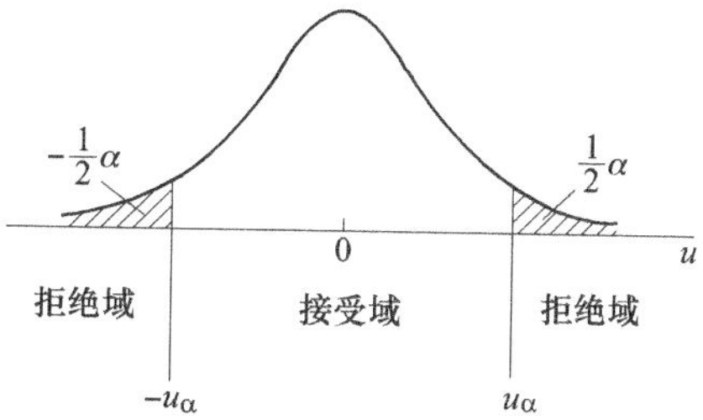

图 3-11　u 接受域与拒绝域

（4）判断。如果选择 $\alpha=0.05$，则 $|u|>1.96$ 时，拒绝假设；如果选择 $\alpha=0.01$，则 $|u|>2.58$ 时，拒绝假设。

【例 3-4】 根据经验，某炼铁厂生产铁水的碳含量服从正态分布，μ_0 为 4.55%，σ 为 0.08%。现在又测定了 5 炉铁水，其含碳量分别为 4.28%、4.40%、4.42%、4.35%、4.37%。试问均值有无变化？（给定 $\alpha=0.05$）

解： 假设 $\mu=\mu_0$，$\alpha=0.05$，$\sigma=0.08\%$，$\mu_0=4.55\%$

$$\bar{x}=\frac{4.28\%+4.40\%+4.42\%+4.35\%+4.37\%}{5}=4.36\%$$

$$u_{计算}=\frac{\bar{x}-\mu_0}{\sigma/\sqrt{n}}=\frac{4.36\%-4.55\%}{0.08\%/\sqrt{5}}=-5.3$$

查表得 $u_\alpha=1.96$，$|u_{计算}|>1.96$，拒绝假设，即平均含碳量比原来的降低了。

3.1.5.2　σ 未知总体均值的检验

对于 σ 未知的数据，可以用 t 检验法（见图 3-12）。

拒绝域：　$|t|>t_\alpha(f)$

即　$\dfrac{\bar{x}-\mu_0}{S/\sqrt{n}}<-t_\alpha(f)$　或　$\dfrac{\bar{x}-\mu_0}{S/\sqrt{n}}>t_\alpha(f)$

小概率出现在拒绝域，拒绝假设，$\mu\neq\mu_0$，μ 与 μ_0 有显著性差异，有系统误差存在。具体的步骤为：

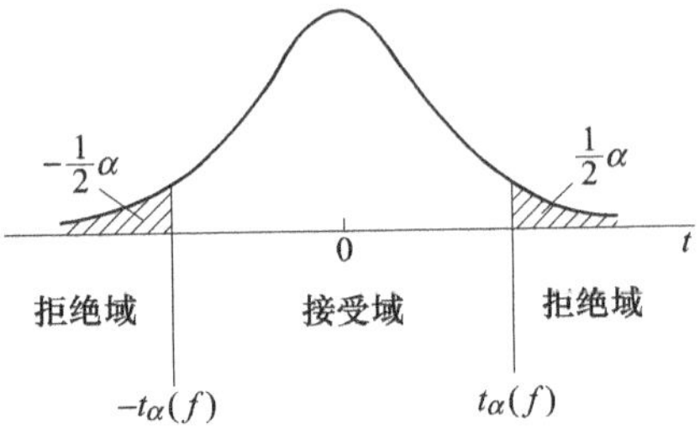

图 3-12　t 接受域与拒绝域

（1）提出假设：$\mu=\mu_0$；

（2）给定显著水平 α，将 μ_0，n，$\bar{x}$，S 代入；

（3）计算，可用式（3-16）表示。

$$t=\frac{\bar{x}-\mu_0}{S/\sqrt{n}} \tag{3-16}$$

（4）判断：从 t 分布值表查得 $t_\alpha(f)$，若 $t_{计算}>t_\alpha(f)$，拒绝假设。

【例 3-5】 测定某样品中 CaO 的质量分数（$\mu_0=30.43\%$），得到如下结果：$n=6$，$\bar{x}=30.51\%$，$S=0.05\%$，问此测定是否有系统误差？（给定 $\alpha=0.05$）

解： 假设 $\mu=\mu_0=30.43\%$，

$$t_{计算}=\frac{\bar{x}-\mu_0}{S/\sqrt{n}}=\frac{30.51\%-30.43\%}{0.05\%/\sqrt{6}}=3.9$$

查表得 $t_{0.05}(5)=2.57$，因此 $|t_{计算}|>t_{表}$，拒绝假设，$\mu\neq\mu_0$，此测定存在系统误差。

【例 3-6】 采用某种新方法测定基准明矾中铝的百分含量，得到以下 9 个分析结果，10.74%、10.77%、10.77%、10.77%、10.81%、10.82%、10.73%、10.86%、10.81%。试问采用新方法后，是否引起系统误差？（$P=95\%$）

解： $n=9\Rightarrow f=9-1=8$，$\bar{x}=10.79\%$，$S=0.042\%$

$$t=\frac{|10.79\%-10.77\%|}{0.042\%}\times\sqrt{9}=1.4$$

当 $P=0.95$，$f=8$ 时，$t_{0.05,8}=2.31$，因 $t<t_{0.05,8}$，说明 $\bar{x}$ 与 μ 之间无显著性差异，故没有引起系统误差。

3.1.5.3　检验两个总体标准差是否相等——F 检验

对于两组以上有限测量数据，判断两组数据是否存在显著性差异，用式（3-17）表示。

$$F=\frac{S_1^2/\sigma_1^2}{S_2^2/\sigma_2^2}(S_1>S_2) \tag{3-17}$$

当 $\sigma_1=\sigma_2$ 时，$F=\frac{S_1^2}{S_2^2}$；$\sigma_1\neq\sigma_2$ 复杂，不讨论。

图 3-13 为 F 接受域与拒绝域。检验两个总体标准差 σ_1、σ_2 是否相等，是否服从自由度为 n_1-1、n_2-1 的 F 分布，具体的步骤为：

（1）假设 $\sigma_1=\sigma_2$；

（2）计算出两组数据的标准差 S_1 和 S_2，计算 F：

$$F=\frac{S_1^2/\sigma_1^2}{S_2^2/\sigma_2^2}(S_1>S_2)$$

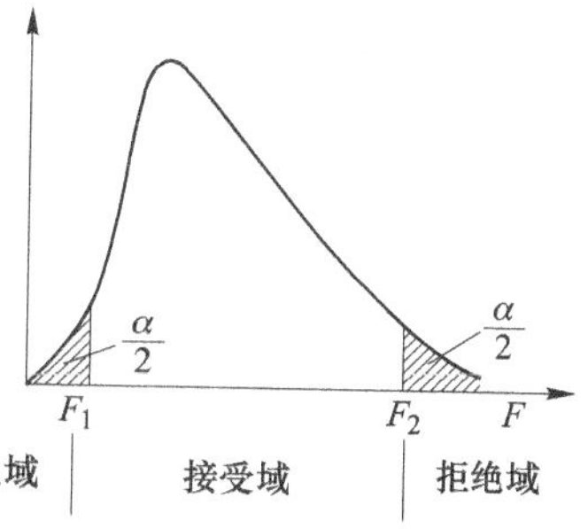

图 3-13　F 接受域与拒绝域

（3）给定显著水平 α；

（4）按照置信度和自由度查表，P 一定时，查 F_{α,f_1,f_2}；

（5）判断。如 $F<F_{表}$，则两组数据的精密度不存在显著性差异；如 $F\geqslant F_{表}$，则两组数据的精密度存在显著性差异。

3.1.5.4　检验两个总体均值是否相等——t 检验法

我们常用 t 检验法检验两个总体均值是否相等。其具体步骤为：

（1）F 法检验 σ_1和 σ_2无显著性差异，且已算出 S_1、S_2的值；

（2）判断：单边检验还是双边检验。单边检验就是一组数据的方差只能大于等于另一组数据的方差；双边检验就是一组数据的方差可能大于等于或者小于另一组数据的方差。

（3）假设 $\mu_1=\mu_2$；

（4）计算合并标准差，可用式（3-18）表示。

$$S_{合}=\sqrt{\frac{(n_1-1)S_1^2+(n_2-1)S_2^2}{n_1+n_2-2}} \tag{3-18}$$

（5）计算 t 值，可用式（3-19）表示。

$$t=\frac{\bar{x}_1-\bar{x}_2}{S_P}\sqrt{\frac{n_1n_2}{n_1+n_2}} \tag{3-19}$$

（6）给定显著水平 α；

（7）查表 $t_\alpha(n_1+n_2-2)$，当 $|t_{计算}|>t_{表}$ 时，说明 μ_1 与 μ_2 存在显著差异。

显著性检验应注意：单边和双边检验。单边检验——检验某结果的精密度是否大于或小于某值（F 检验常用）；双边检验——检验两结果是否存在显著性差异（t 检验常用）；置信水平的选择，置信水平过高——以假为真，置信水平过低——以真为假。

【例 3-7】 在吸光光度分析中，用一台旧仪器测定溶液的吸光度 6 次，得标准偏差 $S_1=0.055$；用性能稍好的新仪器测定 4 次，得到标准偏差 $S_2=0.022$。试问新仪器的精密度是否显著地优于旧仪器？

解： 已知新仪器的性能稍好，它的精密度不会比旧仪器的差，因此，这是属于单边检验的问题。令置信度为 95%。

$$n_1=6, S_1=0.055, S_{大}^2=0.0030$$

$$n_2=4, S_2=0.022, S_{小}^2=0.00048$$

$$F=\frac{0.0030}{0.00048}=6.3$$

由 $P=95\%$，$f_{大}=5$，$f_{小}=3$，$F_{表}=9.01$（见表 3-5），$F<F_{表}$，可知两仪器的精密度不存在显著性差异。

表 3-5　F 值表（置信度 95%，单边）

$f_{小}$ \ $f_{大}$	2	3	4	5	6	7	8	9	10	∞
2	19.00	19.16	19.25	19.30	19.33	19.36	19.37	19.38	19.39	19.50
3	9.55	9.28	9.12	9.01	8.94	8.88	8.84	8.81	8.78	8.53
4	6.94	6.59	6.39	6.26	6.16	6.09	6.04	6.00	5.96	5.63
5	5.79	5.41	5.19	5.05	4.95	4.88	4.82	4.78	4.74	4.36
6	5.14	4.76	4.53	4.39	4.28	4.21	4.15	4.10	4.06	3.67
7	4.74	4.35	4.12	3.97	3.87	3.79	3.73	3.68	3.63	3.23
8	4.46	4.07	3.84	3.69	3.58	3.50	3.44	3.39	3.34	2.93
9	4.26	3.86	3.63	3.48	3.37	3.29	3.23	3.18	3.13	2.71
10	4.10	3.71	3.48	3.33	3.22	3.14	3.07	3.02	2.97	2.54
∞	3.00	2.60	2.37	2.21	2.10	2.01	1.94	1.88	1.83	1.00

【例 3-8】 用两种不同方法测定合金中铌的百分含量。

第一法　1.26%　1.25%　1.22%

第二法　1.35%　1.31%　1.33%　1.34%

试问两种方法是否存在显著性差异？

解： 第一种方法的精密度可能好于或差于第二种方法，属于双边检验。令置信度为 95%，显著性水平为 5%，则双边的显著性水平为 5%×2=10%，此时置信度为 90%。

$$n_1=3, \bar{x}_1=1.24\%, S_1=0.021\%, n_2=4, \bar{x}_2=1.33\%, S_2=0.017\%$$

$$F=\frac{S_1^2}{S_2^2}=\frac{(0.021)^2}{(0.017)^2}=1.53$$

$$f_{大}=2, f_{小}=3, F_{表}=9.55$$

$F<F_{表}$，两组数据的精密度不存在显著性差异。

$$S_P=\sqrt{\frac{(n_1-1)S_1^2+(n_2-1)S_2^2}{n_1+n_2-2}}$$

$$=\sqrt{\frac{(3-1)\times 0.021^2+(4-1)\times 0.017^2}{4+3-2}}=0.019$$

$$t=\frac{\bar{x}_1-\bar{x}_2}{S_P}\sqrt{\frac{n_1n_2}{n_1+n_2}}$$

$$=\frac{1.24-1.33}{0.019}\sqrt{\frac{3\times 4}{3+4}}=-6.20$$

当 $P=90\%$，$f=3+4-2=5$ 时，$t_{0.10,5}=2.02$。

$|t_{计算}|>t_{0.10,5}$，两种分析方法之间存在显著性差异。

3.1.5.5　提高分析结果准确度方法

如何提高分析结果的准确度是分析工作者的追求目标。常用于提高准确度的方法有：选择恰当分析方法（灵敏度与准确度）；减小测量误差（误差要求与取样量）；减小偶然误差（多次测量，至少 3 次以上）；消除系统误差。

任务 3.2　分析检验的质量保证

3.2.1　分析检验质量保证的目的和内容

国际标准化组织（ISO）于 1987 年发布了 ISO 9000 质量管理和质量保证系列标准，使世界主要工业发达国家的质量管理和质量保证的概念、原则、方法程序统一在国际标准的基础上，它标志着质量管理和质量保证走向了规范化、程序化的新高度。自 ISO 9000 系列标准发布以来，已有 50 多个国家等同采用为国家标准。我国于 1993 年 1 月正式实施等同采用 ISO 9000 系列标准的 GB/T 19000：1992 系列标准，从此我国的质量体系认证工作才真正启动。

分析检验的质量保证（analytical quality assurance）是为保证分析结果能满足规定的质量要求，提供适当信任所必需的、有计划的、系统的活动。科技发展、生产过程的监控、产品质量的评价、环境污染的监测与管理、有关案件的调查等，都需要有准确可靠的数据。特别是在我国加入 WTO 后的国际贸易中，更增加了对测试结果可靠性、可比性的关注。分析检验是比较复杂的过程，结果的准确度受到多种因素的影响，如仪器设备的性能、试剂的质量、实验室的环境和条件、测试人员的技术、采样的代表性、分析方法的准确度和灵敏度等。分析检验质量保证的内容是质量控制（analytical quality control）和质量评价（analytical quality evaluation）两个方面的内容。质量控制指对全分析过程进行质量控制，采取一系列措施减小分析误差，使总的测量不确定度控制在尽可能小的范围内。质量评价是指对分析结果进行质量评价，及时发现分析中的问题并改正，确保分析结果准确可靠。

分析检验的质量保证不仅是一项具体的技术工作，而且也是一项实验室管理工作。质量保证工作必须贯穿分析过程的始终，包括样品的采集与贮存、样品的预处理、分析方法的选择、样品的测定、实验数据的记录和处理、分析结果的表达等。

分析检验的质量保证的目的是准确、快速且经济地提供有关试样的检验数据，降低测量误差到允许的程度，以获得高度可信的分析结果；为得到可靠的数据尽量减少工作量；改变实验室之间数据可比性基础；提供统计学基础以作出评价。

3.2.2　质量保证在分析检验中的意义

分析检验涉及的范围非常广泛，化学成分、理化特性有关的生产过程控制、产品质量的检验与评价、物料的定值、环境监测、质量纠纷的仲裁、有关案件的调查、临床化验、实验室认证、有关仪表的校准和定度、检验人员的考核等，都需要有可靠的分析检验数据。在国际贸易和科技交往中，测试结果必须要有国际可比性。

分析检验对经济和社会的真正影响是难以准确估计的，据 H. S. Herta 估计，1988 年美国每天进行着 2.5 亿次化学分析，其中大约 10%的分析检验因不可靠而必须重测。这些不合格的分析要多耗费 50 亿美元（每年由于错误测试造成的损失），在产品特性与化学组成紧密联系的工业中，有将近 30%的样品必须重测。在西方发达国家中，至少 5%的国民生产总值用于分析测量。所有这些数据还不包括错误测试结果对经济和社会产生副作用造成的损失。以上数据不仅表明准确分析检验的重要性，还体现出提高分析检验质量的必要性。

随着科学技术的发展，分析检验技术发生了引人瞩目的变化，大多数分析检验需要专门的操作程序来完成，许多原先的人工操作现在都已自动化。此外，很多测定，例如贸易、环境监测、临床化学等的测试，经常需要几个分析者或者几个实验室、地区、全国或国际性的协作来完成。因此，对于测试结果的可靠性和可比性有更严格的要求。为了获得准确可靠的、高质量的测试结果，必须对分析检验全过程的各个环节进行质量控制，采取有效的措施，使可能产生的误差降到允许的范围内，以此来保证分析检验的质量。

3.2.3　分析检验的质量保证体系

为了确保分析检验结果的质量，分析检验工作者应建立并实施质量保证系统的各种方法有：严格仪器、工具和化学试剂的采购；进行仪器的经常校准；对人员进行培训和教育；进行分析方法的确认；使用标准物质；实验室内不同方法的比对；实验室间数据的比对；建立控制点和控制图等。质量保证体系对涉及检验质量的每个环节，都应该制定相应的文件加以规定。

质量保证体系以检测/校准运作过程中的人员、环境、设备、方法、量值溯源、抽样样品处置等关键影响因素的控制为核心，辅之以校准检测结果的质量、组织管理措施、质量体系建立、文件和记录控制、不合格工作控制、纠正和预防措施、内部审核、管理评价等手段，并对分包、采购、抱怨处理、服务用户等相关支持过程进行管理，使实验室的整个质量系统处于受控状态，预防不合格的发生和重复发生，并通过监督和反馈控制机制确保出现不合格时能及时发现并迅速纠正。

按照质量体系文件的规定，从检验任务的下达到检验报告（数据）的发出及更改，检验人员必须严格按照规定执行，并有据可查。对于用户的意见和审核中发现的问题，要认真分析，找出原因并采取相应的措施进行整改，以提高检验的质量。通过检验机构高级管理层的管理评审确定检验机构的各项规章制度是否有效、适宜，从而确保检验的质量持续不断地改进。

任务 3.3　分析检验质量控制

3.3.1　质量控制的内容

质量控制工作，应当使分析检验的工作做到恰到好处，不但要确保测定结果准确可靠，而且还要能达到提高工作效率、降低消耗的目的。为此，分析工作者应根据实际需要选择合适分析方法和误差限，否则将可能发生两种情况：要么分析结果不能表明产品是否合格，甚至导致错误的结论，给事业和人民生命财产造成危害；要么过分地追求分析结果的可靠性，消耗了不必要的人力与物力。

质量控制工作既是一项具体的技术工作，也是一项实验室管理工作，如科学的实验室管理制度，正确的操作规程以及分析检验工作者的技术考核等，质量控制工作必须贯穿分析检验的全过程（包括取样，样品处理、方法选择，测定过程、实验记录，数据检查、数据的统计分析、分析结果的表达以及实验室管理等）。在这个过程中分析工作者是最积极的因素，他们对质量控制工作的重要性认识得越深刻，态度越积极，其效果将会越显著。

质量控制的内容包括作业技术和活动，也就是包括专业技术和管理技术两个方面。围绕产品质量形成全过程的各个环节，对影响工作质量的人、机、料、法、环 5 大因素进行控制，并对质量活动的成果进行分阶段验证，以便及时发现问题，采取相应措施，防止不合格重复发生，尽可能地减少损失。因此，质量控制应贯彻预防为主与检验把关相结合的原则。

3.3.2　质量控制的基本要素

质量控制的基本要素有人员、仪器设备、材料和试剂、分析方法、环境和设施。

（1）分析检验人员的技术能力。具有一批有良好职业道德修养、技术经验丰富、有资历的分析工作人员是保证分析质量的必要条件之一，作为一个称职的分析工作者，除具有良好职业道德外，还必须具有与分析科目要求相当的高能力水平。有人做过统计，高级、中级、初级人员在分析数据上出错的比例为 1 : 5 : 17。由此可见，分析检验人员的操作技能、理论知识和实际经验是首要因素。从事分析的人员必须经过与其承担的任务相适应的教育、培训，并具有相应的技术知识和经验，考核合格后持证上岗。

分析理论知识与操作技能主要包含下面两方面内容：

1）掌握分析方法涉及的分析化学基本原理。要求分析工作者掌握法定计量单位和分析结果的表达方法；分析数据的处理方法：化学分析法中涉及的酸碱平衡、沉淀平衡、配位平衡和氧化还原平衡的基本原理；各种仪器分析方法涉及的无机化学、有机化学、物理化学、物理学、数学、自动化学等有关的测定方法原理。

2）完成分析测定方法时所必需的各种实验操作技能。要求分析工作者掌握分析样品的取样和制备方法：除去干扰组分和分离方法；进行化学分析时必须的天平称量、滴定分析仪器、重量分析仪器的正确使用和规范的基本操作方法。进行仪器分析时，要了解每种仪器的基本组成部件，影响测量准确度的各种因素，掌握定性定量分析的基本方法和操作条件的设置以及数据处理装置的使用方法。可见，要成为一个具有一定分析技术能力的称职分析工作者，必须具有比较宽厚、多学科的知识面和比较全面的、熟练的实验操作技能。特别是目前正处在分析化学专业知识不断更新、分析仪器设备日趋智能化的时代，每一个分析工作者都必须时刻关注分析化学学科的进展情况和分析仪器的更新现状，不断提高自己的分析技术能力，以适应日益发展的科学技术需要。

（2）合适的仪器和设备。现代分析实验室需要专门的设备和仪器，而分析工作的成功或失败常常与分析仪器和设备使用是否得当有很大的关系，例如，没有超净的实验室就不可能做超痕量分析；在某些分析领域中，为获得可靠的结果，湿度和温度的控制是必要的前提；现代数据处理和管理系统对某些分析技术来讲是必不可少的，对于其他大多数分析技术来说，很快地也将面临这样的情况。

此外，专门的分析仪器和设备正在迅速替代通用仪器，因此某些种类的分析测量就只能在有这些仪器的实验室中进行。

实验室不但应正确配备进行分析的仪器设备，还必须维护保养好它们，以保证分析质量，如对计量仪器应定期进行检定，不合格者应降级使用或停止使用；每次测试前及测试后，都应对使用的仪器设备进行检查，并有记录；所有仪器的使用说明书、维修记录和检验合格证等技术性文件均应归档并派专人保管；贵重的精密仪器设备应指定专人负责操作和保养，并建立运行记录档案等。

（3）合格的试剂和材料。测试过程中，从取样、样品处理，直至进行测定都要用到化学试剂，正确选择化学试剂的等级是分析检验质量保证的重要内容。很多测定需要使用作为标准物质的化学试剂来标定标准溶液或标定仪器刻度示值。试剂中某些杂质含量过高会增加空白值，而空白值则决定了这方法能测定的最小值。在痕量分析中，实验用水的杂质、空气中的灰尘、器皿等的污染也会引起空白值的增加。因此，使用的试剂在使用前应按相应分析项目所要求的标准规范进行检测，检测合格后方可投入使用。

处理样品，配制和贮存标准溶液需要使用各种材料组成的器皿，如烧杯、坩埚、试剂瓶等，如果选择不合适，可能引起被测组分的吸附或污染。分析工作者应根据被测组分的含量水平，选择合适的器皿材料，并辅以正确的清洗过程，这样才能保证分析结果的质量。

（4）可靠的分析检验方法。实验室应使用适当的方法进行所有检验工作（包括样品的抽取、处置、传送和贮存、制备，测量不确定度的估算，检验数据的分析），这些方法应与所要求的准确度和有关检验的标准规范一致。实验室应尽可能使用国际、国家、行业和地方标准方法，需要使用非标准方法时，应经过验证。产品检验采用非标准方法时应与用户达成协议，形成有效文件。

（5）符合要求的环境和设施。实验室的环境包括：实验室清洁工作、房屋管理、温度和湿度的控制，玻皿清洗水、电设施等。实验室的环境不应该影响分析检验结果的有效性或对所要求的测定准确度产生不利的影响，必要时需对环境条件进行有效监测、控制并记录，另外还应配置停电、停水、防火等应急的安全设施，以免影响分析检验工作的质量。

3.3.3　分析检验过程的质量控制

质量控制是为保证实验室中得到的数据的准确度和精密度落在已知的置信概率下所采取的措施，分析检验过程质量控制的目的是把分析误差控制在允许限度内，保证测定结果有与要求相应的精密度和准确度。在分析检验过程中，可以采取下面这些措施来控制分析检验结果的质量。

3.3.3.1　空白实验

由试剂和器皿带进杂质所造成的系统误差，一般可做空白试验来扣除。

A　空白对测定结果的影响

空白试验值的大小与分散程度对分析结果的精密度和分析方法的检测限都有很大的影响。空白试验值的数值和重复性可以反映一个实验室水平，如实验室用水和化学试剂的纯度、玻璃容器的洁净度、分析仪器的精度和仪器的状况，实验室的环境污染情况以及检验人员的水平和经验等。在痕量或超痕量分析工作中，全过程（取样，样品传递，贮存，处理及测定）控制样品的被玷污，全过程的玷污产生的误差通过空白测定来校正。

B　空白试验和检测限

（1）空白试验是以溶剂（一般是水）代替实际样品，按测定实际样品相同的方法和步骤对其进行分析测定。每天测定两个空白样品，共测 5~6 天，计算测定结果的标准差（S_B），由此计算出测定方法的检测限（L），如果检测限高于标准分析方法中的规定值，说明由试剂、蒸馏水及实验器皿等引起的系统误差较大，应采取措施降低空白值，直至检测限合格为止。

（2）检测限（limit of determination）是指对某一特定的分析方法，在给定的置信水平内，可以从样品中定量检测出待测物质的最小浓度或最小量。检测限由空白试验的多次测量结果的标准差计算得到，计算公式如下：

$$L=\frac{KS_B}{S}$$

式中，S 为一测定方法的灵敏度，亦即工作曲线的斜率，其实际意义为单位浓度或单位量待测物质变化所产生的分析信号值；S_B 为空白实验多次测量结果的标准差，它反映了测量方法或仪器噪声水平的高低；K 为根据一定置信水平确定的系数。

由此可知，测定方法的检测限与仪器的信噪比（信号与噪声之比）有关，信噪比越高，检测限越低。

对于系数 K，IUPAC（国际纯粹与应用化学联合会）建议：光谱分析法取 $K=3$，相应的置信度为 90%，直接电位法通过作图法求得检测限；气相色谱法以产生 2 倍声信号时的待测物质浓度或量为检测限，即取 $K=2$。

C　空白值的控制

对于痕量和超痕量组分的测定，高和不稳定的空白试验值对测定结果影响很大。可靠的方法是把空白值降至可以忽略不计的程度。控制空白值可从以下方面入手：

（1）控制环境对样品的污染。通实验室空气中的尘埃含有多种元素，对被测的含量组分有明显的污染。必要时应采取局部或整个实验室的防尘与空气净化措施，如使用超净室。

（2）提纯化学试剂，降低试剂空白值。对于痕量和超痕量组分的测定应采用高纯试剂、高纯水，可以降低试剂导致的空白值。

（3）防止器皿的污染。材质不当或不洁净的器皿会玷污样品，痕量分析应采用高纯惰性材料制成的器皿，如聚四氟乙烯、透明石英制成的器皿。

3.3.3.2 校准曲线

A 校准曲线的绘制

校准曲线（calibration cuins）用于描述待测物质的浓度或量与测量仪器的响应量或其他指标量之间定量关系的画线。校准曲线包括工作曲线（kine curve）和标准曲线（arard curve）。绘制校准曲线时，一般可配制 4~6 个不同度的待测物质标准溶液，采用与样品分析完全相同的分析步骤操作，最后以标准溶液中待测物质的浓度或量为横坐标，以测量信号值为纵坐标绘制的曲线为工作曲线。若标准溶液的分析步骤与样品分析步骤不完全相同，得到的校准曲线为标准曲线。校准曲线一般可以直接测定，但如果样品前处理较复杂导致被测组分损失，并不可忽略时，则应和样品同样处理后再测定。

为使分析结果的误差限定在要求的范围内，样品含量的测定范围应限制在校准曲线的线性范围内，而且最好是取适量的样品使被测样品的含量落在校准曲线的中部，这样测定的误差最小。校准曲线的线性范围一般为校准曲线的最高含量值与检测下限值之间。校准曲线不可延长使用，因为校准曲线的斜率常因温度、试剂批号、仪器等条件的变化而改变。在测定未知样品的同时绘制校准曲线是最佳的。否则，应在测定样品的同时，测定线性范围内中等含量标准溶液和空白溶液各两份，取均值相减后与已绘制的校准曲线上相同点进行核对。两者的相对差值不得大于 5%~10%，否则应重新绘制校准曲线。

B 校准曲线的线性

线性检验相关系数体现校准曲线两个变量的线性关系，决定校准曲线的质量和样品测定结果的准确度。

对于以 4~6 个浓度单位所获得的测量信号值绘制的校准曲线，一般要求其相关系数不小于 0.9990，否则应查找原因加以纠正，重新绘制校准曲线。

影响校准曲线线性关系的因素有：

（1）分析方法本身的精密度；

（2）仪器设备的精密度（包括量取标准溶液所用量器的准确度）；

（3）溶剂挥发造成浓度的变化；

（4）检验人员的操作水平等。

C 校准曲线的回归

用作图的方法绘制的校准曲线存在较大的误差，并容易受到操作者的主观因素的影响。因此，对于线性关系不好的校准曲线，应在消除可纠正因素的影响后，对标准溶液的测量信号值及其浓度数据进行回归分析，建立回归方程（regression equation）$y=a+bx$，再绘制校准曲线。

D 截距检验

截距检验是检验校准曲线的准确度，将截距 a 与零作 t 检验，当取 95% 置信概率时，经检验无显著性差异时，可将 a 视为 0，方程简化为 $y=bx$。当 a 与 0 有显著性差异时，表示回归方程代表的校准曲线的准确度不高，应查找原因予以纠正后重新绘制校准曲线，线性和截距检验合格后投入使用。

E　斜率检验

斜率的大小可以反映方法的灵敏度。方法的灵敏度是随实验条件的变化而改变的。实验条件相同时，随机误差导致斜率变化的允许范围因分析方法的精度不同而异。如一般情况下，分子吸收分光光度法允许斜率的相对差值为 5%，原子吸收分光光度法允许的斜率相对差值为 10%。

3.3.3.3　平行试验

进行平行样测定是对测定进行最低限度的精密度检查。平行双样（也称双联样）的测定，有助于减小随机误差，有助于估计测定的精密度。

一般标准方法规定，检验人员对同一样品同时分取两份（称量取样时，称样量尽可能相近）进行平行样品的测定，平行双样测定的结果应小于方法规定的允许差（重复性限 r），也即两个平行测定结果之差的绝对值不应大于标准方法所规定室内相对标准差的 2.8 倍。若两结果之差大于重复性限 r，必须再做 2 次测试。若要进行 4 次平行测定（如标定标准滴定溶液），若 4 个结果的极差（$X_{max}-X_{min}$）等于或小于 $n=4$ 的临界极差 CrR95（4），则取 4 个结果的平均值作为最终结果；若极差大于临界极差 CrR95(4)，则取 4 个结果的中位数作为最终结果。如果测试费用较高，可再做 1 次测试，同上判断。

两个实验室间测定的结果之差的绝对值应小于再现性限 R，也即应小于室间相对标准差的 2.8 倍。

例如测定试样中某一含量为 12mg/L 的杂质组分，实验室内相对标准差为 3.1%，实验室间相对标准差为 4.2%，则室内平行测定绝对差值应小于 1.0mg/L，两个实验室测定值之差应小于 1.4mg/L。

对于标定标准滴定溶液浓度时的规定参见 GB/T 601—2016《化学试剂标准滴定溶液的制备》，测定结果极差不能满足标准方法规定的，需重新测定。必要时应审查方法和（或）测试的精密度。

3.3.3.4　测定回收率

若要获得高准确度的测量结果，不可忽视样品处理产生的误差。在取样和样品处理过程中，被测组分发生分解、挥发或分离、富集不完全会导致产生负的系统误差；检验过程中使用的器皿、化学试剂和环境可能导致正的系统误差，而且也不可避免地引入随机误差。所以对样品处理过程应加以重视。在样品处理过程中最佳的回收率是 100%。实验室中通常可以用下面的方法测定回收率。

（1）在测试样品时，同时另取一份试样，加入适量的标样。根据标样含量的已知值和实际测定值，可以计算出加标回收率。加标量不能太大，一般为试样含量的 0.5~2 倍，且加标后的总含量不应超过测定的上限；加入的标样浓度应较高，加入标样的体积应较小，一般不要超过原试样体积的 1%，否则试样的基体背景将会改变。加标回收率在一定程度上可以反映测定结果的准确度。不过，加标回收法测出的回收率有时不一定能反映样品的实际回收率，因为加入的标准是一种简单的离子或化合物，样品中被测组分的存在形态往往比较复杂，而且受其他组分影响。

（2）采用与被测样品组成相似的标准物质（要求标准物质的基体尽可能与样品基体相同），用与样品测定相同的方法（包括样品处理步骤）测定标准物质，测定值与标准物质的保证值之比即为回收率。

回收率与样品类型、处理方法、被测组分及含量水平有关，在有关的质量保证手册中，对例行分析回收率控制指标做了原则性的规定，如果分析方法中未规定范围值时，可以将加标回收率目标值规定为 95%～105%，也可参照表 3-6。

表 3-6 加标回收率与含量的关系

被测组分质量分数/%	$<10^{-5}$	$>10^{-5}$	10^{-4}	$>10^{-2}$
加标回收率/%	60～110	80～110	90～110	95～105

3.3.3.5 检出限

测定检出限的方法是在一定置信概率（通常取置信度为 99.7%）下，能产生一个确保在试样中存在被测组分的分析信号所需要的该组分的最小含量（或浓度）。此最小含量产生的信号在一定置信概率下能与空白值或仪器噪声区分开。

国际纯粹与应用化学联合会（IUPAC）对分析方法的检出限的规定是：在与实际样品测定相同条件下，对不加入被测组分的溶剂进行重复测定，测定次数一般为 20 次，算出定值的平均值$\bar{x}_B$和标准差 S_B。在一定置信概率下，被检出的最小测量值为

$$x_L=\bar{x}_B+3S_B$$

$x_L=\bar{x}_B$时，即 $3S_B$对应的被测组分的含量 Q_L或浓度 C_L就是分析方法的检出限，即

$$Q_L(\text{或 } C_L)=\frac{x_L-\bar{x}_B}{b}=\frac{3S_B}{b}$$

式中，b 为方法的灵敏度（即低浓度区校正曲线的斜率，它表示被测组分含量或浓度改变一个单位时分析信号的变化量）。检出限是表征分析方法检测能力的一个参数，评价分析方法的一个指标。

3.3.3.6 对照试验

对照试验是用已知结果的试样与被测试样一起进行试验，在进行样品分析的同时，分析含量相近的有证标准物质。在确认两者没有基体效应或基体效应可忽略时，通过标准物质的实际测定值是否符合证书给定值的不确定要求，可以确定试样分析结果的准确度是否可以接受。

对照试验也可用其他可靠的分析方法进行，也可由不同人员、不同实验室进行。对照试验可以检查所用试剂是否失效或反应条件等控制是否正确，它是分析检验过程系统误差的有效方法。

任务 3.4 分析检验质量评定技术

质量评定技术是为推断输出数据的质量而对测量过程实施的监督。质量评定分为实验室内部（室内）和实验室外部（室间）的质量评价。实验室内部的质量评价一般可用重复测量、内部考核样品、控制图、交换操作者、交换仪器设备、独立的测量、权威法测量和审查等方法。实验室外部（室间）的质量评价一般可用实验室检测、交换样品、外部参考物质、标准物质和审查等方法。这些方法的核心是重复信息的概念，只要用已知组分甚至是未知组分的稳定样品作重复测量即可评价精密度。评价系统误差需要重复测量已知特性的样品。当测量过程的统计控制被其他方法证实时，只需少数几次测量即可。在上述列出的质量评定技术中，根据完成评定技术所需的协作来源而形成内部和外部之分。质量评定技术包括以下方面：

（1）用重复测定试样的方法来评价测试方法的精密度。

（2）用测试标准物质或内部参考标准中组分的方法来评价测试方法的系统误差。

（3）利用标准物质，采用交换操作者、交换仪器设备的方法来评价测试方法的系统误差，可以评价系统误差是来自操作者，还是来自仪器设备。

（4）利用标准测试方法或权威测试方法与现用的测试方法测得的结果相比较，可用来评价方法的系统误差。

总之，为了促进检测中心化验测试工作的标准化、规范化、制度化和科学化管理，检测中心全体工作人员必须高标准、严要求，以准确可靠的检验数据，对产品质量做出公正科学的评估。

3.4.1 内部质量评定技术

实验室内部质量评定可采用重复测定试样的方法来评价分析方法的精密度；用测定标准物质或内部参考标准物的方法来评定分析方法的系统误差；也可以利用标准物质，采用交换操作者、交换仪器设备的方法来评价分析方法的系统误差。从而找出系统误差是来自操作者，还是来自仪器设备。

内部考核样本可由内部参考物质、分割样本、标准加入样本和替代样本所组成，替代样本是为了在合适的常规考核中评价测量过程精密度而采用的。所有这些样本以及质量保证样本的测量，在使用控制图时能得到最好的说明。控制图是内部质量评定技术的主要方法，在后面将做详细的介绍。

测量的系统误差可能与操作者、仪器或方法有关。可以用交换操作者、交换仪器设备，用独立技术测量经选择过的样本以及用权威法与那些所得测量结果相比较等内部途径来调查系统误差。当合适的方法有效而又缺乏诸如标准物质等外部支持时，与权威法比较是有用的。交换操作者是为了估计操作者引起的系统误差；交换仪器是为了估计仪器引起的系统误差。不同的独立测量技术是为了估计测量技术引起的系统误差，用一个已知准确度的方法或者两个未知准确度的方法都可以，但关键是要独立。表面上是独立的方法，但有共同的步骤时，例如都有溶解样品这一步骤时，就不是完全独立的，因为溶解过程中的系统误差此时就检验不出来。

内部审查可分为两类，一类为系统审查；另一类为工作审查。系统审查的内容有：设备现场检查和实验现场检查。设备现场检查包括仪器、记录、校准等检查；实验现场检查包括一般性检查和详细检查。一般性检查主要检查关键步骤；详细检查要检查、观察整个过程以发现问题或缺陷，并采取修改措施（包括立即措施和长久措施）。内部工作审查的最好方法是控制图方法。经过内部审查后可减少外部审查时的问题。

3.4.2 外部质量评定技术

分析检验质量的外部评定可以避免实验室内部的主观因素，是实验室和分析人员水平鉴定、认可的重要手段。

每个实验室都有能力来估计自己测量结果的精密度，但在内部评价系统误差是困难的，此时可用外部质量评定技术达到此目的。外部质量评定技术主要包括实验室检测、与其他实验室交换样本以及分析从外部得到的标准物质或控制样品。只要使用得当，标准物质是评价测量过程最好的考核样本，这些标准物质具有被广泛认可的明显优点，为比较测量系统和比较由各实验室在不同条件下取得的数据提供了依据。

由政府管理机构或中心实验室每年一次或两次把为数不多的标准物质（或质控样品）发放到各实验室中去，用指定方法对这类考核样品进行分析测试。依据标准物质的标准值及其不确定度来判断评价各实验室所得结果，以此验证各实验室的测试能力和质量。

用标准物质（或控制样品）作为考核样本对包括人员、仪器、方法等在内的整个测量系统的质量评价，最常用的方式是盲样分析。盲样分析分为单盲分析和双盲分析两种。所谓单盲分析是指考核试样的真实组分含量时被考核的实验室或操作人员是保密的，但考核是事先通知的。所谓双盲分析是指被考核的实验室或操作人员根本不知道考核这件事，当然更不知道考核试样的真实组分含量，双盲分析的要求要比单盲分析要高。

如果没有合适的标准物质作为考核样本时，只能由中心实验室配制质控样品发到各实验室中去。由于质控样品的稳定性或均匀性都没有经过严格的鉴定，又没有准确的鉴定值，所以用质控样品来评价各实验室的数据就没有用标准物质那样方便。在评价各实验室数据时，中心实验室可以利用自己的控制图，但控制图中的控制限一般要大于内部控制图的控制限。因为各实验室使用了不同的仪器、试剂、器皿等，实验室之间的变化总是大于一个实验室范围内的变化。如果从各实验室能得到足够多的数据，也可以根据置信区间来评价各实验室的质量水平，还可以建立起实验室之间的控制图来进行评价。

复习与测试

1. 填空：

（1）准确度的高低用（　　）来衡量，它是测定结果与（　　）之间的差异；精密度的高低用（　　）来衡量，它是测定结果与（　　）之间的差异。

（2）减免系统误差的方法主要有（　　）（　　）（　　）（　　）等。减小随机误差的有效方法是（　　）。

（3）对一般滴定分析的准确度，要求相对误差 0.1%。常用分析天平可以称准到（　　）mg。用差减法称取试样时，一般至少应称取（　　）g；50mL 滴定管的读数可以读准到（　　）mL，滴定时一般容积须控制在（　　）mL 以上，所以滴定分析适用于（　　）分析。

（4）某学生测定铁矿中铁的百分含量，得如下数据：33.64，33.83，33.40，33.50。经计算得出此结果的平均值为（　　）；平均偏差为（　　）；标准偏差为（　　）；变异系数为（　　）。

（5）可疑数据取舍的方法很多，从统计观点考虑，比较严格而使用又方便的是（　　）法。它适用测定次数为（　　）。如要求的置信度为 90%，采用 Q 检验法进行取舍时，决定取舍的原则是将 Q 计算值 $Q_{计}$ 与查表值 $Q_{0.90,n}$ 比较，若（　　），则弃去可疑值，否则应保留。

（6）取同一置信度时，测定次数越多，置信区间越（　　），测定平均值与总体平均值越（　　）。

2. 单选：

（1）从精密度好就可断定分析结果可靠的前提是（　　）。

A　随机误差小　　B　系统误差小　　C　平均偏差小　　D　相对偏差小

（2）以下哪些是系统误差的特点（　　）；哪些是偶然误差的特点（　　）。

A　误差可以估计其大小　　B　数值随机可变

C　误差是可以测定的

D　在同一条件下重复测定中，正负误差出现的机会相等，具有抵消性

E　通过多次测定，均出现正误差或负误差

（3）准确度、精密度、系统误差、偶然误差之间的关系，正确的是（　　）。

A　准确度高，精密度一定高　　B　偶然误差小，准确度一定高

C　准确度高，系统误差、偶然误差一定小　D　精密度高，准确度一定高

E　偶然误差影响测定的精密度，但不影响准确度

（4）下列有关随机误差的论述中，不正确的是（　　）。

A　随机误差在分析中是不可避免的

B　随机误差出现正误差和负误差的机会均等

C　随机误差具有单向性

D　随机误差是由一些不正确的偶然因素造成的

（5）消除或减免系统误差的方法有（　　）；减小偶然误差的方法有（　　）。

A　进行对照试验　　B　进行空白试验

C　增加测定次数　　D　遵守操作规程

E　校准仪器　　F　校正分析方法

（6）下列情况对分析结果产生何种影响（A　正误差；B　负误差；C　无影响；D　降低精密度）？

1）标定 HCl 溶液时，使用的基准物 Na_2CO_3 中含少量 $NaHCO_3$。（　　）

2）在差减法称量中第一次称量使用了磨损的砝码。（　　）

3）把热溶液转移到容量瓶并立即稀释至标线。（　　）

4）配标准溶液时，容量瓶内溶液未摇匀。（　　）

5）平行测定中用移液管取溶液时，未用移取液洗移液管。（　　）

6）将称好的基准物倒入湿烧杯。（　　）

（7）如果要求分析结果达到0.1%的准确度，使用灵敏度为0.1mg的天平称取试样时，至少应称取（　　）。

A 0.1g　　B 0.2g　　C 0.05g　　D 0.5g

（8）有两组分析数据，要比较它们的精密度有无显著性差异，应当用（　　）。

A *F*检验　　B *t*检验　　C *Q*检验　　D 相对误差

（9）以下各项措施中，可以消除分析测试中的系统误差的是（　　）。

A 进行仪器校正　　B 增加测定次数

C 增加称样量　　D 提高分析人员水平

（10）影响质量的因素可概括为人、机、料、法、环5个方面，其中（　　）的作用最重要。

A 法　　B 机　　C 料　　D 人

3. 简答：

（1）滴定管的读数误差为±0.02mL。如果滴定中用去标准溶液的体积分别为2mL和20mL左右，读数的相对误差各是多少？相对误差的大小说明了什么问题？

（2）有两位学生使用相同的分析仪器标定某溶液的浓度（mol/L），结果如下。

甲：0.12，0.12，0.12（相对平均偏差为0.00%）；

乙：0.1243，0.1237，0.1240（相对平均偏差为0.16%）。

你如何评价他们的实验结果的准确度和精密度？

（3）分析检验中的质量保证包含哪些内容？

（4）分析检验过程的质量控制包含哪些方面？

（5）分析检验中的质量评价的目的是什么？

（6）某工厂生产一些化工产品，在生产工艺改进前，产品中杂质含量为0.20%。经过生产工艺改进后，测定产品中铁含量为0.17%、0.18%、0.19%、0.18%、0.17%。问经过工艺改进后，产品中杂质含量是否降低了（显著性水平为0.05）？

（7）某实验室自装的热电偶测温装置，测得高温炉的温度为1250℃、1265℃、1245℃、1260℃、1275℃。用标准方法测得的温度为1277℃，问自装仪器与标准比较有无系统误差（显著性水平为0.05）？

（8）用某光度法测一钢标样中微量钛，5次测定值分别为：0.0240%、0.0223%、0.0246%、0.0234%、0.0240%，标准值钛含量为0.0227%，试判断该测钛的方法是否存在系统误差（显著性水平为0.05）？

（9）用两个方法测定某试样中镁含量，得到测定值分别为（%）：

5.8　4.9　5.1　6.3　5.6　6.2

5.5　5.3　4.1　6.0　7.6　4.5

试判断两种方法精密度是否存在系统误差（显著性水平为0.10）？

（10）测定某钛矿中TiO_2的质量分数6次，平均值为58.60%，$S=0.70\%$，计算：（1）平均值的置信区间；（2）若测定次数改为3次，测定的结果不变，平均值的置信区间又为多少？比较两次计算结果可得出什么结论（*P*均取0.95）？

模块 4　品质分析常用统计技术

【学习目标】

（1）了解品质分析用统计技术的概念。
（2）掌握排列图、因果图和对策表使用方法。
（3）了解分层法的应用和注意事项。
（4）掌握直方图的概念、制定步骤和应用。
（5）掌握控制图的概念和应用。
（6）了解散布图的作用、分析、判断和使用。
（7）了解“PDCA”循环的过程和特点。

产品质量特性值具有波动性（变异性）。经验说明，即使5ME因素均相同，生产出来的批产品质量特性值也有差异。这种差异性不仅产品具有，产品质量产生、形成和实现的全过程都存在这种变异性。但是这些波动是有规律可循的。此等规律隐藏于数据和信息之中，不过通过人们的搜集、分析和判断对其进行加工以后，便可以显示出来。统计技术和工具就可以帮助我们对数据进行加工，发现其规律，由此“诊断”出存在的问题，以便对症下药医治好质量的“毛病”。

在质量管理活动中经常提到“方法应用”和“工具应用”两种说法，从本质上说两者没有原则的区别。数理统计方法属于应用数学的范畴，是实践的科学，没有实际应用就失去了存在的意义。但是，数理统计方法的理论基础是概率论，从这一点看又要求应用者有较高的素质。日本在推行全面质量管理过程中特别注意到数理统计方法的应用，许多专家致力于对数理统计方法进行简化的研究，先后提出了“品质分析七种工具”和“品质分析新七种工具”。此时，应用者只要根据规定的要求去应用，就会收到好的效果，这就好比工人在操作中使用扳手、榔头等工具一样方便。因此，统计技术在质量管理活动中的作用就是利用这些技术，探索质量问题的所在，分析产生质量问题的确切原因，但要解决质量问题和提高质量还要依靠专业技术以及组织管理措施，故称为统计技术。

质量活动中需要应用的统计工具和技术比较多，下面只介绍其中几种最常用的统计技术。

任务 4.1　排列图、因果图和对策表

排列图、因果图和对策表在质量分析中称“两图一表”。它们是质量活动中常配套使用的三种简易图标，下面介绍它们的绘制方法。

4.1.1　排列图

排列图是为寻找主要问题或影响质量的主要因素所使用的图。它是由两个纵坐标、一个横坐标、几个按高低顺序依次排列的长方形和一条累计百分数分析折线所组成的图，又称帕累托（柏拉）图。左边的纵坐标为项目发生的频数（即出现频数多少），右边的纵坐标表示频率（如百分比表示），横坐标按列的项目数均等分，按高低顺序依次排列成直方柱（“其他”一项直方柱无论频数多大均应放在最后位置），分析折线表示累计百分数（累计横坐标影响质量的各项因素），按影响程度的大小（即出现频数多少）从左到右排列，用折线连接。通过对排列图的观察分析可以抓住影响质量的主要因素，是质量活动常用的统计手段。下面通过离心风机振动案例对排列图的使用进行阐述。

（1）针对存在的问题搜集一定时期内符合要求的数据，列出数据如表 4-1 所示。

表 4-1　离心风机振动数据表

项　目	调查时间	调查人	调查方法	振动时期及期限内振动频数			
				1 月	2 月	3 月	4 月
轴承端盖装配不合要求	2018. 5. 20	×××	检查维修记录表	3	7	11	9
叶轮不平衡	2018. 6. 10	×××		3	5	7	10
马达对轮中心有偏差	2018. 5. 13	×××		0	0	1	2
轴瓦间原有偏差	2018. 5. 25	×××		1	0	1	2
轴承座螺丝有松动	2018. 6. 21	×××		0	1	0	0
其　他	2018. 5. 26	×××		0	0	1	1

（2）将各项问题出现的频数按从大到小的顺序排列，计算各自的频率和累计频率，据此编制排列图调查表，见表 4-2。

表 4-2　排列图调查表

序号	影响因素	调查时间	负责人	频数 /次	累计频数 /次	累计百分数 /%
1	轴承端盖装配不合要求	2018. 5. 20	×××	30	30	46
2	叶轮不平衡	2018. 6. 10	×××	25	55	84
3	马达对轮中心有偏差	2018. 5. 13	×××	3	58	89
4	轴瓦间原有偏差	2018. 5. 25	×××	4	62	95
5	轴承座螺丝有松动	2018. 6. 21	×××	1	63	96
6	其　他	2018. 5. 26	×××	2	65	100

（3）在横坐标上，按问题项目的大小次序依次排列出来。

（4）用左侧纵坐标代表频数，右侧纵坐标代表累计频数，确定互相对应的刻度。

（5）在横坐标上绘制每个项目的直立矩形，矩形高度代表该项目的频数。

（6）在每个项目（由小矩形代表）的右上端确定对应的累计频率坐标点，用折线连接各点，绘制曲线，填上数据后，即成排列图。

（7）从排列图的左端选出一、二项用于解决的主要问题，选出的项目不宜过多（1~3项），一般应占累计频率的 60%~80%。

实例：某 QC 小组针对课题“降低离心风机的振动”开展攻关活动，对风机振动超标现状调查，调查结果见表 4-1。

QC 小组为了绘制排列图，先将表 4-1 的数据编制成排列图调查表（见表 4-2）。

QC 小组再根据表 4-2 绘制了排列图，如图 4-1 所示。

QC 小组从排列图中确定了轴承端盖装配不合要求、叶轮不平衡两项问题是本次活动需要解决的问题。

由此看来，影响质量的问题很多时，排列图可以帮助我们从中选出首先加以解决问题，集中精力抓住关键的少数，就会取得显著成效。

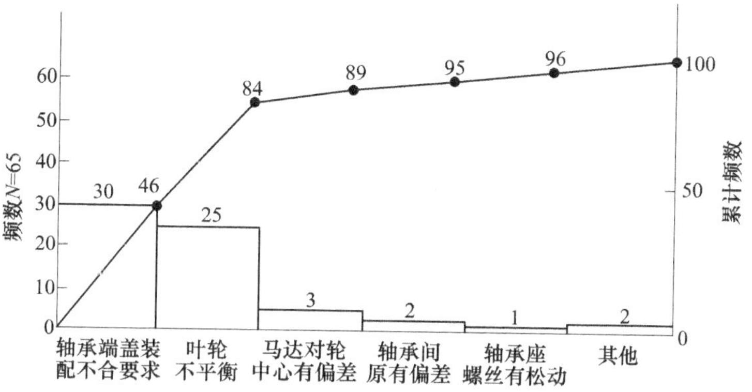

图 4-1　排列图

4.1.2　因果图

要解决造成风机振动的上述两个主要问题，需要找出造成问题的原因。因果图作为分析原因的工具之一，因果图的绘制方法如下：

（1）将需做分析的问题画在右边矩形框内（注意：应针对每项问题分别绘制因果图）。

（2）将造成该问题的大原因放在左边水平箭头线上下两侧，依次排列（也分别画出 60°的箭头线）。大原因应该真实，可以是人、机、料、法、环，也可以不是这些项目。

（3）通过调查分析，一层一层地找出影响每项大原因的中原因甚至更细的原因，直到便于采取措施为止。用相应的倾斜箭头线层次分明地分别绘制完整的因果图，应展开到底，少则 2 层，多则 3 层以上。如图 4-2 和图 4-3 所示。

（4）从每张因果图的众多末端原因中确定主要原因（一般是 3~5 项），并在图中加以标识，作为制定对策的依据。主要原因应通过现场验证测试、调查分析来确定。

上述的 QC 小组使针对“轴承端盖装配不合要求”和“叶轮不平衡”两个问题分别绘制了两张因果图。确认的主要原因在图中则用双引号加以标示。

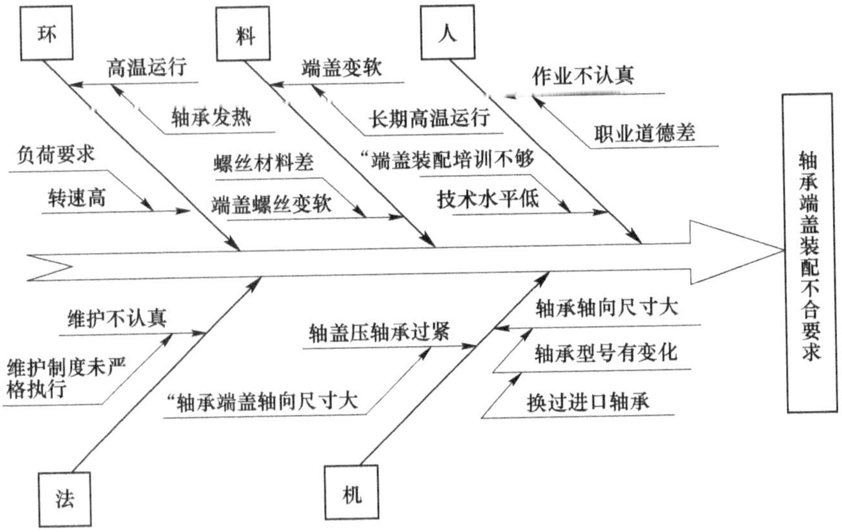

图 4-2　因果图 1

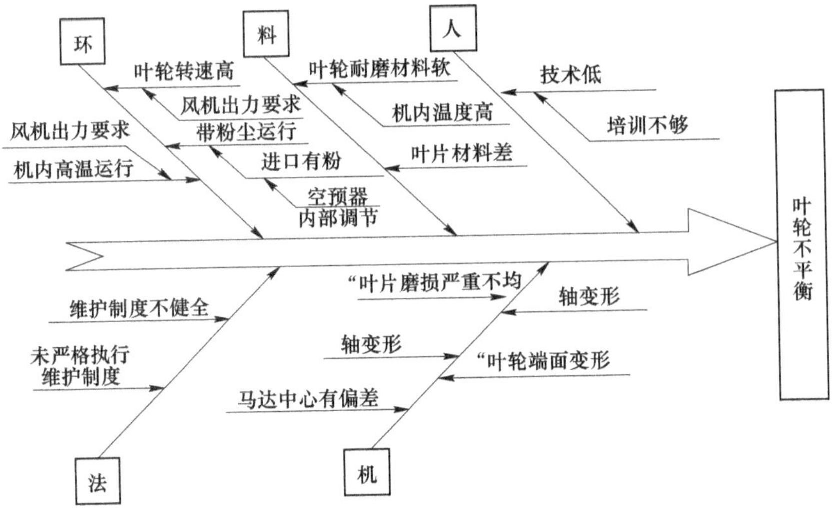

图 4-3　因果图 2

4.1.3　对策表

对策表又称为措施计划表，是针对因果图等原因分析工具中确定的主要原因而制定的措施计划，应经过 QC 小组成员讨论确定，以便实施和检查。

对策表的表头应落实 5M1H 的要求，列出要因、现状、目标执行人、时间、地点等栏目，逐项填写具体内容。目标尽可能地加以量化。

上述 QC 小组根据图 4-2 和图 4-3 所确认的要因制订了对策表，见表 4-3。

表 4-3 对策表

序号	要因	现状	目标	对策	措施	负责人	完成时间	工作地点	检查人
1	工作人员在轴承端盖装配技术的培训不够等	工作人员×××等人未经过培训，对轴承不完全能装配，能力为50%	独立装配轴承能力达到98%	1. 对×××等人进行轴承端盖装配的培训。 2. 送部分人到专业学校学习取经	举办专题讲座，讲解一次风机端盖装配及要求	×××	2019. 1. 28	班房	×××
2	轴承端盖轴向尺寸过大	端盖与轴承外圈有 60 丝紧力	端盖与外圈有 20～30 丝的间隙	1. 在端盖与轴承座接触面处加 85 丝纸片。 2. 将端盖与轴承接触面车掉 8 丝	在端盖与轴承座之间加了 85 丝纸片	×××	2019. 2. 2	甲风机现场	×××
3	叶轮端面变形	叶轮端面变形严重，静止时轴向晃动达 6mm	静轴向晃动达 3mm 以内	1. 用三点法将叶轮动平衡。 2. 更换新叶轮。 3. 叶轮端面面修理	用三点法找叶轮的动平衡，算出加重量	×××	2019. 2. 1	甲风机现场	×××
4	叶片磨损严重不均	叶轮进出口端已严重磨损但未超过叶片的1/3，不要求换叶轮	堆焊至与原新时叶片同样厚度的95%	对叶片进行堆焊	叶片进行了堆焊，先每块叶片焊 5 条焊条，严重的地方多焊 1～2 条焊条	×××	2019. 1. 7	甲风机现场	×××

任务 4.2 分 层 法

4.2.1 概念及作用

分层法又叫分类法、分组法。它是按照一定的标志，将收集到的样本数据按统计分析的目的和要求进行分类，通过对样本数据的整理把质量问题系统化条理化，从中寻找出影响质量问题主要因素的方法，该方法的核心是进行分层。分层法常与其他统计方法结合起来应用，如分层直方图法、分层排列图法、分层控制图法、分层因果图法等等。

由于引起质量波动的原因是多种多样的，因此搜集到的质量数据往往带有综合性。为了能真实地反映产品质量波动的原因和变化规律，就必须对质量数据进行适当归类和整理。

4.2.2 分层的原则

使同一层次内的数据波动幅度尽可能小，而层与层之间的差别尽可能大，否则就起不到归类、汇总的作用。也就是把杂乱无章和错综复杂的数据加以归类汇总，可以清楚地反映产品质量波动的原因和变化规律。

分层可采用以下标志：

（1）人员。可按年龄、职级和性别等分层。

（2）机器。可按设备类型、新旧程度、不同的生产线和工夹具类型等分层。

（3）材料。可按产地、批号、制造厂、规格、成分等分层。

（4）方法。可按不同的工艺要求、操作参数、操作方法、生产速度等分层。

（5）测量。可按测量设备、测量方法、测量人员、测量取样方法和环境条件等分层。

（6）时间。可按不同的班次、日期等分层。

（7）环境。可按照明度、清洁度、温度、湿度等分层。

（8）其他。可按地区、使用条件、缺陷部位、缺陷内容等分层。

分层方法很多，可根据具体情况灵活运用。也可以在质量管理活动中不断创新，创造出新的分层标志。

4.2.3 应用分层法的步骤

分层法的步骤如下：

（1）确定需研究的主题以及收集数据的范围。

（2）收集数据。

（3）将采集到的数据根据不同目的选择分层标志。

（4）按层归类。

（5）画分层归类图。

举个例子：我国航空市场近几年随着开放而竞争日趋激烈，航空公司为了争取市场除了加强各种措施外，也在服务品质方面下功夫。我们可以经常在航机上看到客户满意度的调查，此调查是通过调查表来进行的。调查表的设计通常分为地面的服务品质及航机上的服务品质。地面又分为订票，候机；航机又分为空服态度、餐饮、卫生等。通过这些调查，将这些数据予以统计分析，就可得到从何处加强服务品质了。

4.2.4 注意事项

使用分层法应注意以下事项：

（1）用多种因素进行分层时由于事先不知道是哪个因素产生的影响最大，因此不宜简单地按单一因素分层，必须考虑多个因素的综合影响效果。

（2）分层的原则是使同一层次内的数据波动幅度尽可能小，而层与层之间的差别尽可能大。

（3）与其他统计方法，如直方图、排列图、散布图等结合运用。

（4）不同层次的数据应按相同的方法进行统计，以利于相互比较。

4.2.5 举例

某公司销售的样品机经常会被无故退回，对各地四季度返回的样品机按返回时间和返回地区分层统计，如表 4-4 和表 4-5 所示，按时间和地区综合分层统计如表 4-6 所示。

表 4-4 按时间分层统计

返回时间	返回的样品机/台	当月销量/台	样品机返机率/%
10 月	1043	312671	0.33
11 月	257	195714	0.13
12 月	379	216087	0.18
合计	1679	724472	0.23

表 4-5 按返回地区分层统计

返回地区	返回的样品机/台	销量/台	样品机返机率/%
A 地	356	62891	0.57
B 地	251	103823	0.24
C 地	195	132631	0.15
E 地	274	46095	0.59
F 地	128	116365	0.11
G 地	189	110298	0.17
H 地	286	152369	0.19
合计	1679	724472	0.23

表 4-6 按时间和地区综合分层统计

返回时间	10 月			11 月			12 月			合计		
返回地区	返机/台	销量/台	返机率/%	返机/台	销量/台	返机率/%	返机/台	销量/台	返机率/%	返机/台	销量/台	返机率/%
A 地	283	31099	0.91	37	14800	0.25	36	16992	0.22	356	62891	0.57
B 地	172	53750	0.32	21	23385	0.09	58	26688	0.22	251	103823	0.24
C 地	136	90421	0.15	14	17500	0.08	45	24710	0.18	195	132631	0.15
E 地	133	20727	0.64	116	14824	0.78	25	10544	0.24	274	46095	0.59
F 地	87	74459	0.12	19	12673	0.15	22	29233	0.08	128	116365	0.11
G 地	138	51741	0.27	18	21404	0.04	33	37153	0.09	189	110298	0.17
H 地	94	70910	0.13	32	30692	0.05	160	50767	0.32	286	152369	0.19
合计	1043	312671	0.33	257	195714	0.13	379	216087	0.18	1679	724472	0.23

从表 4-4 可以看出，10 月份的样品返机率是较高的，而 10 月份恰逢销售旺季，表明旺季时对样机的管理有所放松。

从表 4-5 可以看出，A 地和 E 地的返机率是较高的，说明这两个地区对样机的管理较差，管理水平较其他地区有较大的差别。应该加强对这两个地区的管理和监控。

单从表 4-5 来看，H 地相比其他各地区而言返机率并不是太高，但从表 4-6 则可以看出，H 地在四季度虽然不是平均返机率较高的地区，但是其中 12 月份的返机率超出了当月所有地区平均返机率的 78%，而在各地返机率普遍偏高的 10 月份，其返机率却在平均水平之下，对这样的异常问题，应该立即查明原因，并采取措施。

另外，E 地虽然四季度的平均返机率较高，但是其 12 月份的返机率较 10 月和 11 月有较大程度的下降。此时应分析其具体原因是否是由于采取了有效的整改措施，或是其他异常因素的发生导致。

以上分析表明，事物的成因是多种多样的。因此在对数据进行分层时，就不能单纯地、孤立地从某一个因素进行分层，而要对多种因素进行综合考虑，这样才能更全面地发现问题，更有针对性地解决问题。

任务 4.3　直　方　图

4.3.1　概念及作用

直方图（histogram）是频数直方图的简称，又称质量分布图，是一种几何形图表，它是根据从生产过程中收集来的质量数据分布情况，画成以组距为底边、以频数为高度的一系列连接起来的直方型矩形图，它可以比较直观地看出产品质量特性的分布状态，便于判断其总体质量分布情况。

直方图的作用是：

（1）显示质量波动分布的状态；

（2）较直观地传递有关过程质量状况的信息；

（3）当人们研究了质量数据波动状况之后，就能掌握过程的状况，从而确定在什么地方进行质量改进工作。

4.3.2　制订步骤

直方图的制定步骤如下：

（1）收集数据。为使收集的数据能准确地反映整体的分布，作直方图的数据一般应大于 50 个。

（2）定数据的极差（R）。极差 = 最大值 - 最小值。

（3）确定直方图的组数。组数的确定要适当，组数太少，会引起较大的计算误差；组数太大，会影响数据分组规律的明显性。组数（k）的确定可参考表 4-7。

表 4-7　组数选用表

数据数目	组数 k	常用组数 k
50～100	5～10	10
100～250	7～12	
250 以上	10～20	

（4）确定组距（h）。组距 = 极差/组数，组距一般取测量单位的整数倍，这样便于

分组。

（5）确定各组的界限值。为避免出现数据值与组的界限值重合而造成频数计算困难，组的界限值单位应取最小测量单位的 1/2。分组时应把数据表中最大值和最小值包括在内。

（6）编制频数分布表。把各组的上下界限值分别填入频数分布表内，并把数据表中的各个数据列入相应的组，统计各组的频数（f）。

（7）画直方图。在横坐标上画各组的界限值，在纵坐标上画频数值（以观测值数目或百分数表示）。

按纵坐标画出每个长方形的高度，它代表了落在此长方形中的数据个数（或百分数）。在空白处标注样本大小（n）、样本平均值（x）、样本标准偏差值（s）。在直方图中标明样本平均值的位置。

4.3.3　直方图的观察分析

4.3.3.1　直方图形状分析

常见的直方图形态如图 4-4 所示。

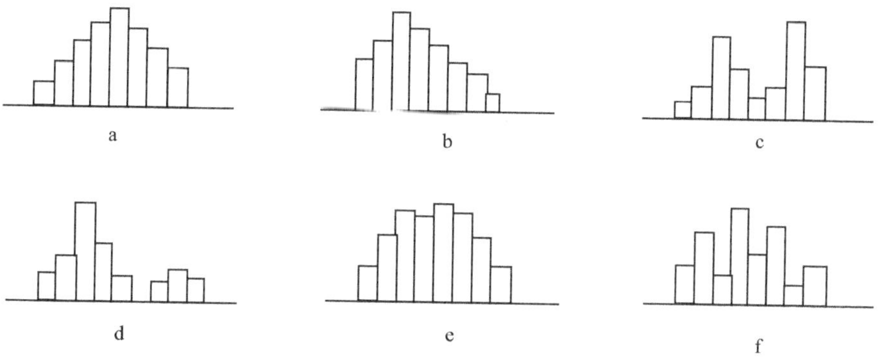

图 4-4　常见的直方图形态

a—正常型；b—偏向型；c—双峰型；d—孤岛型；e—平顶型；f—锯齿型

（1）正常型。中部有一顶峰，左右两边逐渐降低，近似对称。表明工序运行正常，处于稳定状态。

（2）偏向型。又分左偏和右偏，常由于操作习惯引起。

（3）双峰型。应检查数据的收集是否有误，样本数据是否来自不同的总体。比如，把来自两个工人，或两批原材料，或两台设备生产的混在一起造成。

（4）孤岛型。多由于生产过程中有突发因素影响，如材料变化、操作失误，或是刀具严重磨损、短时间内有不熟练工人替岗、操作疏忽、混入不同的产品等造成。

（5）平顶型。多由于操作中有因素起缓慢作用，如工具磨损、操作者疲劳等。

（6）锯齿型。多由于分组过多或数据不准造成。

4.3.3.2　与规定界限比较分析

与规定界限比较的常见直方图如图 4-5 所示。

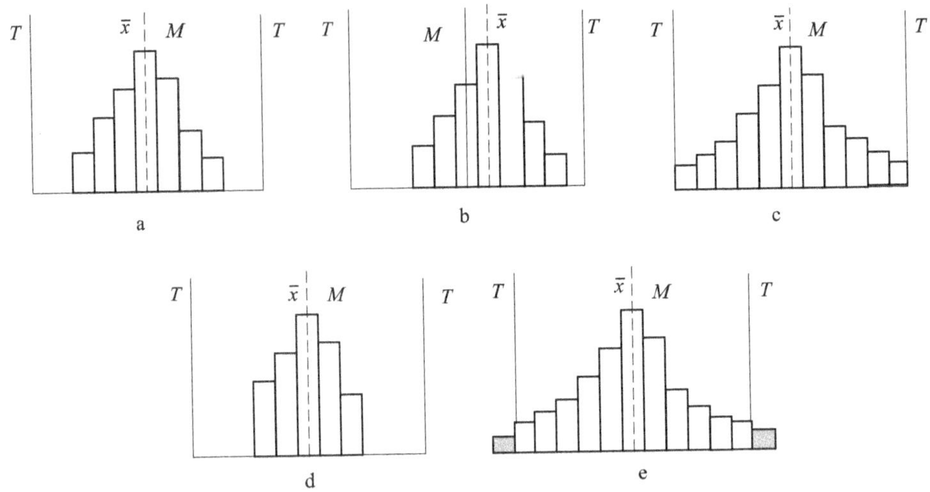

图 4-5　与规定界限比较的常见直方图

a—理想型；b—偏心型；c—无富余型；d—能力富余型；e—能力不足型

当直方图形状正常时，需进一步将直方图与规定界限（公差）进行比较，通常情况包括如下类型：

（1）理想型。此时应继续控制和监督。

（2）偏心型。此时应采取办法，使数据的平均值与公差中心重合。

（3）无富余型。此时应采取措施，减小数据的离散程度，即减少标准偏差 S。

（4）能力富余型。此时可考虑放宽加工精度或减少检验频次。

（5）能力不足型。此时已出现不合格品，应采取措施提高加工精度

4.3.4　注意事项

由于各种数据往往是在多种因素相互作用下形成的，故在用直方图进行分析时，实际直方图的图形可能千变万化，其反映的问题也是各不相同的，在实际应用中要注意结合实际情况灵活分析。

4.3.5　应用举例

【例 4-1】　以下数据是通信公司生产时采集的某型号手机的消耗电流值。单位 mA，统计数据量 $n=70$，见表 4-8。

（1）确定数据极差：最大值 = 796.796，最小值 = 695.667，R = 最大值 - 最小值 = 796.796-695.667 = 101.129。

（2）确定组数。本例取 $k=8$。

（3）确定组距。$h=R/K=101.129/8=12.64\approx13$。

（4）确定各组的界限值。本例取最小测量单位为 0.001，故界限值单位为 0.001 的 1/2，为 0.0005。

表 4-8 数据表

739. 156	747. 212	747. 656	774. 378	721. 43	742. 118	748. 958
764. 759	743. 444	771. 047	725. 486	725. 707	748. 518	757. 366
746. 873	741. 504	765. 879	752. 311	747. 656	747. 212	774. 378
770. 065	765. 921	749. 302	738. 099	788. 224	788. 645	777. 287
764. 037	742. 118	771. 954	739. 156	721. 43	754. 056	761. 167
748. 522	747. 51	756. 905	777. 683	796. 796	763. 041	766. 642
773. 487	778. 255	742. 316	764. 214	749. 635	755. 463	761. 126
755. 749	727. 084	793. 759	792. 239	754. 671	786. 107	763. 784
754. 271	777. 633	779. 474	721. 051	781. 711	742. 269	695. 667
727. 859	724. 416	753. 097	734. 267	759. 323	734. 495	727. 532

第一组的下限值为：最小值-0. 0005=695. 6665；
第一组的上限值为：第一组的下限值+组距=695. 6665+13=708. 6665；
第二组的下限值就是第一组的上限值即 708. 6665；
第二组的上限值为：第二组的下限值+组距=708. 6665+13=721. 6665；
第三组以此类推。

（5）编制频数分布表，见表 4-9。

表 4-9 频数分布表

组号	界 限 值	组中心值	频 数 统 计	频数
1	695. 6665~708. 6665	702. 1665	/	1
2	708. 6665~721. 6665	715. 6665	/ / /	3
3	721. 6665~734. 6665	728. 1665	/ / / / /　/ / /	8
4	734. 6665~747. 6665	741. 1665	/ / / / /　/ / / / /　/ / / / /	15
5	747. 6665~760. 6665	754. 1665	/ / / / /　/ / / / /　/ / / / /	15
6	760. 6665~773. 6665	767. 1665	/ / / / /　/ / / / /　/ / / /	14
7	773. 6665~786. 6665	780. 1665	/ / / / /　/ / / /	9
8	786. 6665~799. 6665	793. 1665	/ / / / /	5

（6）画直方图，如图 4-6 所示。

（7）分析。对照常见直方图形可看出，消耗电流的分布是平顶偏心型。这里偏心可能是由于设计时参数设置导致。而平顶则可能与加工精度较高，而分组数较小有关。

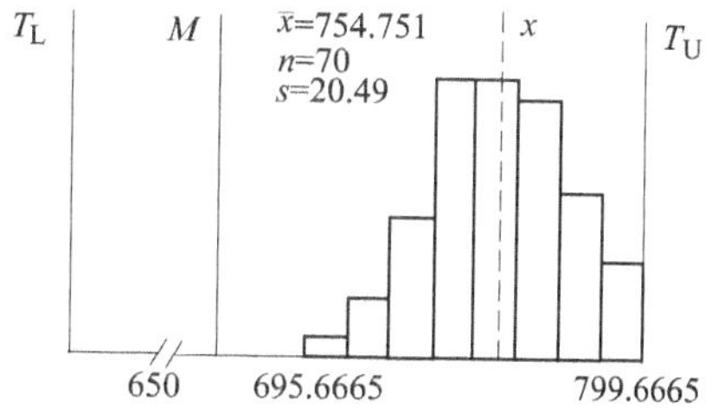

图 4-6 消耗电流（mA）直方图

【例 4-2】 以下数据是某公司采集的某型号空调的制冷功率值，单位：W，统计数据量 $n=60$。见表 4-10。

（1）确定数据极差：

最大值=730. 0，最小值=586. 9，R=最大值-最小值=143. 1。

表 4-10　数据表

643. 3	633. 6	644. 4	635. 4	631. 2	628. 7	622. 7	625. 1	605. 6	624. 5
645. 9	622. 5	604. 1	614. 1	641. 6	602. 7	617. 8	608. 1	612. 1	601. 4
730. 0	607. 7	609. 6	586. 9	651. 3	635. 2	660. 9	593. 8	712. 5	639. 8
632. 0	699. 0	673. 6	692. 9	645. 8	658. 6	632. 1	676. 9	671. 8	628. 2
652. 3	632. 4	642. 3	659. 8	633. 9	710. 2	676. 3	653. 1	654. 3	632. 5
655. 4	689. 6	695. 2	672. 3	668. 2	652. 3	633. 7	652. 7	625. 3	672. 7

（2）确定组数。本例 $n=60$，查表取 $k=7$。

（3）确定组距。$h=R/k=143.1/7=20.4$，取整为 21。

（4）确定各组的界限值。本例最小测量单位为 0. 1，故界限值单位取 1 的 1/2，为 0. 05。

第一组下限值为：最小值−0. 05＝586. 85；

第一组上限值为：第一组下限值+组距＝586. 85+21＝607. 85；

第二组下限值为第一组上限值即 607. 85；

第二组上限值为：第二组下限值+组距＝607. 85+21＝628. 85；

第三组以此类推。

（5）编制频数分布表，见表 4-11。

表 4-11　频数分布表

组号	界　限　值	组中心值	频　数　统　计	频数
1	586. 85～607. 85	597. 35	///// //	7
2	607. 85～628. 85	618. 35	///// ///// //	12
3	628. 85～649. 85	639. 35	///// ///// ///// //	17
4	649. 85～670. 85	660. 35	///// ///// /	11
5	670. 85～691. 85	681. 35	///// //	7
6	691. 85～712. 85	702. 35	/////	5
7	712. 85～733. 85	723. 35	/	1

（6）画直方图，如图 4-7 所示。

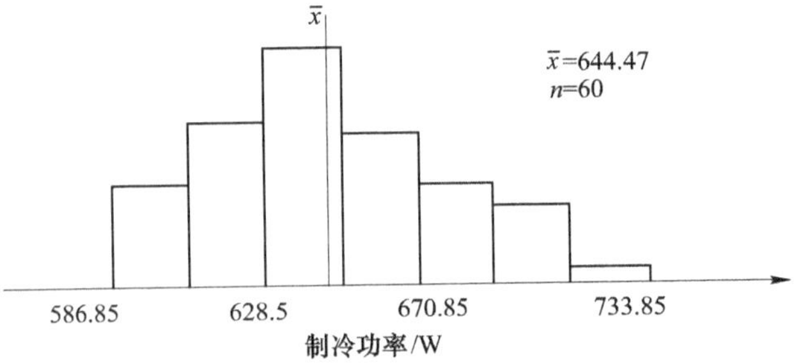

图 4-7　制冷功率直方图

从图 4-7 可以看出，制冷功率的分布是正常的。

任务 4.4　控　制　图

4.4.1　概述

4.4.1.1　控制图的定义

控制图是对过程质量加以测定、记录并进行控制管理的一种用统计方法设计的图；是具有区分正常波动和异常波动的功能图表；是现场质量管理中重要的统计工具。控制图上有中心线 CL、上控制界限 UCL 和下控制界限 LCL，并有按时间顺序抽取的样本统计量数值的描点序列，如图 4-8 所示。UCL、CL 与 LCL 统称为控制线。若控制图中的描点落在 UCL 与 LCL 之外或描点在 UCL 与 LCL 之间的排列不随机，则表示出现了异常。

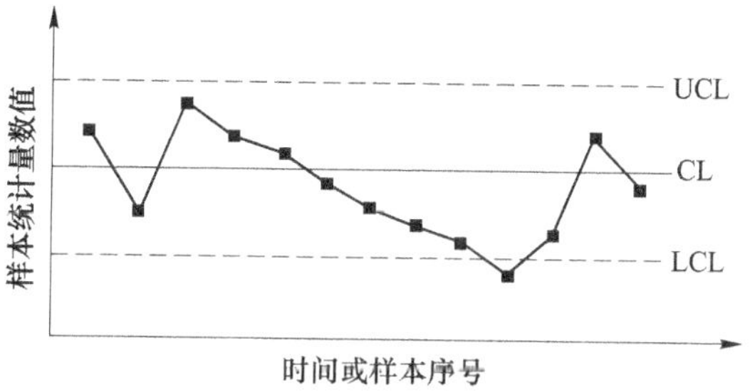

图 4-8　控制图

4.4.1.2　分类

控制图的原理产品质量的波动分为正常波动和异常波动两类。控制图就是用来及时反映和区分正常波动与异常波动的一种工具，控制图上的控制界限是区分正常波动与异常波动的科学界。

4.4.1.3　常规控制图

常用的控制图常数和计算公式如表 4-12 所示，表中给出了各种控制图的控制界限公式和计量控制参数。下面将以计量控制图的均值—极差控制图为例介绍常规控制图的使用。

表 4-12　控制图的常数和公式

子组大小	$\bar{x}$-R 图				$\bar{x}$-S 图			
	均值图	极差（R）图			均值图	极差（R）图		
	控制限系数	估计 σ_x 用的除数	计算控制限用的系数		控制限系数	估计 σ_x 用的除数	计算控制限用的系数	
	A_2	d_2	D_3	D_4	A_3	c_4	B_3	B_4
2	1.880	1.128	—	3.267	2.659	0.7979	—	3.267
3	1.023	1.693	—	2.574	1.954	0.8862	—	2.568

续表 4-12

子组大小	$\bar{x}$-R 图				$\bar{x}$-S 图			
	均值图	极差（R）图			均值图	极差（R）图		
	控制限系数	估计 σ_x 用的除数	计算控制限用的系数		控制限系数	估计 σ_x 用的除数	计算控制限用的系数	
	A_2	d_2	D_3	D_4	A_3	c_4	B_3	B_4
4	0.729	2.059	—	2.282	1.628	0.9213	—	2.266
5	0.577	2.326	—	2.114	1.427	0.9400	—	2.089
6	0.483	2.534	—	2.004	1.287	0.9515	0.030	1.970
7	0.419	2.704	0.076	1.924	1.182	0.9594	0.118	1.882
8	0.373	2.847	0.136	1.864	1.099	0.9650	0.185	1.815
9	0.337	2.970	0.184	1.816	1.032	0.9693	0.239	1.761
10	0.308	3.078	0.223	1.777	0.975	0.9727	0.284	1.716
11	0.285	3.173	0.256	1.744	0.927	0.9754	0.321	1.679
12	0.266	3.258	0.283	1.717	0.886	0.9776	0.354	1.646
13	0.249	3.336	0.307	1.693	0.850	0.9794	0.382	1.618
14	0.235	3.407	0.328	1.672	0.817	0.9810	0.406	1.594
15	0.223	3.472	0.347	1.653	0.789	0.9823	0.428	1.572
16	0.212	3.532	0.363	1.637	0.763	0.9835	0.448	1.552
17	0.203	3.588	0.378	1.622	0.739	0.9845	0.466	1.534
18	0.194	3.640	0.391	1.608	0.718	0.9854	0.482	1.518
19	0.187	3.689	0.403	1.597	0.698	0.9862	0.497	1.503
20	0.180	3.735	0.415	1.585	0.680	0.9869	0.510	1.490
21	0.173	3.778	0.425	1.575	0.663	0.9876	0.523	1.477
22	0.167	3.819	0.434	1.566	0.647	0.9882	0.534	1.466
23	0.162	3.858	0.443	1.557	0.633	0.9887	1.545	1.455
24	0.157	3.895	0.451	1.548	0.619	0.9892	0.555	1.445
25	0.153	3.931	0.459	1.541	0.606	0.9896	0.565	1.435

	中心线	控制限	
$\bar{x}$-R 图	$CL_{\bar{x}}=\bar{\bar{x}}$	$UCL_{\bar{x}}=\bar{\bar{x}}+A_2\bar{R}$	$LCL_{\bar{x}}=\bar{\bar{x}}-A_2\bar{R}$
	$CL_R=\bar{R}$	$UCL_R=D_4\bar{R}$	$LCL_R=D_3\bar{R}$
$\bar{x}$-S 图	$CL_{\bar{x}}=\bar{\bar{x}}$	$UCL_{\bar{x}}=\bar{\bar{x}}+A_3\bar{S}$	$LCL_{\bar{x}}=\bar{\bar{x}}-A_3\bar{S}$
	$CL_S=\bar{S}$	$LCL_S=B_4\bar{S}$	$LCL_S=B_4\bar{S}$

4.4.2 应用程序

常规控制图的应用程序包括以下几个步骤。

（1）步骤 1：确定待控制的质量指标，即控制对象。

1）选择最重要的指标为控制对象。

2）若指标之间有因果关系，则选取为“因”的指标作为控制对象。

3）控制对象要明确，并获得有关工作人员的同意。

4）控制对象要能定量描述。

5）控制对象要尽量容易测定，过程发生异常时容易对过程采取措施。

6）直接测量控制对象有困难时，可采用代用特性。

（2）步骤 2：取预备数据。

1）建议取 35 组样本，至少取 25 组样本。

2）样本容量（即样本大小）通常取 4~5。

3）合理分组原则：样本组内差异由正常波动造成，样本组间差异主要由异常波动造成。

（3）步骤 3：计算$\bar{x}$，$\bar{R}$。

（4）步骤 4：计算 R 图控制界限、$\bar{x}$图控制界限，并作图。

（5）步骤 5：将预备数据在 R 图中打点，判稳；若判定过程处于稳态，则进行步骤 6。

（6）步骤 6：若过程出现了异常，则需执行“查出异因，采取措施，保证消除，纳入标准，不再出现”，然后转入步骤 2，重新收集数据。

（7）步骤 7：将预备数据在 X 图中打点，判稳。若判定过程处于稳态，则进行步骤 8；

（8）步骤 8：计算过程能力指数并检验其是否满足技术要求。若过程能力指数满足技术要求，则转入步骤 9；若过程能力指数不满足技术要求，则需调整过程，可能要采取进行员工培训，购买或修理设备等措施，然后转入步骤 2，重新收集数据。

（9）步骤 9：延长$\bar{x}-R$ 图的控制界限，进入过程的日常控制阶段。

（10）步骤 1~步骤 8 为分析用控制图阶段。步骤 9 为控制用控制图阶段。

4.4.3 使用常规控制图的注意事项

使用常规控制图应注意如下事项：

（1）控制图用于何处。原则上讲，对于任何过程，凡需要进行控制的场合都可以应用控制图。但这里还要求对于所确定的控制对象——指标应能够定量，这样才能够应用计量控制图。如果只有定性的描述而不能够得到计量数据，那就只能应用计数控制图。所控制的过程必须具有可重复性，即具有统计规律。对于只能进行一次或少数几次的过程，显然难于应用控制图进行控制。

（2）如何选择控制对象。在使用控制图时应选择能代表过程的主要质量指标作为控制对象。一个过程往往具有各种各样的特性，需要选择能够真正代表过程情况的指标。

（3）怎样选择控制图。选择控制图主要是根据所控制质量指标的数据性质来进行选择。如数据为计量的，应选择 $\bar{x}-R$ 图；数据为计件的，应选择计数控制图。此外，还需要考虑其他要求。例如，需要考虑抽取样品、取得数据的难易以及是否经济等问题，可以采用成组数据的控制图，如 $\bar{x}$ 控制图，来提高控制图的灵敏度。

（4）如何分析控制图。如果在控制图中点子未出界，同时点子的排列也是随机的，则认为过程处于稳定状态或受控状态。如果控制图点子出现如图 4-8 所示的情况，则认为过程出现异常。对于应用控制图的方法还不够熟悉的工作人员来说，即使在控制点子出界的场合，也应该首先从下列几方面进行检查：样品的取法是否随机？数字的读取是否正确？计算有无错误？描点有无差错？然后再调查过程方面的原因。经验证明这一系列思考是十分重要的。

（5）对于异常情况的处理。如果点了出现异常的情况，应执行“查出异因，采取措施，保证消除，纳入标准，不再出现”。

对于过程而言，控制图起着告警的作用，控制图点子出界就好比告警铃响，告诉工作人员现在到了查找原因、采取措施、防止再犯的关键时刻。但一般来说，控制图只起告警铃的作用，而不能告知这种警报究竟是由什么异常因素造成的。要找出造成异常的原因，就要根据生产和管理方面的技术与经验来进行判断，或应用统计过程控制的有关方法。

（6）控制图的重新制定。控制图是根据稳态下的条件即 5M1E 来制定的。如果上述条件变化，如操作人员更换或通过学习使操作水平显著提高，设备更新，采用新型原材料或更换其他原材料，改变工艺参数或采用新工艺，环境改变等。这时，控制图也必须重新制定。由于控制图是科学管理生产过程的重要依据，所以，经过一段时间的使用后，应重新抽取数据，进行计算，加以检验。

（7）控制图的保管。控制图的计算以及日常的记录都应作为技术资料加以妥善保管。对于各种异常情况以及对异常的处理都应予以记录。因为这些都是以后出现异常时查找原因的重要参考资料。有了长期保存的记录，便能对该过程的质量水平有清楚的了解，这对于以后在产品设计和制定产品规范方面都是十分有用的。

4.4.4　控制图的实例

$\bar{x}$-R 控制图的应用实例。

【例 4-3】　某手表厂决定应用控制图对装配作业中的螺栓扭矩进行过程控制，以防螺栓松动造成“停摆”问题。表 4-13 中有原始数据。

表 4-13　原始数据与 $\bar{x}$-R

序号	观　测　值					$\sum_{j=1}^{5} x_{ij}$	$\bar{x}_i$	R	备注
	X_{i1}	X_{i2}	X_{i3}	X_{i4}	X_{i5}				
1	154	174	164	166	162	820	164.0	20	
2	166	170	162	166	164	828	165.6	8	
3	168	166	160	162	160	816	163.2	8	
4	168	164	170	164	166	832	166.4	6	
5	153	165	162	165	167	812	162.4	14	
6	164	158	162	172	168	824	164.8	14	
7	167	169	159	175	165	835	167.0	16	
8	158	160	162	164	166	810	162.0	8	
9	156	162	164	152	164	636	159.0	12	
10	174	162	162	156	174	828	165.6	18	
11	168	174	166	160	166	834	166.8	14	

续表 4-13

序号	观测值					$\sum_{j=1}^{5} x_{ij}$	$\bar{x}_i$	R	备注
	X_{i1}	X_{i2}	X_{i3}	X_{i4}	X_{i5}				
12	148	160	162	164	170	804	160.8	22	
13	165	159	147	153	151	775	155.0	18	超出$\bar{x}$图下控制界
14	164	166	164	170	164	828	165.6	6	
15	162	158	154	168	172	814	162.8	18	
16	158	162	156	164	152	792	158.4	12	
17	151	158	154	181	168	812	162.4	30	
18	166	166	172	164	162	830	166.0	10	
19	170	170	166	160	160	826	165.2	10	
20	168	160	162	154	160	804	160.8	14	
21	162	164	165	169	153	813	162.6	16	
22	166	160	170	172	158	826	165.2	14	
23	172	164	159	165	160	820	164.0	13	
24	174	164	166	157	162	823	164.6	17	
25	151	160	164	158	170	803	160.6	19	
平均							163.25	14.28	

螺栓扭矩是计量特性值，故可选用正态分布控制图。又由于本例是大量生产，不难取得数据，故决定选用灵敏度高的 $\bar{x}-R$ 图。

解：按照下列步骤建立 $\bar{x}-R$ 图。

（1）步骤 1：根据合理分组原则，取 25 组预备数据，参见表 4-13。

（2）步骤 2：计算各样本组的平均值$\bar{x}_i$；例如，第一组样本的平均值为 164.0。

（3）步骤 3：计算各样本组的极差 R_i。例如，第一组样本的极差为 20。

（4）步骤 4：计算样本总均值$\bar{x}$与平均样本极差$\bar{R}$。$\bar{x}=163.26$，$\bar{R}=14.28$。

（5）步骤 5：计算 R 图和$\bar{x}$图的参数。

先计算 R 图的参数。从表 4-12 可知，当样本容量 $n=5$ 时，$D_4=2.114$，$D_3=0$，代入 R 图公式，得到：

$$\mathrm{UCL}_R=D_4\bar{R}=2.114\times14.28=30.19$$

$$\mathrm{CL}_R=\bar{R}=14.28$$

$$\mathrm{LCL}_R=D_3\bar{R}=0$$

参见图 4-9，可见现在 R 图判稳，故接着再建$\bar{x}$图。由于 $n=5$，从表 4-12 可知，$A_2=0.577$，将 $\bar{x}=163.26$，$R=14.28$ 代入$\bar{x}$图的公式，得到

$$\mathrm{UCL}_{\bar{x}}=\bar{\bar{x}}+A_2\times\bar{R}=163.26+0.577\times14.28=171.50$$

$$\mathrm{CL}_{\bar{x}}=\bar{\bar{x}}=163.26$$

$$\mathrm{LCL}_{\bar{x}}=\bar{\bar{x}}-A_2\times\bar{R}=163.26-0.577\times14.28=155.02$$

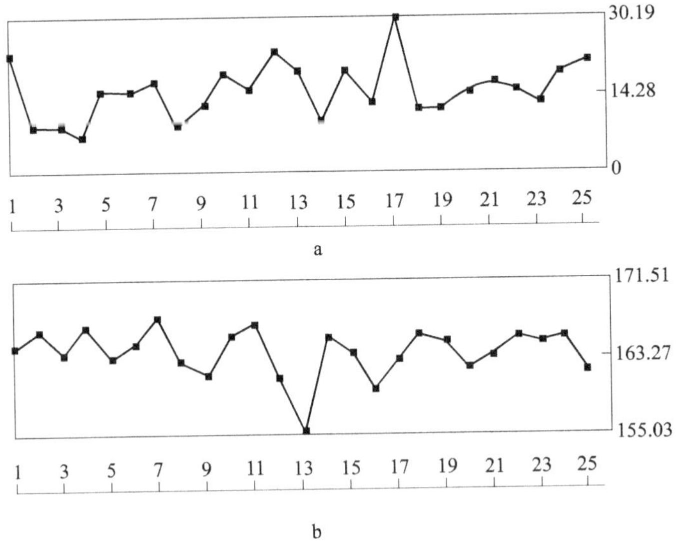

图 4-9　实例的第一张 $\bar{x}$-R 图

a—极差控制图；b—均值控制图

由图 4-9 可知，第 13 组 $\bar{x}$ 值为 155. 00 小于$LCL_{\bar{x}}$，故过程的均值失控。调查其原因发现是夹具松动，之后很快得到了调整，采集到第 14 组数据时该问题已经解决。故本例可以去掉第 13 组数据，并重新计算 R 图与 $\bar{x}$ 图的参数。此时，

$$\bar{R}=\frac{\sum R}{24}=\frac{357-18}{24}=14.13$$

$$\bar{\bar{x}}=\frac{\sum \bar{x}}{24}=\frac{4081.4-155}{24}=163.60$$

代入 R 图与 $\bar{x}$ 图的公式，得到 R 图：

$$UCL_R=D_4\bar{R}=2.114\times 14.13=29.87$$

$$CL_R=\bar{R}=14.13$$

$$LCL_R=D_3\bar{R}=0$$

从表 4-13 可知，R 图中第 17 组 $R=30$ 出界。于是两次执行“查出异因，采取措施，保证消除，纳入标准，不再出现”。消除异因纳入标准之后，应重新收集数据。为了简化本例题，采用舍去第 17 组数据的方法，重新计算如下：

$$\bar{R}=\frac{\sum R}{23}=\frac{339-30}{23}=13.43$$

$$\bar{\bar{x}}=\frac{\sum \bar{x}}{23}=\frac{3926.40-162.4}{23}=163.65$$

R 图：

$$UCL_R = D_4\overline{R} = 2.114 \times 13.43 = 28.39$$

$$CL_R = \overline{R} = 13.43$$

$$LCL_R = D_3\overline{R} = 0$$

由表4-13可知，R 图判稳，于是计算 $\bar{x}$ 图如下：

$$UCL_{\bar{x}} = \overline{\overline{x}} + A_2 \times \overline{R} = 163.65 + 0.577 \times 13.43 = 171.40$$

$$CL_{\bar{x}} = \overline{\overline{x}} = 163.65$$

$$LCL_{\bar{x}} = \overline{\overline{x}} - A_2 \times \overline{R} = 163.65 - 0.577 \times 13.43 = 155.90$$

将其余23组样本的极差值与均值分别打点于 R 图与 $\bar{x}$ 图上，如图4-10所示，此时过程波动情况与均值均处于稳态。严格地讲，23组数据不能运用判稳准则，一般建议收集35~40组数据，运用第二条判稳准测来判断过程是否处于稳态。

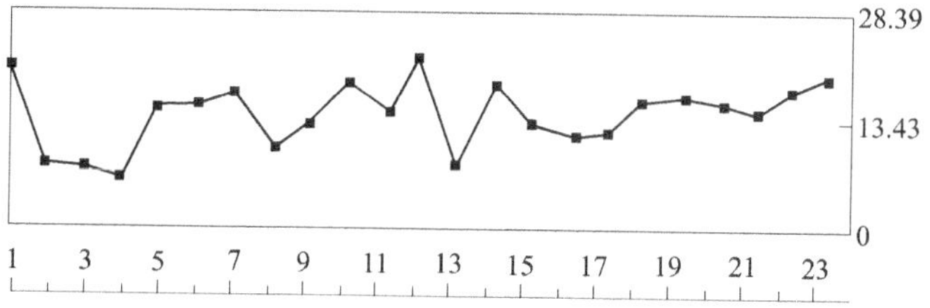

a

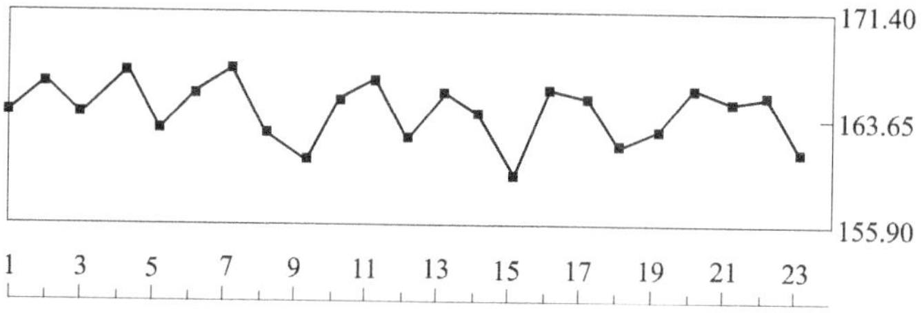

b

图4-10　实例的第二张 $\bar{x}$-R 图

a—极差控制图；b—均值控制图

任务4.5　散　布　图

4.5.1　概述

散布图是研究成对出现的两组相关数据之间关系的简单图示技术，是研究成对出现［如（x,y)，每对为一个点］的两组相关数据之间关系的简单图示。在散布图中，成对的数据形成点子云，研究点子云的分布状态，便可推断成对数据之间的相关程度。当 x 值增加，相应的 y 值也增加，就称 x 和 y 之间是正相关；当 x 值增加，相应的 y 值减少，则称 x 和 y 之间是负相关。图4-11为6种常见的点子云形状。

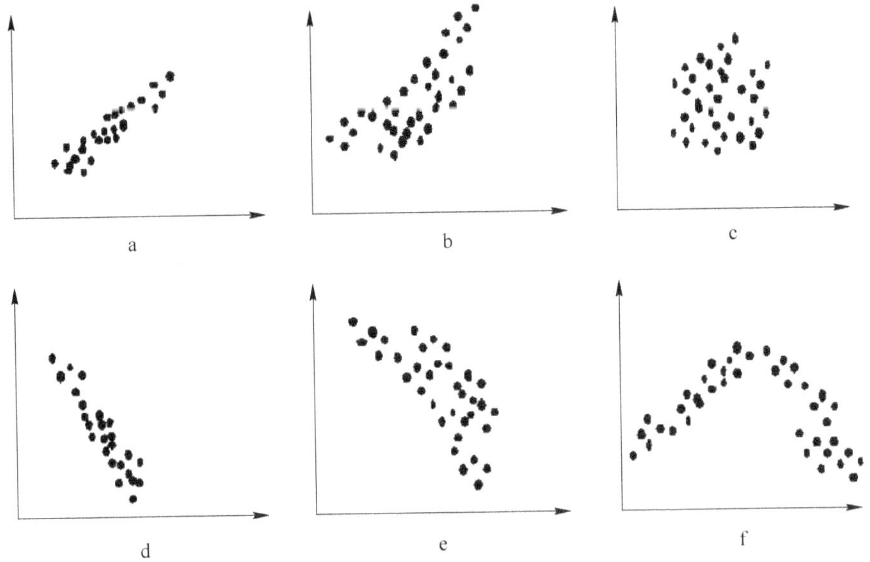

图 4-11　散布图中的点子云形状

a—强正相关；b—弱正相关；c—不相关；d—强负相关；e—弱负相关；f—非线性相关

一般来说散布图常用于调查以下关系：

(1) 特性和因素的关系。

(2) 某种特性和其他特性的关系。

(3) 同一种特性的两种因素之间的关系。

4.5.2　散布图的作用

散布图可以用来发现和确认两组相关数据之间的关系，并确认两组相关数据之间预期的关系。质量管理和质量控制中，散布图常用于分析研究质量特性之间或质量特性与影响因素之间两变量的相关关系。

4.5.3　散布图的应用程序

散布图的应用程序步骤为：

(1) 收集成对数据 (x,y)。即从将要对其关系进行研究的相关数据中，收集成对数据（最好不少于 30 对）。

(2) 标明 x 轴和 y 轴。找出 x 和 y 的最大值和最小值，并用这两个值标定横轴 (x) 和纵横 (y)，两个轴的长度大致相等。

(3) 描点。当两组的数据值相等，即数据点重合时，可围绕数据点画同心圆表示，或在离第一个点最近处画上第二个点表示。

(4) 判断。分析研究画点的点子云的分布状况，确定相关关系的类型和强度。

4.5.4　散布图的分析和判断

散布图的分析判断方法有对照典型图例法、简单象限法、相关系数和回归分析等。这里只介绍两种方法：

（1）对照典型图例法。这是最简单的方法，图 4-11 为 6 种典型散布图例。把实际画出的散布图与典型图例对照，就可得到两个变量之间是否相关及属于哪一种相关的结论。

（2）简单象限法。

1）在图上画一条与 y 轴平行的 P 线，使 P 线的左、右两侧的点数相等或大致相等。

2）在图上再画一条与 x 轴平行的 Q 线，使 Q 线上、下两侧的点数相等或大致相等。

3）P、Q 两线把图形分成 4 个象限区域，分别计数各象限区域内的点数（线上的点不计）。

4）分别计算对角象限区域内的点数 $n_{\text{I}}+n_{\text{III}}$，$n_{\text{II}}+n_{\text{IV}}$。当 $n_{\text{I}}+n_{\text{III}}>n_{\text{II}}+n_{\text{IV}}$ 时，为正相关。当 $n_{\text{I}}+n_{\text{III}}\leqslant n_{\text{II}}+n_{\text{IV}}$ 时，为负相关。

应该说明的是，用打点作图的方法进行相关分析，是最简单的方法，但分析较为粗糙。当需要进行课题研究时，必须应用计算的方法，比较精确地计算出相关系数。还可进一步找出变量之间的内在联系，即回归分析法。

4.5.5 散布图的实例

【例 4-4】 某酒厂要判定中间产品酒醅中的酸度含量和酒度两个变量之间有无关系，存在什么关系。使用散布图，对表 4-14 中所示的 30 对数据进行分析、研究和判断。

表 4-14 数据表

序号	酸度 x	酒度 y	序号	酸度 x	酒度 y
1	0.5	6.3	16	0.7	6.0
2	0.9	5.8	17	0.9	6.1
3	1.2	4.7	18	1.2	5.3
4	1.0	4.6	19	0.8	5.9
5	0.9	5.4	20	1.2	4.7
6	0.7	5.8	21	1.6	3.8
7	1.4	3.8	22	1.5	3.4
8	0.9	5.7	23	1.4	3.8
9	1.3	4.3	24	0.9	5.0
10	1.0	5.3	25	0.6	6.3
11	1.5	4.4	26	0.7	6.4
12	0.7	6.6	27	0.6	6.8
13	1.3	4.6	28	0.5	6.4
14	1.0	4.8	29	0.5	6.7
15	1.2	4.1	30	1.2	4.8

从画出的散布图（见图 4-12）经对照典型图例法和简单象限法分析判断，可以认为酸度与酒度之间存在着弱负相关关系。

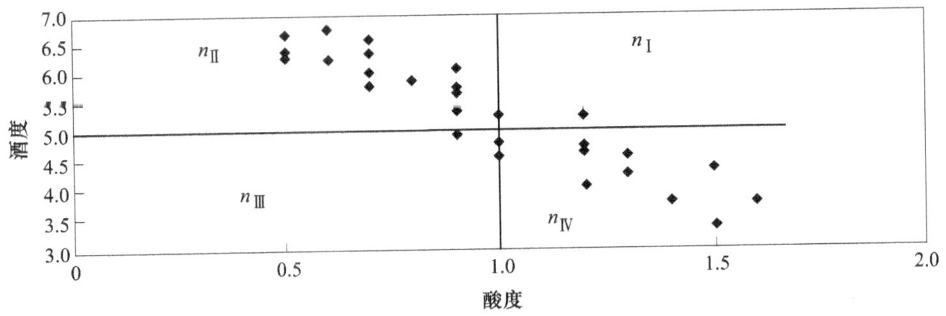

图 4-12　酒醅中酸度与酒度的散布图

4.5.6　应用散布图的注意事项

（1）散布图反映的只是一种趋势，对于定性的结果还需要具体的分析。

（2）分析时，应注意对数据的正确分层，否则可能会发生误判。

（3）对散布图进行分析时，需要观察是否有异常点或者离群点出现。

（4）当数据较多时，可能会有重复数据出现，对重复数据要进行区分，并加以分析。

（5）一般情况下，至少应取 25 组以上的数据进行分析。

（6）通常情况下，横坐标用来表示原因或者自变量，纵坐标用来表示效果或者因变量。

（7）在使用散布图调查两个因素之间的关系时，应尽可能固定对这两个因素有影响的其他因素（控制变量法），才能保证通过散布图分析的结果比较准确。

任务 4.6　PDCA 循环

4.6.1　概念

PDCA 是英语单词 Plan（计划）、Do（执行）、Check（检查）和 Action（处理）的第一个字母组合，PDCA 循环就是按照这样的顺序进行质量管理，并且循环不止地进行下去的科学程序。

（1）P（Plan）——计划：找出所存在的问题，分析产生问题的原因，并找出影响问题的主要原因，针对这些主要原因制定相应的对策措施。

（2）D（Do）——执行：按对策措施的要求予以实施。

（3）C（Check）——检查：检查对策措施的实施结果是否达到预期目标。

（4）A（Action）——处置：根据检查结果，采取必要的措施巩固已取得的成果，对未达到的预期目标进行进一步的改进。

4.6.2 循环过程

分析现状，发现问题；分析质量问题中各种影响因素；找出影响质量问题的主要原因；针对主要原因，提出解决的措施并执行；检查执行结果是否达到了预定的目标；把成功的经验总结出来，制定相应的标准；把没有解决或新出现的问题转入下一个 PDCA 循环去解决。

（1）P 阶段。P 阶段即根据顾客的要求和组织的方针，为提供结果建立必要的目标和过程。

1）选择课题、分析现状、找出问题。强调的是对现状的把握和发现问题的意识、能力，发现问题是解决问题的第一步，是分析问题的条件。

新产品设计开发所选择的课题范围是以满足市场需求为前提，以企业获利为目标的。同时也需要根据企业的资源、技术等能力来确定开发方向。

课题是研究活动的切入点。课题的选择很重要，如果不进行市场调研，论证课题的可行性，就可能带来决策上的失误，有可能在投入大量人力、物力后造成设计开发的失败。比如：一个企业如果对市场发展动态信息缺少灵敏性，可能花大力气开发的新产品，在另一个企业已经是普通产品，就会造成人力、物力、财力的浪费。选择一个合理的项目课题可以减少研发的失败率，降低新产品投资的风险。选择课题时可以使用调查表、排列图、水平对比等方法，使头脑风暴能够结构化呈现较直观的信息，从而做出合理决策。

2）制定目标，分析产生问题的原因。找准问题后分析产生问题的原因至关重要，运用头脑风暴法等多种集思广益的科学方法，把导致问题产生的所有原因统统找出来。

明确了研究活动的主题后，需要设定一个活动目标，也就是规定活动所要做到的内容和达到的标准。目标可以是定性+定量化的，能够用数量来表示的指标要尽可能量化，不能用数量来表示的指标也要明确。目标是用来衡量实验效果的指标，所以设定时应该有依据，要通过充分的现状调查和比较来获得。例如：一种新药的开发必须掌握了解政府部门所制定的新药审批政策和标准。制定目标时可以使用关联图、因果图来系统化的揭示各种可能之间的联系，同时使用甘特图来制定计划时间表，从而确定研究进度并进行有效的控制。

3）提出各种方案并确定最佳方案。创新并非单纯指发明创造新产品，还可以包括产品革新、产品改进和产品仿制等。其过程就是设立假说，然后去验证假说，目的是从影响产品特性的一些因素中去寻找出好的原料搭配、好的工艺参数搭配和工艺路线。然而现实条件中不可能把所有想到的实验方案都实施，所以提出各种方案后优选并确定出最佳的方案，区分主因和次因是最有效解决问题的关键。

筛选出所需要的最佳方案，统计质量工具能够发挥较好的作用。正交试验设计法、矩阵图都是进行多方案设计中效率高、效果好的工具方法。

4）制定对策、制定计划。有了好的方案，其中的细节也不能忽视。计划的内容如何完成好，需要将方案步骤具体化，逐一制定对策，明确回答出方案中的“5W1H”，即：为什么制定该措施（Why）、达到什么目标（What）、在何处执行（Where）、由谁负责完成（Who）、什么时间完成（When）、如何完成（How）。使用过程决策程序图或流程图，方案的具体实施步骤将会得到分解。

（2）D 阶段。D 阶段即按照预定的计划、标准，根据已知的内外部信息，设计出具体的行动方法、方案，进行布局。再根据设计方案和布局，进行具体操作，努力实现预期目标的过程。

产品的质量、能耗等是设计出来的，通过对组织内外部信息的利用和处理，作出设计和决策，是当代组织最重要的核心能力。设计和决策水平决定了组织执行力。

对策制定完成后就进入到实验、验证阶段，也就是做的阶段。在这一阶段除了按计划和方案实施外，还必须要对过程进行测量，确保工作能够按计划进度实施。同时建立起数据采集，收集好过程的原始记录和数据等项目文档。

（3）C 阶段。C 阶段即确认实施方案是否达到了目标。

“下属只做你检查的工作，不做你希望的工作”。IBM 的前 CEO 郭士纳的这句话将检查验证、评估效果的重要性一语道破。

方案是否有效、目标是否完成，需要进行效果检查后才能得出结论。将采取的对策进行确认后，对采集到的数据进行总结分析，把完成情况同目标值进行比较，看是否达到了预定的目标。如果没有出现预期的结果，应该确认是否严格按照计划实施对策，如果是，就意味着对策失败，就需要重新进行最佳方案的确定。

（4）A 阶段。

A 阶段需要处理的工作有：

1）标准化，固定成绩。标准化是维持企业治理现状不下滑，积累、沉淀经验的最好方法，也是企业治理水平不断提升的基础。可以这样说，标准化是企业治理系统的动力，没有标准化，企业就不会进步，甚至下滑。

对已被证明的有成效的措施，要进行标准化，制定成工作标准，以便以后的执行和推广。

2）问题总结，处理遗留问题。所有问题不可能在一个 PDCA 循环中全部解决，遗留的问题会自动转进下一个 PDCA 循环，如此周而复始，螺旋上升。

4.6.3 特点

PDCA 循环的特点是：

（1）循环前进，阶梯上升。由于多数问题都是由许多的小问题所组成的，一般不可能通过一次 PDCA 循环就完全解决，必须进行不断地循环。而每完成一次 PDCA 循环就能解决一部分问题，比循环前上升到一个更高的水平。如此通过不断的循环，就能一步一步地达到较高的水平。

（2）大环套小环。在 PDCA 循环的 4 个阶段中，每一个阶段都可形成本身的小 PDCA 循环。如图 4-13 所示。

4.6.4 举例

【例 4-5】 某公司为解决基板直通率低的问题，根据 PDCA 循环的方法，制定出工作思路及工作过程如下：

（1）P 阶段。

1）通过分析以往的数据，找出影响基板直通率的关键原因是焊接不良。

2）分析造成焊接不良的主要原因是作业指导书对焊接操作要点规定不明确；焊枪温

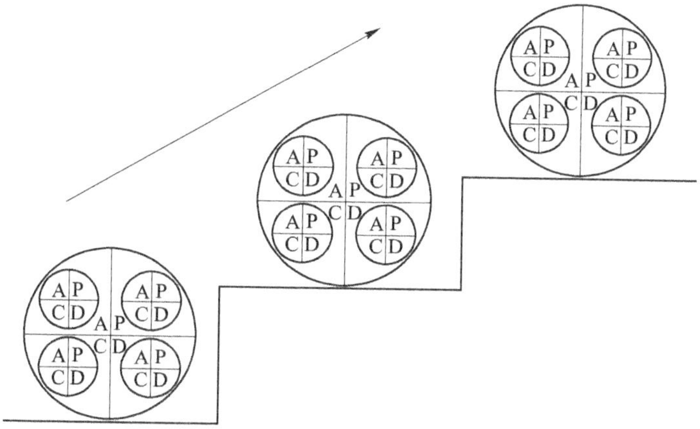

图 4-13 PDCA 循环特点

度达不到要求；工人培训不足，操作不熟练。

3）在 3 项原因中，通过分析论证得出，作业指导书对焊接操作要点规定不明确是影响直通率的关键因素。

4）针对“作业指导书对焊接操作要点规定不明确”这一关键因素制定对策：对作业指导书进行修订，明确规定焊接时间、温度等操作要点。

（2）D 阶段。按制定的对策修订作业指导书，并对相关的每一位员工进行宣贯。

（3）C 阶段。对作业指导书进行修订的情况进行检查，对修订后的作业指导书的宣贯情况进行检查。统计采取措施后直通率的改进情况，与改进前的数据进行对比，直通率有显著改善，且焊接不良已不再是影响直通率的主要因素。

（4）D 阶段。将修订后的作业指导书纳入管理标准，并制定相应的监督检查办法，以巩固所取得的成效。

同时，由于焊接不良虽然已不再是影响直通率的主要因素，但直通率问题仍然存在，因此，需要进行进一步按 PDCA 循环的程序进行改进。

复习与测试

1. 判断：

（1）排列图由一个横坐标、两个纵坐标、几个按高低顺序（“其他”项例外）排列的矩形和一条累计百分比折线组成。（　　）

（2）因果图又叫特性要因图、鱼刺图、石川图（最早是由石川馨提出）。（　　）

（3）因果图主要原因可以在末端因素上，也可以在中间过程。（　　）

（4）当两组特性值或数据中的一组发生变化时，会对另一组有所影响，这两组称之为相关。（　　）

（5）$\bar{x}-R$ 质量控制图可以反映平行测定数据的批内和批间精密度，以及测定均值在一定精密度范围内的波动情况。（　　）

（6）在质量控制图中，当测定值落在控制线以上时，表示这个数据是正常的。（　　）

（7）不断上升、不断提高是 PDCA 的一个特点。（　　）

2. 简答：

（1）PDCA 循环 4 个阶段各指什么？

（2）简述质量管理新 7 种工具（QC 新 7 大手法）都有哪些，分别有哪些作用。

3. 计算：

（1）某加工厂按照不合格的类型收集了一定时期内不合格的发生次数，如下表所示，绘制排列图并对问题进行分析。

1	不合格类型	不合格数
2	砂眼	20
3	擦伤	42
4	其他	14
5	断裂	10
6	污染	6
7	裂纹	4
8	弯曲	104

（2）某出租车公司损失数据分析。

该出租车公司有 100 辆出租车，每辆出租车在过去 1 年内发生事故导致的损失金额的数据资料收集如下（单位：百元）。对损失金额数据编制区间频数分析表、直方图，计算集中趋势和离散趋势指标。

0	0	0	0	13	18	19	15	28	21
20	29	34	35	41	45	46	47	25	40
39	48	49	58	59	54	55	77	78	70
70	60	60	59	45	40	80	72	81	88
92	95	79	80	90	89	93	99	83	92
88	94	79	73	70	99	95	105	110	109
131	120	111	100	115	132	108	101	110	109
112	130	120	112	109	100	131	135	138	150
141	140	135	144	139	150	156	145	157	168
180	162	175	180	185	189	190	200	200	230

（3）根据下表所列数据绘制 $\bar{x}$-R 控制图。

测定次序	1	2	3	4	5	6	7	8	9	10
x_i	0.484	0.506	0.512	0.485	0.509	0.500	0.513	0.512	0.502	0.501
x_i'	0.487	0.510	0.495	0.503	0.500	6.512	0.503	0.497	0.500	4.491
测定次序	11	12	13	14	15	16	17	18	19	20
x_i	0.475	0.500	0.498	0.523	0.479	0.520	0.500	0.510	0.505	0.490
x_i'	0.493	0.515	0.501	0.516	0.482	0.512	0.490	0.488	0.490	0.500

模块 5　无机产品工业盐酸的抽样检验

【学习目标】

（1）掌握样品流转的流程及相关表格的填写。
（2）了解文献及国家标准的查阅。
（3）掌握工业合成盐酸的基本性质。
（4）掌握工业合成盐酸中各项指标的检验原理、方法及相应的计算。

任务 5.1　工业合成盐酸简介

5.1.1　工业盐酸的发展历史

由于盐酸可以用硫酸盐和食盐制作，历史上曾以 muriatic acid 和 spirits of salt 来命名盐酸。直到现在一些国家仍用这个名称，如德国、荷兰等。

在公元 800 年，一位炼金师阿布・穆萨・贾比尔・伊本・哈扬（Jabir ibn Hayyan）混合了氯化钠和硫酸，第一次制取了盐酸。贾比尔发现过许多常见的化学品，并写下了 20 多本书来记述他的理论，其中的化学知识包括盐酸和其他基本化学用品。他发明的有盐酸和硝酸组成的溶液，炼金术士感兴趣地用来制作“点金石”。

$$2NaCl+H_2SO_4 = Na_2SO_4+2HCl\uparrow$$

1648 年，德国药剂师 J. R 格劳伯用食盐和矾油（硫酸）制备硫酸钠时发现了盐酸，称其为“海盐精”，这种制法至今沿用。

后来，欧洲的科学家们（包括 Glauber，Priestley 和 Davy）在他们的科学研究上用到了盐酸。1772 年，英国丽兹的约瑟夫・普利斯特列（Joseph Priestley）得到了纯净的氯化氢，并且在 1818 年，英国彭赞斯的汉弗莱・戴维（Humphry Davy）证实了该化学物质中含有氢和氯两种元素。

盐酸的大规模生产开始于工业革命时期，在化学工业中，盐酸被大规模用于生产聚氯乙烯、聚氨酯。当然也有很多其他的应用，如家庭清洁、生产明矾、作为食品添加剂，以及除锈、皮革加工等。每年大约生产 20 万吨盐酸。

在欧洲的工业革命时期，随着对碱性物质的需求量大大增加。尼古拉・勒布朗（Nicolas Leblanc，法国）廉价的工业生产方法被用来大规模生产碳酸钠（Na_2CO_3，纯碱）。在这个方法中，通过硫酸、石灰石、煤炭来把食盐转化为纯碱，而伴随着会释放出副产品氯化氢。直到 1863 年英国立了《碱法》以及其他国家的类似行动后，禁止过多的氯化氢释放到空气中。因此，纯碱生产商不得不用水来吸收氯化氢，于是盐酸的工业生产便开始了。

自 1988 年以来，盐酸已被列入《1988 年联合国禁止非法贩运麻醉药品和精神药物》，因为它可被用来生产海洛因、可卡因和冰毒。

“三酸”中盐酸的发现和制备较硫酸和硝酸较晚，尽管在炼金时代发现了氯化氢气体，但这种无色有强烈刺激性气味的气体并未引起人们重视，直到 15 世纪才有“盐酸”一词。

20 世纪初，由于索尔维发明的制碱法不会产生氯化氢，因此取代了勒布朗法。然而在很多行业中，盐酸已经成了不可取代的用品，因此人们开始研究其他生产盐酸的方法，有些方法沿用至今。2000 年之后，盐酸的主要来源是吸收工业有机化合物生产的氯化氢气体。

20 世纪 20 年代，中国著名化学家吴蕴初试制味精成功，1922 年和张崇新合办上海天厨味精厂。为解决生产味精的必需原料盐酸，吴蕴初又在 1929 年建立了我国第一家氯碱厂——天原电化厂，用合成法生产盐酸。

5.1.2　工业盐酸的制法

氯化氢的制备方法有如下几种。

（1）工业制法——电解法。将饱和食盐水（或熔融 NaCl）进行电解，除得氢氧化钠外，在阴极有氢气产生，阳极有氯气产生。

$$2NaCl+2H_2O = 2NaOH+Cl_2\uparrow+H_2\uparrow$$

在反应器中将氢气和氯气通至石英制的烧嘴点燃燃烧生成氯化氢气体，并发出大量热。

$$Cl_2+H_2 = 2HCl$$

氯化氢气体冷却后被水吸收成为盐酸。在氯气和氢气的反应过程中，有毒的氯气被过量的氢气所包围，使氯气得到充分反应，防止了对空气的污染。在生产上，往往采取使另一种原料过量的方法使有害的、价格较昂贵的原料充分反应。

（2）实验室制法一。

原理：$3NaCl+H_3PO_4 \xrightarrow{\triangle} 3HCl+Na_3PO_4$

锥形瓶内装 85%磷酸与 NaCl 固体（不超过锥形瓶体积的 1/3），在广口瓶收集 HCl，右侧洗气瓶内装 NaOH 溶液防止尾气污染，三叉管的下端放了一量筒，在打开止水夹时收集冷凝的盐酸。

（3）实验室制法二（见图 5-1）。

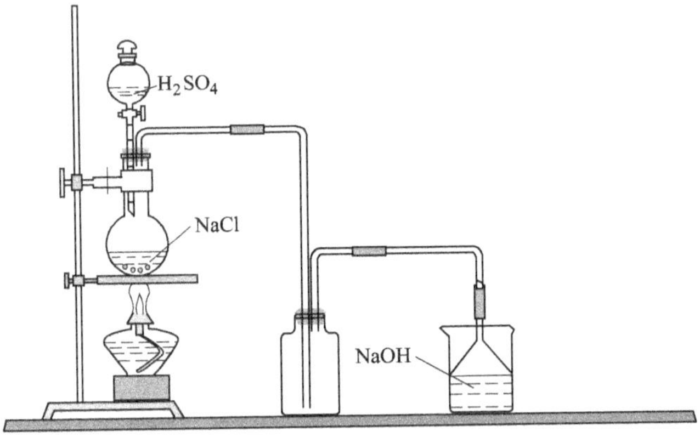

图 5-1　实验室制备氯化氢

原理：

$$NaCl(固)+H_2SO_4(浓) \xrightarrow{微热} HCl+NaHSO_4$$

$$NaCl(固)+NaHSO_4 \xrightarrow{500\sim600℃} HCl+Na_2SO_4$$

总反应式：

$$2NaCl(固)+H_2SO_4(浓) \xrightarrow{加热} 2HCl+Na_2SO_4$$

该方法用到的主要装置有分液漏斗、圆底烧瓶或锥形瓶、倒扣漏斗（防止倒吸、防止冻伤、烧手），还有夹子（防止冷凝水倒流）。

5.1.3　合成法制盐酸的简要流程

将盐酸通入燃烧管，排尽空气，检验氢气的纯度后导入氯气流。开始时氯气流要小一些，在管口点燃使氯气在氢气气氛里燃烧，形成苍白色火焰。待火焰稳定后，再慢慢增大氯气的流量，这时在燃烧管上方即有氯化氢生成，开动抽气水泵，使氯化氢气体经过冷却器抽入吸收塔内，同时将吸收塔顶上的水放下，氯化氢气体就充分地溶解在水里生成盐酸，当吸收塔底部聚集有一定量的盐酸时，即可停止燃烧。此时先切断氯气流，后切断氢气流，同时关闭水流和抽气水泵。用紫色石蕊试液的变色反应或锌粒反应生成氢气来检验盐酸，如图 5-2 所示。

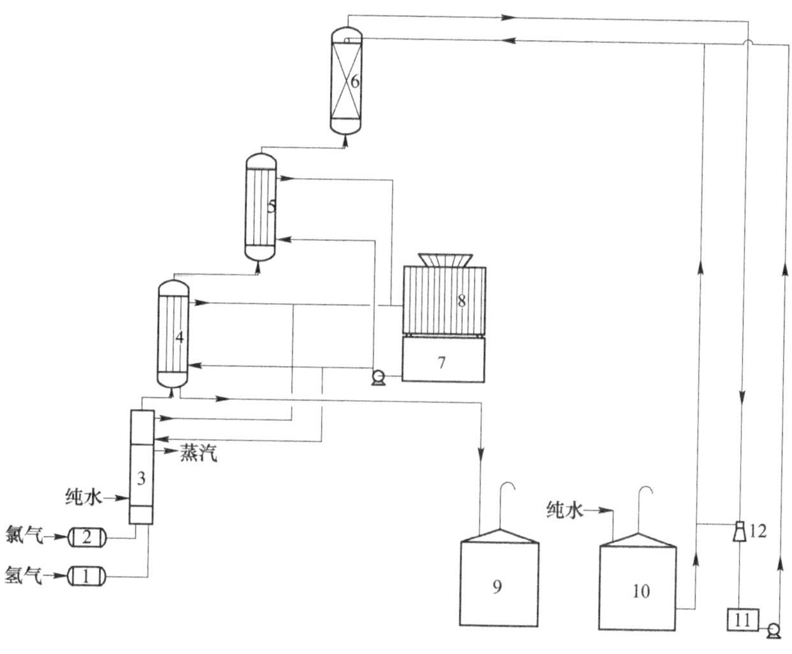

图 5-2　合成盐酸的简易装置

1—氢气缓冲罐；2—氯气缓冲罐；3—副产蒸汽合成炉；4—主吸收器；5—副吸收器；6—尾气吸收器；7—循环水池；8—凉水塔；9—成品盐酸罐；10—纯水罐；11—稀酸罐；12—喷射吸收泵

5.1.4　工业盐酸的性质及用途

5.1.4.1　物理性质

（1）盐酸，学名氢氯酸，是氯化氢（化学式：HCl）的水溶液，是一元酸。盐酸是一种常见的化学品，在一般情况下，浓盐酸中氯化氢的质量分数在 38%左右。同时，胃酸的主要成分也是盐酸。

（2）纯盐酸是无色透明的液体，工业盐酸因含杂质三价铁盐，而显黄色。

（3）盐酸是一种强酸，浓盐酸有挥发性，挥发出氯化氢气体，与空气中的水蒸气重新结合成盐酸的小液滴（即白雾），挥发后质量变小。

（4）含量：分析纯浓度约 36%~38%。

（5）外观与性状：无色液体，有腐蚀性。在化学上人们把盐酸和硫酸、硝酸、氢溴酸、氢碘酸、高氯酸合称为 6 大无机强酸。有刺激性气味。

（6）一般实验室使用的盐酸为 0.1mol/L，pH=1；一般使用的盐酸 pH 值在 2~3 左右（呈强酸性）。

（7）$pK_a=-7$，熔点：-114.8℃（纯 HCl）；沸点：108.6℃（20%恒沸溶液）；相对密度（水=1）：1.20；相对蒸汽密度（空气=1）：1.26；饱和蒸气压（kPa）：30.66kPa（21℃）。

（8）溶解性：与水混溶，浓盐酸溶于水有热量放出。溶于碱液并与碱液发生中和反应。能与乙醇任意混溶，能溶于苯。

（9）禁配物：碱类、胺类、碱金属、易燃或可燃物。

20℃时不同浓度盐酸的物理性质见表 5-1。

表 5-1 20℃时不同浓度盐酸的数据

质量分数 /%	浓度 $/g \cdot L^{-1}$	密度 $/kg \cdot L^{-1}$	物质的量浓度 $/mol \cdot L^{-1}$	黏度 $/mPa \cdot s$	比热容 $/kJ \cdot kg^{-1} \cdot ℃^{-1}$	蒸气压 /Pa	沸点 /℃	熔点 /℃
10	104.80	1.048	2.87	1.16	3.47	0.527	103	-18
20	219.60	1.098	6.02	1.37	2.99	27.3	108	-59
30	344.70	1.149	9.45	1.70	2.60	1410	90	-52
32	370.88	1.159	10.17	1.80	2.55	3130	84	-43
34	397.46	1.169	10.90	1.90	2.50	6733	71	-36
36	424.44	1.179	11.64	1.99	2.46	14100	61	-30
38	451.82	1.189	12.39	2.10	2.43	28000	48	-26

5.1.4.2 化学性质

（1）与酸碱指示剂起作用显示不同的颜色（化学变化）。石蕊试液遇酸（如盐酸）变成红色，酚酞试液遇酸（如盐酸）不变色，pH 试纸遇酸（如盐酸）变红。

（2）与活泼或较活泼金属（镁、铝、锌、铁等）发生置换反应产生氢气。

$$Zn+2HCl = ZnCl_2+H_2\uparrow$$（实验室制氢气）

（3）与金属氧化物反应生成盐和水。

$$Fe_2O_3+6HCl = 2FeCl_3+3H_2O$$（清洗铁制品表面的铁锈）

$$ZnO+2HCl = ZnCl_2+H_2O$$（制取盐的方法之一）

（4）与碱反应生成盐和水。

$$Al(OH)_3+3HCl = AlCl_3+3H_2O$$（用 $Al(OH)_3$ 治疗胃酸过多）

$$Cu(OH)_2+2HCl = CuCl_2+2H_2O$$（蓝色沉淀溶解，溶液变蓝）

（5）与盐反应生成新的酸和盐。

$$AgNO_3+HCl = AgCl\downarrow+2HNO_3$$（检验 Cl^- 的方法）

$$NaHCO_3+HCl = NaCl+CO_2\uparrow+H_2O$$（用 $NaHCO_3$ 治疗胃酸过多）

（6）实验室常用盐酸制取二氧化碳。

$$CaCO_3+2HCl \longrightarrow CaCl_2+CO_2\uparrow+H_2O$$

（7）能用来制取弱酸。

$$CH_3COONa+HCl \longrightarrow CH_3COOH+NaCl$$

5.1.5 盐酸的作用和用途

盐酸在日常生活、工业生产领域用途非常广泛。

（1）生活用途。人类和其他动物的胃壁上有一种特殊的腺体，能把吃下去的食盐变成盐酸。盐酸是胃液的一种成分（浓度约为 0.5%），它能使胃液保持激活胃蛋白酶所需要的最适合的 pH 值，它还能使食盐中的蛋白质变性而易于水解，以及杀死随食物进入胃里的细菌。此外，盐酸进入小肠后，可促进胰液、肠液的分泌以及胆汁的分泌和排放，酸性环境还有助于小肠内铁和钙的吸收。

（2）日常用途。制取洁厕灵，除锈剂等产品。

（3）工业用途。

1）用于稀有金属的湿法冶金。

例如，冶炼钨时，先将白钨矿（钨酸钙矿）与碳酸钠混合，在空气中焙烧（800～900℃）生成钨酸钠。

$$CaWO_4+Na_2CO_3 \xlongequal{\text{焙烧}} Na_2WO_4+CaO+CO_2\uparrow$$

将烧结块浸在 90℃的水中，使钨酸钠溶解，并加盐酸酸化，将沉淀下来的钨酸滤出后，再经灼热，生成氧化钨。

$$Na_2WO_4+2HCl \longrightarrow H_2WO_4\downarrow+2NaCl$$

$$H_2WO_4 \longrightarrow WO_3+H_2O\uparrow$$

最后，将氧化钨在氢气流中灼热，得金属钨。

$$WO_3+3H_2 \longrightarrow W+3H_2O\uparrow$$

2）有机合成。例如，在 180～200℃的温度并有汞盐（如 $HgCl_2$）作催化剂的条件下，氯化氢与乙炔发生加成反应，生成氯乙烯，再在引发剂的作用下，聚合而成聚氯乙烯。

3）漂染工业。例如，棉布漂白后的酸洗，棉布丝光处理后残留碱的中和，都要用盐酸。在印染过程中，有些染料不溶于水，需用盐酸处理，使其成为可溶性的盐酸盐，才能应用。

4）金属加工。例如，钢铁制件的镀前处理，先用烧碱溶液对其洗涤以除去油污，再用盐酸浸泡；在金属焊接之前，需在焊口涂上一点盐酸等等，都是利用盐酸能溶解金属氧化物这一性质，用以除掉锈。这样，才能将金属表面镀牢、焊牢。

5）食品工业。例如，制化学酱油时，将蒸煮过的豆饼等原料浸泡在含有一定量盐酸的溶液中，保持一定温度，盐酸具有催化作用，能促使其中复杂的蛋白质进行水解，经过一定的时间，就生成具有鲜味的氨基酸，再用苛性钠（或用纯碱）中和，即得氨基酸钠。制造味精的原理与此差不多。

6）无机药品及有机药物的生产。盐酸是一种强酸，它与某些金属、金属氧化物、金属氢氧化物以及大多数金属盐类（如碳酸盐、亚硫酸盐等），都能发生反应，生成盐酸盐。

因此，在不少无机药品的生产上要用到盐酸。而在医药上的好多有机药物，例如普鲁卡因、盐酸硫胺（维生素 B_1的制剂）等，也是用盐酸制成的。

5.1.6 工业盐酸的危险性

工业盐酸有众多用途的同时也存在着如下的危险性：

（1）健康危害。接触其蒸气或烟雾，可引起急性中毒，出现眼结膜炎，鼻及口腔黏膜有烧灼感，鼻衄、齿龈出血，气管炎等。误服可引起消化道灼伤、溃疡形成，有可能引起胃穿孔、腹膜炎等。眼和皮肤接触可致灼伤。长期接触，会引起慢性鼻炎、慢性支气管炎、牙齿酸蚀症及皮肤损害。

（2）环境危害。对水体和土壤可造成污染。

（3）燃爆危险。该品不燃，具强腐蚀性、强刺激性，可致人体灼伤。

（4）急性毒性。LD_{50}为 900mg/kg（兔经口）；LC_{50}为 3124mg/kg，1h（大鼠吸入）。

（5）危险特性。能与一些活性金属粉末发生反应，放出氢气。遇氰化物能产生剧毒的氰化氢气体。与碱发生中和反应，并放出大量的热，具有强腐蚀性。

5.1.7 工业盐酸的操作注意事项和急救措施

5.1.7.1 操作注意事项

（1）密闭操作，注意通风。操作尽可能机械化、自动化。

（2）操作人员必须经过专门培训，严格遵守操作规程。

（3）建议操作人员佩戴自吸过滤式防毒面具（全面罩），穿橡胶耐酸碱服，戴橡胶耐酸碱手套。

（4）远离易燃、可燃物。

（5）防止蒸气泄漏到工作场所空气中。

（6）避免与碱类、胺类、碱金属接触。

（7）搬运时要轻装轻卸，防止包装及容器损坏。

（8）配备泄漏应急处理设备。

（9）倒空的容器可能残留有害物。

5.1.7.2 防护措施

（1）工程控制防护。密闭操作，注意通风。尽可能机械化、自动化。提供安全淋浴和洗眼设备。

（2）呼吸系统防护。可能接触其烟雾时，佩戴自吸过滤式防毒面具（全面罩）或空气呼吸器。紧急事态抢救或撤离时，建议佩戴氧气呼吸器。

（3）眼睛防护。呼吸系统防护中已作防护。

（4）身体防护。穿橡胶耐酸碱服。

（5）手防护。戴橡胶耐酸碱手套。

（6）其他防护。工作现场禁止吸烟、进食和饮水。工作完毕，淋浴更衣。单独存放被毒物污染的衣服，洗后备用。保持良好的卫生习惯。

5.1.7.3 处理方式

（1）酸雾处理。在盐酸使用过程中，有大量氯化氢气体产生，可将吸风装置安装在容器边，再配合风机、酸雾净化器、风道等设备设施，将盐酸雾排出室外处理。也可在盐酸中加入酸雾抑制剂，以抑制盐酸酸雾的挥发产生泄漏。

（2）应急处理。迅速撤离泄漏污染区人员至安全区，并进行隔离，严格限制出入。建议应急处理人员戴自给正压式呼吸器，穿防酸碱工作服。不要直接接触泄漏物。尽可能切断泄漏源。

（3）小量泄漏。用砂土、干燥石灰或苏打灰混合。也可以用大量水冲洗，冲水稀释后放入废水系统。

（4）大量泄漏。构筑围堤或挖坑收容。用泵转移至槽车或专用收集器内，回收或运至废物处理场所处置。

（5）消防措施。能与一些活性金属粉末发生反应，放出氢气；遇氰化物能产生剧毒的氰化氢气体；与碱发生中和反应，并放出大量的热；具有较强的腐蚀性。氯化氢是有害燃烧产物，可用碱性物质如碳酸氢钠、碳酸钠、消石灰等中和，也可用大量水扑救。

5.1.7.4 急救措施

（1）皮肤接触。立即脱去污染的衣着，用大量流动清水冲洗至少 15min，可涂抹弱碱性物质，如肥皂水等。就医。

（2）眼睛接触。立即提起眼睑，用大量流动清水或生理盐水彻底冲洗至少 15min。就医。

（3）吸入。迅速脱离现场至空气新鲜处，保持呼吸道通畅。如呼吸困难，给输氧。如呼吸停止，立即进行人工呼吸。就医。

（4）食入。用水漱口，给饮牛奶或蛋清。就医。

5.1.8 工业盐酸的储存与运输

5.1.8.1 储存注意事项

储存于阴凉、通风的库房。库温不超过 30℃，相对湿度不超过 85%。保持容器密封。应与碱类、胺类、碱金属、易（可）燃物分开存放，切忌混储。储区应备有泄漏应急处理设备和合适的收容材料。

5.1.8.2 废弃处置

废弃处置方法：用碱液、石灰水中和，生成氯化钠和氯化钙，用水稀释后排入废水系统。

5.1.8.3 运输信息

危险货物编号：81013 UN；编号：1789；包装类别：052；包装方法：耐酸坛或陶瓷瓶，外普通木箱或半花格木箱；玻璃瓶或塑料桶（罐），外普通木箱或半花格木箱；磨砂口玻璃瓶或螺纹口玻璃瓶，外普通木箱；螺纹口玻璃瓶、铁盖压口玻璃瓶、塑料瓶或金属桶（罐），外普通木箱。

5.1.8.4　运输注意事项

本品铁路运输时限使用有橡胶衬里的钢制罐车或特制塑料企业自备罐车装运，装运前需报有关部门批准。铁路运输时应严格按照铁道部《危险货物运输规则》中的危险货物配装表进行配装。起运时包装要完整，装载应稳妥。运输过程中要确保容器不泄漏、不倒塌、不坠落、不损坏。严禁与碱类、胺类、碱金属、易燃物或可燃物、食用化学品等混装混运。运输时运输车辆应配备泄漏应急处理设备。运输途中应防曝晒、雨淋，防高温。公路运输时要按规定路线行驶，勿在居民区和人口稠密区停留。

任务 5.2　工业盐酸抽样检验流转及标准查阅

5.2.1　样品流转

工业盐酸产品是 A 企业生产产品，该企业产品质量部需判断每天生产的工业盐酸产品的质量等级。假设以一天的产量作为一个检验批，其流程为：（1）实验室采样人员按照《抽样管理程序》的规定对当天生产的工业盐酸进行抽样，且确保所抽的检验样品具有代表性、有效性、完整性和合法性，并填写抽样记录表，如表 5-2 所示；（2）实验室样品管理员负责对抽样样品的接收、初验、录入、标识、发放等处理，按照《样品管理程序》交给检验人员，检验人员负责样品检验、流转（运输）、存储、保护的管理，填写样品收发确认单，如表 5-3 所示；（3）检验人员根据《检测报告管理程序》要求按照检验报告格式（见表 5-4），负责检验报告编制、送审、交资料管理员归档工作。

表 5-2　抽样记录表

产品名称				
商　品　名				
生产企业			生产批号	
生产日期			有　效　期	
产品规格			产品包装	
样本基数	抽样数量		抽样方式	
抽样依据			抽样日期	
受检单位			联系电话	
地　　址			邮政编码	
抽样情况				
抽样人员签名			受检单位代表	
抽样单位盖章			受检单位盖章	

表 5-3　样品收发确认单

样品编号		样品名称		生产单位	
生产批号		生产日期			
抽样人		检验员		检验标准	
抽样日期		领样日期		报告日期	

表 5-4　检验报告格式

检　验　报　告

产品名称 ______________

受检单位 ______________

检验类别 ____抽样检验____

××××××××检测中心

续表 5-4

注 意 事 项

1. 报告无“检验报告专用章”或检验单位公章无效。
2. 复制报告未重新加盖“检验报告专用章”和检验单位公章无效。
3. 报告无制表、审核、批准人签字无效。
4. 报告涂改无效。
5. 对检验报告若有异议，应于收到报告之日起十五日内向检验单位提出，逾期不予受理。
6. 委托检验仅对来样负责。
7. 未经本中心同意，该检验报告不得用于商业性宣传。

续表 5-4

×××××××××检测中心

检　验　报　告

No. ××××　　　　共×页　第×页

产（样）品名称		生产日期	
		生产批号	
型号规格		样品单号	
受（送）检单位		样品等级、状态	
生产单位		检验类别	
样本基数		抽样数量	
抽样地点		抽样基数	
抽样单位		送样日期	
检验依据			
检验项目			
检验结论			
备注			

批准：　　　　审核：　　　　主检：

5.2.2 标准查阅

5.2.2.1 技术标准

技术标准是从事科研、设计、工艺、检验等技术工作以及商品流通中共同遵守的技术依据，是目前大量存在的、具有重要意义和广泛影响的标准。包括基础技术标准、产品标准、工艺标准、检测试验方法标准，以及安全、卫生、环保标准等。其中产品标准是为保证产品的适用性，对产品必须达到的某些或全部要求所制订的标准。产品标准是产品生产、检验、验收、使用、维护和洽谈贸易的技术依据，对于保证和提高产品质量，提高生产和使用的经济效益，具有重要意义。产品标准的内容主要包括：(1) 产品的适用范围；(2) 产品的品种、规格和结构形式；(3) 产品的技术要求。如物理性能、化学性能、电磁性能、表面质量、使用特性、稳定性、质量等级等；(4) 产品的试验方法，包括取样方法、试验用材料、测试器具与设备、试验条件、试验步骤及试验结果的评定等；(5) 产品的检验规则（验收规则）。包括检验项目、样品抽样方式、检验结果评定、仲裁及复验方法等；(6) 产品的标志、包装、贮存和运输等，包括产品标志、包装材料、包装方式与技术要求、运输及贮存要求等。如：GB/T 210.1—2004《工业碳酸钠及其试验方法　第 1 部分：工业碳酸钠》。

检测试验方法标准，简称方法标准，是以产品性能与质量方面的检测、试验方法为对象而制定的标准，检测试验方法标准包括：(1) 操作和精度要求等方面的统一规定；(2) 对所用仪器、设备、检测或试验条件、方法、步骤、数据计算、结果分析、合格标准及复验规则等方面的统一规定。如：GB/T 210.2—2004《工业碳酸钠及其试验方法　第 2 部分：工业碳酸钠试验方法》；尿素 GB/T 2441.1《尿素的测定方法　第 1 部分：总氮含量》至 GB/T 2441.9《尿素的测定方法　第 9 部分：亚甲基二脲含量　分光光度法》。

需要指出的是，一般的产品标准与检测试验方法标准不是同一个标准编号，如：工业碳酸钠国家标准，既有产品标准又有方法标准。有的产品标准包含所有指标的方法标准，如：工业用合成盐酸国家标准，规定了各指标的限量值，同时也有各项指标的检测方法。

5.2.2.2 工业合成盐酸标准查询

工业合成用盐酸，涉及人身健康和生命财产安全、生态环境安全以及满足经济社会管理基本需要的技术要求，故为强制性国家标准，标准号为 GB 320—2006《工业用合成盐酸》。包含内容有：封面、前言、范围、引用性文件、要求、采样、试验方法、检验规则、标志、包装、运输和储存、安全。

任务 5.3 工业合成用盐酸检验

5.3.1 工业用合成盐酸技术指标

根据 GB 320—2006《工业用合成盐酸》标准规定，由氯气和氢气合成的氯化氢气体，用水吸收制得的工业用合成盐酸，应符合表 5-5 给出的指标要求。

表 5-5　指标　（%）

项　目	优等品	一等品	合格品
总酸度（以 HCl 计）的质量分数	$\geq$31.0		
铁（以 Fe 计）的质量分数	$\leq$0.002	$\leq$0.008	$\leq$0.01
灼烧残渣的质量分数	$\leq$0.05	$\leq$0.10	$\leq$0.15
游离氯（以 Cl^- 计）的质量分数	$\leq$0.004	$\leq$0.008	$\leq$0.01
砷的质量分数	$\leq$0.0001		
硫酸盐（以 SO_4^{2-} 计）的质量分数	$\leq$0.005	$\leq$0.03	

注：砷指标强制。

5.3.2　采样

采样时应注意的事项包括：

（1）产品按批检验。生产企业以每一成品槽或每一生产周期生产的工业用合成盐酸为一批，用户以每次收到的同一批次的工业用合成盐酸为一批。

（2）工业用合成盐酸从槽车或贮槽中采样时，宜用 GB/T 6680 中规定的适宜的耐酸采样器自上、中、下 3 处采取等量的有代表性样品。

生产企业可将槽车或贮槽内的工业用合成盐酸混匀后于采样口采取有代表性样品，进行检测。

（3）工业用合成盐酸从塑料桶或陶瓷坛中采样时，按 GB/T 6678 中规定的采样单元数随机抽样，拆开包装，宜采用 GB/T 6680 中规定的适宜的耐酸采样器自上、中、下 3 处采取等量的有代表性样品。

（4）将采取的样品混匀，装于清洁、干燥的塑料瓶或具磨口塞的玻璃瓶中密封。样品量不少于 500mL。样品瓶上应贴上标签并注明生产企业名称、产品名称、批号或生产日期、采样日期及采样人等。

5.3.3　试验方法

除非另有说明，在分析中仅使用确认为分析纯试剂和 GB/T 6682 中规定的三级水或相当纯度的水。

试验中所需标准溶液、制剂及制品，在没有其他规定时，均按 GB/T 601、GB/T 602、GB/T 603 规定制备。

5.3.3.1　总酸度的测定滴定法

A　实验目的

（1）了解测量总酸度的方法及原理。

（2）复习基准物质应具备的条件和使用方法。

（3）巩固标准溶液的配制与标定。

（4）掌握滴定中各种仪器的使用要点。

（5）进一步熟悉指示剂的变化及巩固终点的判断。

B　实验原理

以溴甲酚绿为指示剂，用氢氧化钠标准溶液滴定盐酸溶液使其由黄色变为蓝色。反应式为

$$H^{+}+OH^{-}=H_2O$$

固体氢氧化钠具有很强的吸湿性，易吸收 CO_2 和水分，且含杂质，故不能直接配制成标准溶液。常用邻苯二甲酸氢钾或草酸标定。反应为

$$KHC_8H_4O_4+NaOH \longrightarrow KNaC_8H_4O_4+H_2O$$

C　实验仪器

实验仪器如表 5-6 所示。

表 5-6　实验仪器

仪器名称	规格	单位	数量
电子天平		台	1
分析天平		台	1
称量瓶	10×10	个	1
锥形瓶	100mL	个	10
碱式滴定管	50mL	支	2
量筒	10mL	个	1
	50mL	个	1
烧杯	250mL	个	2
玻璃棒		根	1
移液管	25. 00mL	支	1
洗耳球		个	1

D　实验药品

实验中所用到的药品如表 5-7 所示。

表 5-7　实验药品

药品名称	规格	用量
工业盐酸	25kg	20mL
NaOH（AR）	500g	10g
溴甲酚绿（AR）	25g	0. 1g
邻苯二甲酸氢钾（AR）	500g	5. 1~6. 1g
酚酞	25g	0. 1g

E　实验步骤

（1）碱溶液的配制及标定。

1）1. 0mol/L NaOH 溶液的配制：称取 10g 左右的氢氧化钠固体于 500mL 的烧杯中，用量筒取 50mL 去离子水将其溶解并不断搅拌，然后再加入 200mL 去离子水，将其搅拌均匀，贴上标签，备用。

2）1.0mol/L NaOH 的标定：洗净碱式滴定管，经检漏、润洗、装氢氧化钠溶液、排气泡、定容后静置待用。准确称取 5.1～6.1g 已烘干的邻苯二甲酸氢钾 4 份，分别放入 4 个编号的锥形瓶中，加入 20～30mL 去离子水将其溶解。加入 1～2 滴酚酞指示剂，用 1mol/L 的氢氧化钠溶液进行滴定，滴至溶液颜色由无色变为浅红色且半分钟不褪色，记录下数据 V_{NaOH}（mL）。

3）滴定管校正，记为 $V_{校正}$（mL）。

4）空白实验，记为 $V_{空白}$（mL）。

5）重复 5 组，并对可疑数据进行检验。按式（5-1）算出氢氧化钠的浓度 c(mol/L)。

$$c_{NaOH}=\frac{m_{KHC_8H_4O_4}}{M_{KHC_8H_4O_4}(V_{NaOH}+V_{校正}-V_{空白})} \tag{5-1}$$

（2）工业盐酸总酸度的测定。

1）在具塞锥形瓶中加入 15mL 去离子水，用分析天平称其质量。

2）取约 3mL 工业盐酸置于已称量的锥形瓶中，搅拌均匀后，置于分析天平上称其质量，记为 m_2。

3）向试液中加入 2~3 滴的溴甲酚绿指示剂，并用氢氧化钠的标准溶液进行滴定至颜色由黄色变为蓝色即为终点。

4）重复 5 次，并对可疑数据进行检验。按式（5-2）算出以 HCl 的含量表示的总酸度。

$$w_{总酸度}=\frac{m_{HCl}}{m_{试样}}\times 100\%=\frac{c_{NaOH}(V_{NaOH}+V_{校正}-V_{空白})M_{HCl}}{10(m_1-m_2)} \tag{5-2}$$

5）允许差。平行测定平行结果之差的绝对值不大于 0.2%。

6）取平行测定结果的算术平均值为报告结果。

F　总酸度的原始记录

总酸度的原始记录如表 5-8 所示。

表 5-8　总酸度原始记录

实验项目	实验次数						滴定管校正	空白试验
	1	2	3	4	5	6		
称取邻苯二甲酸氢钾的初读数/g								
称取邻苯二甲酸氢钾的末读数/g								
称取氢氧化钠的质量/g								
消耗氢氧化钠（aq）的初读数/mL								
消耗氢氧化钠（aq）的末读数/mL								
氢氧化钠的浓度/mol·L^{-1}								
称量盐酸的初质量/g								
称取盐酸的末质量/g								
消耗氢氧化钠（aq）的初读数/mL								
消耗氢氧化钠（aq）的末读数/mL								

续表 5-8

实验项目		实验次数						滴定管校正	空白试验
		1	2	3	4	5	6		
盐酸总酸度/%									
符合 Q 检验法的数据									
盐酸平均总酸度/%									
精密度	标准偏差 S								
	相对标准偏差 RSD								
准确度	绝对误差 E_a								
	相对误差 E_r								

G　注意事项

(1) 氢氧化钠的标准溶液不能用直接法配制，因为它易吸收空气中的二氧化碳和水蒸气，所以只能用滴定法配制其标准溶液。

(2) 邻苯二甲酸氢钾使用前需在 105 ~ 110℃ 烘箱内干燥 2h，干燥温度过高脱水为邻苯二甲酸酐。

(3) 工业盐酸的取用需在通风橱内进行，取用时须戴手套。

(4) 在称量盐酸时需盖上塞子，因为浓盐酸具有挥发性，与空气接触形成酸雾，会腐蚀天平。

(5) 滴定时，指示剂的量不宜过多。

H　思考题

(1) 为什么不用无水碳酸钠对盐酸标定间接测得其酸度?

(2) 为什么要使用具塞容器称量盐酸?

5.3.3.2　铁含量的测定——1,10-菲啰啉分光光度法

A　实验目的

(1) 了解并掌握 1，10-菲啰啉分光光度法测盐酸中铁含量的方法及操作。

(2) 进一步掌握分光光度计的使用方法。

(3) 熟练操作比色皿的清洗，装样等。

(4) 加强对一般溶液的配制操作练习。

B　实验原理

(1) 分光光度计的工作原理是基于物质对光的吸收具有选择性，不同的物质都有各自的吸收光谱，即有不同的吸光度。

(2) 盐酸羟胺能将 Fe^{3+} 还原为 Fe^{2+}。

(3) 在 pH 值为 4.5 的缓冲溶液体系下，Fe^{2+} 能与 1,10-菲啰啉发生反应，生成橙红色的配合物。

$$4Fe^{3+} + 2NH_2OH \longrightarrow 4Fe^{2+} + N_2O + 4H^+ + H_2O$$

$$Fe^{2+} + 3C_{12}H_8N_2 \longrightarrow [Fe(C_{12}H_8N_2)_3]^{2+}$$

C　实验仪器

实验需要用到的仪器如表 5-9 所示。

表 5-9　实验仪器

仪器名称	规格	单位	数量
电子天平		台	1
分析天平		台	1
紫外-可见分光光度计		台	1
洗瓶		个	1
胶头滴管		支	1
烧杯	100mL	个	3
	250mL	个	3
比色皿（玻璃）	1cm	套	1
玻璃棒		根	1
移液管	10.00mL	支	1
洗耳球		个	1
pH 试纸		本	1
滤纸		张	5
容量瓶	50mL	个	8
	100mL	个	4
擦拭纸		张	多张
量筒	50mL	个	1
	100mL	个	1

D　实验药品

实验药品如表 5-10 所示。

表 5-10　实验药品

药品名称	规格	用量
工业盐酸		1 瓶
浓氨水		50mL
浓盐酸		100mL
氢氧化钠	500g	25g
盐酸羟胺（AR）	25g	100mL
乙酸-乙酸钠缓冲溶液		50mL
铁标液（硫酸亚铁铵）	0.01g/L	50mL
1,10-菲啰啉试剂（AR）		50mL

E　试剂配制

试剂配制情况如表 5-11 所示。

表 5-11　试剂配制

编号	溶　液	试剂名称（等级）	溶液体积	溶质质量 m 或体积 V	溶剂体积 V/mL
1	盐酸溶液（1+10）	盐酸（AR）	250mL	22.7mL	227.39
2	氨水溶液（1+1）	浓氨水	100mL	50mL	50
3	100g/L 盐酸羟氨溶液	盐酸羟氨	100mL	10.0g	90.0
4	乙酸-乙酸钠缓冲溶液	pH=4.5	50mL	乙酸（6.3mol/L）20mL，乙酸钠 5.9454g	24
5	0.1g/L 标准溶液	硫酸亚铁铵	1L	0.7001g	993
6	0.1g/L 标准溶液	硫酸高铁铵	1L	0.8615g	991
7	0.01g/L 标准溶液	稀释 10 倍			
8	2g/L 邻菲啰啉溶液	邻菲啰啉	100mL	0.2g	99.8
9	盐酸试样	工业盐酸	200mL	70mL	130

F　实验步骤

（1）所需溶液的配制。

1）配制 50mL 0.01g/L 铁标准溶液：量取 5.0mL 0.1g/L 铁标液于烧杯中，用去离子水将其稀释，用 50mL 的容量瓶定容，备用。

2）配制 250mL 的（1+10）盐酸溶液：用量筒量取浓度为 12mol/L 的浓盐酸 22.7mL 于烧杯中，再用量筒量取 227.3mL 去离子水将其稀释，用 250mL 的容量瓶将其定容，搅拌均匀，贴上标签，以待备用。

3）配制 100mL 的（1+1）氨水溶液（第二次用的是氢氧化钠）：用量筒量取浓氨水 50mL 于烧杯中，再用量筒量取 50mL 去离子水将其稀释，搅拌均匀，贴上标签，备用。

4）配制 100mL 的盐酸羟胺溶液：准确称取 10.0g 的盐酸羟胺试剂于烧杯中，再用适宜量的去离子水将其溶解，搅拌均匀，用 100mL 的容量瓶将其定容，贴上标签，以待备用。

5）配制 100mL 的 1,10-菲啰啉溶液：准确称取 0.2g 的 1,10-菲啰啉试剂于烧杯中，再用适宜量的去离子水将其溶解，搅拌均匀，用 100mL 容量瓶将其定容，贴上标签，以待备用。

6）配制 100mL HAc-NaAc 缓冲溶液（pH=4.5）：准确称取 11.8908g 乙酸钠，再用量筒量取 40mL 冰醋酸于烧杯中，用去离子水稀释，用 100mL 容量瓶定容贴上标签，以待备用。

7）配制 100mL 的试样溶液：量取约 8.6mL 实验室样品，称量（精确到 0.01g），置于内装约 50mL 水的 100mL 容量瓶中，用水稀释至刻度，摇匀，备用。

（2）标准曲线绘制——测定铁标液的吸光度。

1）按照表 5-12 量取铁标溶液分别置于 6 个 50mL 的容量瓶中。

表 5-12　铁标液系列配制

铁标液体积/mL	0	2.00	4.00	6.00	8.00	10.00
对应铁质量/μg	0.0	20.0	40.0	60.0	80.00	100.0

2）向每个容量瓶中加入 10mL 的（1+1）的盐酸溶液，加水至 20mL 处，用氨水溶液调至 pH 值为 2~3，再加入 1mL 盐酸羟胺溶液、5mL HAc-NaAc 缓冲溶液和 2mL 1,10-菲啰啉溶液，再用水稀释至刻度处，摇匀，静置 15min。

3）制作空白样。用一个空的容量瓶依次加入第二步中的试剂（不加铁标样），再用其润洗玻璃比色皿后装样，在波长 510nm 处，调整分光光度计零点。

4）用适宜的比色皿装以上 6 个容量瓶的溶液，在波长为 510nm 处测得其相应的吸光度。

5）以铁含量（μg）为横坐标，与其相应的吸光度为纵坐标绘制标准曲线。

（3）测定工业盐酸中铁的含量。

1）配制试料：量取 10. 00mL 的试样溶液置于 50mL 的容量瓶中。

2）测定准备：向试料中加水至 20mL 处，用氨水溶液调至 pH 值为 2~3，再加入 1mL 盐酸羟胺溶液、5mL HAc-NaAc 缓冲溶液和 2mL 1,10-菲啰啉溶液，再用水稀释至刻度处，摇匀，静置 15min。

3）空白试验：向一个未加试料的 50mL 的容量瓶中加入 10mL（1+1）盐酸溶液，再加入与试料溶液中相同的其他试剂，再用其润洗玻璃比色皿，装样，在波长 510nm 处，调整分光光度计零点。

4）用试料溶液润洗玻璃比色皿，再装样，在波长为 510nm 处测定其吸光度，平行 3 组。

G　原始记录

原始记录如表 5-13 和表 5-14 所示。

表 5-13　标准曲线原始记录

实验项目	实验次数						
	1	2	3	4	5	6	7
硫酸亚铁铵的质量/g							
0. 01g/L 铁标液的体积/mL							
（1+10）盐酸溶液的体积/mL							
100g/L 盐酸羟胺溶液/mL							
HAc-NaAc 缓冲溶液/mL							
（1+1）氨水溶液/mL（加 2. 0mL）	调至 pH=2~3						
2g/L 邻菲啰啉溶液/mL							
铁的浓度/g · L^{-1}							
吸光度/A							

H　检测结果

（1）计算标准曲线的线性回归方程。对于无基体干扰或能消除基体干扰的浓度波动较大的大批样品的测试，我们通常选择的方法是分光光度法中最经典的方法——标准曲线法。这种方法也是实际工作中使用最多的一种定量方法。其特点是对仪器要求不高，是分光光度法中简便易行的方法。

表 5-14　试样测定原始记录

实验项目		实验次数		
		1	2	3
称量盐酸初质量/g				
称量盐酸末质量/g				
盐酸质量/g				
工业盐酸待测液/mL				
(1+1) 氨水溶液/mL (加 2.0mL)		调至 pH=2~3		
100g/L 盐酸羟胺溶液/mL				
HAc-NaAc 缓冲溶液/mL				
2g/L 邻菲啰啉溶液/mL				
吸光度/A				
铁的质量浓度/g · L^{-1}				
铁的质量/g				
工业盐酸质量/g				
铁的含量/%				
精密度	标准偏差 S			
	相对标准偏差 RSD			
准确度	绝对误差 E_a			
	相对误差 E_r			

工作曲线的绘制方法是配制 4 个以上不同浓度的待测组分标准溶液，以空白溶液为参比溶液，在选定的波长下，分别测定各标准溶液的吸光度。以标准溶液浓度为横坐标，吸光度为纵坐标，在坐标纸上绘制曲线（见图 5-3）。同时，在相同条件下对待测物试样进行显色反应，并测定其吸光度 A_x。再从标准曲线上查找待测组分的浓度 m_x。标准曲线可通过计算机绘制。

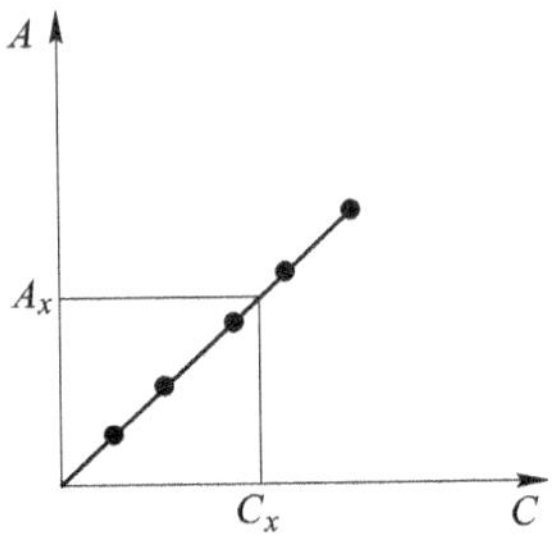

图 5-3　标准工作曲线

标准曲线还可用回归分析法进行拟合，按式（5-3）~ 式（5-5）计算。

$$y=ax+b \tag{5-3}$$

其中：

$$a=\frac{\sum_{i=1}^{n}(x-\bar{x})(y-\bar{y})}{\sum_{i=1}^{n}(x-\bar{x})^2} \tag{5-4}$$

$$b=\bar{y}-a\bar{x} \tag{5-5}$$

（2）计算线性相关系数。

$$r=\frac{n\sum_{i=1}^{n}x_iy_i-\sum_{i=1}^{n}x_i\sum_{i=1}^{n}y_i}{\sqrt{\left[n\sum_{i=1}^{n}x_i-\left(\sum_{i=1}^{n}x_i\right)^2\right]\left[n\sum_{i=1}^{n}y_i-\left(\sum_{i=1}^{n}y_i\right)^2\right]}} \tag{5-6}$$

（3）在测得试料溶液的吸光度后与标准曲线对比，找到试料溶液中相应铁的质量 m_2，铁含量以铁的质量分数w_2为标度按式（5-7）计算：

$$w_2=\frac{m_2\times10^{-6}}{m_1\times10/100}\times100\%=\frac{m_2\times10^{-5}}{m_1} \tag{5-7}$$

式中，m_1 为试样质量，g；m_2 为由标准曲线上查得的试料中铁的质量，μg；10/100 为试样的稀释倍数。

（4）允许差。平行测定结果之差的绝对值不大于 0.0005%。取平行测定结果的算术平均值为报告结果。

【例 5-1】 用磺基水杨酸法测定微量铁。标准溶液是由 0.2160g 的 $NH_4Fe(SO_4)_2\cdot12H_2O$ 溶于水中稀释至 500mL 配制。根据下列数据，绘制标准曲线。某试液 5.0mL，稀释至 250mL。取此稀释液 2.0mL，与绘制的标准曲线在相同条件下显色和测定吸光度，测得 $A=0.500$，求试液中铁含量（mg/mL）。铁标准系列测定结果如下：

铁标液 V/mL	0.0	2.0	4.0	6.0	8.0	10.0
吸光度 A	0.00	0.165	0.320	0.480	0.630	0.790

解：（1）计算线性回归方程。

铁标准溶液浓度为：　$C=\frac{56\times0.2160}{482\times0.500}=0.05019\text{mg/mL}$

设定使用 100mL 容量瓶，则对应各点浓度分别是：1.00μg/mL，2.00μg/mL，3.00μg/mL，4.00μg/mL，5.00μg/mL

$$a=\frac{\sum_{i=1}^{n}(x-\bar{x})(y-\bar{y})}{\sum_{i=1}^{n}(x-\bar{x})^2}=0.182$$

$$b=\bar{y}-a\bar{x}=0.398-0.182\times2.160=0.0049$$

$$y=0.182x+0.0049$$

（2）计算线性相关系数。

$$r=\frac{n\sum_{i=1}^{n}x_iy_i-\sum_{i=1}^{n}x_i\sum_{i=1}^{n}y_i}{\sqrt{\left[n\sum_{i=1}^{n}x_i-\left(\sum_{i=1}^{n}x_i\right)^2\right]\left[n\sum_{i=1}^{n}y_i-\left(\sum_{i=1}^{n}y_i\right)^2\right]}}=0.99993$$

（3）根据线性方程计算出未知样的浓度 X。

$$0.500=0.182X+0.0049$$

$$X=2.72\mu\text{g/mL}$$

试样中铁的浓度 C：　$C=2.72\times10^{-3}\times2500=6.80\text{mg/mL}$

I　注意事项

(1) 菲啰啉溶液配好后应避光保存，防止分解。

(2) 在使用比色皿时，注意保护光学面。

(3) 在实验过程中，盐酸具有腐蚀性，防止溅到皮肤，伤害皮肤组织。

(4) 在量取浓盐酸、浓氨水等有刺激性试剂时，请勿大口吸气，且操作尽量减少时间。

J　思考题

(1) 邻菲啰啉比色测定铁的原理是什么？用该法测出的铁含量是否是试样中亚铁含量？

(2) 绘制标准曲线和测定试样为什么要在相同条件下进行？这里主要指哪些条件？

5.3.3.3　灼烧残渣的测定

A　实验目的

(1) 熟悉重量法的操作。

(2) 了解如何用重量法测定工业盐酸残渣。

B　实验原理

蒸发好一份称好的试料，用硫酸处理，使盐类转变为硫酸盐，在 (800±50)℃下灼烧后，称量。

C　实验仪器

实验用到的仪器如表 5-15 所示。

表 5-15　实验仪器

仪器名称	规　格	单　位	数　量
电子天平		台	1
分析天平		台	1
瓷坩埚	100mL	个	1
马弗炉		台	1
电炉		台	1
烧杯	100mL	个	3
	250mL	个	3
坩埚钳		个	1

D　实验药品

实验用到的药品如表 5-16 所示。

表 5-16　实验药品

药品名称	规格	单位	数量
工业盐酸	工业级	g	50
硫酸	AR	mL	1

E　实验步骤

(1) 将瓷坩埚在马弗炉内，以 (800±50)℃下灼烧 15min，置于干燥器中冷却至室温，称重，称准至 0.0002g。再用此瓷坩埚称取约 50g 试样，称准至 0.01g，记为 m_0。

（2）在电炉上小心地加热盛有试样的瓷坩埚，蒸发掉大部分试料（留取 5～10mL 左右），冷却至室温，再加 1mL 硫酸加热至干。

（3）再将瓷坩埚放入马弗炉中，温度控制在（800±50）℃，灼烧 15min，取出瓷坩埚，放于干燥器中，冷却至室温，称重，精确到 0.0002g。记为 m_1

F　原始记录

原始记录如表 5-17 所示。

表 5-17　原始记录

实验项目	实验编号			
	1	2	3	4
工业盐酸初质量/g				
工业盐酸末质量/g				
工业盐酸质量/g				
空坩埚+盖的质量/g				
灼烧后坩埚+盖+残渣的质量/g				
残渣质量/g				
残渣的质量分数/%				

G　检测结果

灼烧残渣以残渣的质量分数 w_3 计，数值以%表示，按式（5-8）计算。

$$w_3 = \frac{m_4}{m_3} \times 100\% \tag{5-8}$$

式中，m_3为试料的质量，g；m_4为灼烧残渣的质量，g。

H　允许差

平行测定结果的绝对值之差不大于 0.005%。取平行测定结果的算术平均值为报告结果。

I　注意事项

（1）在使用马弗炉进行灼烧时，需先将坩埚烘干，以免使坩埚炸裂。

（2）在蒸发试料时，要控制温度，以免将试料蒸发完。

J　思考题

（1）为什么在马弗炉中灼烧残渣实验时要在（800±50）℃进行？

（2）为什么工业盐酸在放入马弗炉前先要用电炉将试料蒸发至 5～10mL？

（3）为什么要等坩埚稍冷却后才加入硫酸？

5.3.3.4　游离氯含量的测定——滴定法

A　实验目的

（1）熟悉碘量法的操作；

（2）了解如何用间接碘量法测定工业盐酸游离氯含量。

B　实验原理

（1）将碘作为氧化剂，直接放在滴定管中，用碘直接还原锥形瓶中还原物质的方法称为直接碘量法。淀粉指示剂一开始就要加入到锥形瓶中，当有极少量的碘过量时，锥形瓶中溶液呈现蓝色。

将碘作为还原剂，放在锥形瓶中，用滴定管中氧化性物质对其进行氧化，剩余的碘用硫代硫酸钠滴定的方法，称为间接碘量法。若在一开始就加入淀粉指示剂，会使得淀粉包裹大量的 I_2，进而使得 I_2 测不准确。因此，在间接碘量法中，当溶液滴至浅黄色（此时 I_2 非常少了），再往锥形瓶中加入淀粉指示剂，溶液呈现蓝色。当有极少量的氧化剂过量时，I_2 被全部还原，此时，溶液只有 I^-，溶液呈黄色。涉及的化学反应如下。

1）强碱介质：

$$S_2O_3^{2-} + 4I_2 + 10OH^- \overline{\overline{\quad}} 2SO_4^{2-} + 8I_2 + 5H_2O$$

$$3I_2 + 6OH^- \overline{\overline{\quad}} IO_3^- + 5I_2^- + 3H_2O$$

2）强酸介质：

$$S_2O_3^{2-} + 2H^+ \overline{\overline{\quad}} SO_2^- + S^- + H_2O$$

因此，碘量法要控制酸度在 0.2~0.4mol/L。

（2）用 $K_2Cr_2O_7$ 基准试剂标定 $Na_2S_2O_3$。

$$Cr_2O_7^{2-} + 6I^- + 14H^+ \overline{\overline{\quad}} 2Cr^{3+} + 3I_2 + 7H_2O$$

$$I_2 + 2S_2O_3^{2-} \overline{\overline{\quad}} 2I^- + S_4O_6^{2-}$$

$$Cr_2O_7^{2-} + 6S_2O_3^{2-} + 14H^+ \overline{\overline{\quad}} 2Cr^{3+} + 3S_4O_6^{2-} + 7H_2O$$

$$\varphi_{S_4O_6^{2-}/S_2O_3^{2-}} = 0.08V, \varphi_{I_2/2I^-} = 0.5345V, \varphi_{Cr_2O_7^{2-}/Cr^{3+}} = 1.33V$$

（3）试料溶液加入碘化钾溶液，析出碘。

$$Cl_2 + 2I^- \overline{\overline{\quad}} 2Cl^- + I_2$$

（4）以淀粉为指示液，用硫代硫酸钠标准滴定溶液滴定游离出来的碘。反应式如下：

$$2I^- + 2e \overline{\overline{\quad}} I_2$$

$$I_2 + 2S_2O_3^{2-} \overline{\overline{\quad}} 2I^- + S_4O_6^{2-}$$

C　实验仪器

实验所用到的仪器如 5-18 所示。

表 5-18　实验仪器

仪器名称	规　格	单　位	数　量
电子天平		台	1
分析天平		台	1
碘量瓶	250mL	个	7
酸式滴定管	50mL	支	1

D　实验药品

（1）碘化钾溶液 150g/L：称取 15.0g 碘化钾，溶于水，用水稀释至 100mL。

（2）硫代硫酸钠标准滴定溶液：$c(Na_2S_2O_3) = 0.1mol/L$。

（3）淀粉指示液浓度：10g/L。

（4）K_2CrO_7基准试剂，用于标定 $Na_2S_2O_3$。

E　分析步骤

（1）准确称取 K_2CrO_7基准试剂（精确到 0.0001g），标定 $Na_2S_2O_3$。

（2）量取实验室样品约 50mL，置于内装约 100mL 水并已称量（精确到 0.01g）的碘量瓶中，冷却至室温，称量（精确到 0.01g）。

（3）向试料中加 10mL 碘化钾溶液，塞紧瓶塞摇动，在暗处静置 2min。加 1mL 淀粉指示液，用硫代硫酸钠标准滴定溶液滴定至溶液蓝色消失为终点。

F　游离氯测定原始记录

游离氯测定原始记录如表 5-19 所示。

表 5-19　游离氯测定原始记录

实验项目	实验编号						滴定管校正	空白
	1	2	3	4	5	6		
K_2CrO_7的初质量/g								
K_2CrO_7的末质量/g								
K_2CrO_7的质量/g								
消耗硫代硫酸钠溶液初读数/mL								
消耗硫代硫酸钠溶液末读数/mL								
消耗硫代硫酸钠溶液 V/mL								
盐酸样品的初质量/g								
盐酸样品的末质量/g								
盐酸样品的质量/g								
盐酸样品消耗硫代硫酸钠溶液初读数/mL								
盐酸样品消耗硫代硫酸钠溶液末读数/mL								
消耗硫代硫酸钠溶液体积 V/mL								

G　结果计算

游离氯以氯（Cl）的质量分数 w 计，数值以%表示，按式（5-9）计算。

$$w_4 = \frac{VcM/1000}{m_5} \times 100\% = \frac{VcM}{1000m_5} \tag{5-9}$$

式中，V 为硫代硫酸钠标准滴定溶液的体积，mL；c 为硫代硫酸钠标准滴定溶液浓度的准确数值，mol/L；m_5为试料的质量，g；M 为氯的摩尔质量，M=35.453g/mol。

H　允许差

平行测定结果之差的绝对值不大于 0.001%。取平行测定结果的算术平均值为报告结果。

I　注意事项

（1）$K_2Cr_2O_7$ 与 KI 反应进行较慢，在稀溶液中较慢，故在加水稀释前，应放置 10min，使反应完全。

（2）滴定前，溶液要加水稀释。

（3）酸度影响滴定，应保持在 0.2~0.4mol/L 的范围内。

（4）KI 要过量，但浓度不能太高，宜控制在 2%~4%，因为 I^- 太浓，淀粉指示剂的颜色转变不灵敏。

（5）终点有回褪现象，如果不是很快变蓝，可认为是由于空气中氧的氧化作用造成，不影响结果；如果很快变蓝，说明 $K_2Cr_2O_7$ 与 KI 反应不完全。

（6）近终点，即当溶液为绿里带浅棕色时，才可加指示剂。

（7）滴定开始时要掌握慢摇快滴，但近终点时，要慢滴，并用力振摇，防止吸附。

（8）称取盐酸试样时，一定用滴瓶，且注意不要洒在分析天平上。

J　思考题

（1）配制 $Na_2S_2O_3$ 溶液时为什么要提前两周配制？为什么用新煮沸放冷的蒸馏水？为什么要加入 Na_2CO_3？

（2）标定 $Na_2S_2O_3$ 标准溶液时为什么要在一定的酸度范围，酸度过高或过低有何影响？为什么滴定前要先放置 10min？为什么先加 50mL 水稀释后再滴定？

（3）KI 为什么必须过量？其作用是什么？

（4）如何防止 I_2 的挥发和空气氧化 I^-？

（5）称取 $K_2Cr_2O_7$ 基准物 1.2258g 是如何计算出来的？

（6）为什么在滴定至近终点时才加入淀粉指示液？过早加入会出现什么现象？

5.3.3.5　砷含量的测定——二乙基二硫代氨基甲酸银分光光度法（仲裁法）

A　原理

在酸性介质中，用碘化钾与氯化亚锡将 As^{5+} 还原为 As^{3+}，添加锌粒与酸作用，产生新生态氢，使 As^{3+} 进一步还原为砷化氢，被二乙基二硫代氨基甲酸银［Ag(DDTC)］吡啶溶液吸收，生成紫红色胶体溶液，用分光光度计测定吸光度。反应式如下：

$$AsH_3+6Ag(DDTC) = 6Ag\downarrow+3H(DDTC)+As(DDTC)_3$$

B　试剂和材料

（1）盐酸。

（2）三氧化二砷（三氧化二砷为剧毒品）。

（3）锌粒：粒径（0.5~1.0mm）。

（4）碘化钾溶液：150g/L；称取 15.0g 碘化钾溶于水，用水稀释至 100mL。

（5）氯化亚锡盐酸溶液：400g/L；称取 40.0g 二水氯化亚锡（$SnCl_2 \cdot 2H_2O$），溶于 25mL 水和 75mL 盐酸混合溶液中。

（6）砷标准溶液：0.1g/L。

（7）砷标准溶液：2.5mg/L；准确量取砷标准溶液，用水稀释 40 倍。该溶液使用前配制。

（8）二乙基二硫代氨基甲酸银吡啶溶液：5g/L；称取 1.0g 二乙基二硫代氨基甲酸银，溶于吡啶中，用吡啶稀释至 200mL。该溶液保存在密闭棕色玻璃瓶中。有效期两周。

（9）乙酸铅棉花。

所用试剂均不含砷。

C 仪器

用到的仪器为一般的实验室仪器和以下仪器。

（1）定砷器（见图 5-4）。

（2）分光光度计。

所有玻璃仪器应谨慎地用热的浓硫酸洗涤，再用水冲洗、干燥。

D 分析步骤

警告：试验应在通风橱内进行。

（1）标准曲线绘制。每更换一批锌粒或新配制一次二乙基二硫代氨基甲酸银吡啶溶液，应重新绘制标准曲线。按表 5-20 量取砷标准溶液，分别置于 6 个 100mL 锥形瓶（图 5-4 中 a）中。

表 5-20 砷标准溶液量取

砷标准溶液/mL	对应砷质量/μg
0.0	0
1.0	2.5
2.0	5
4.0	10
6.0	15
8.0	20

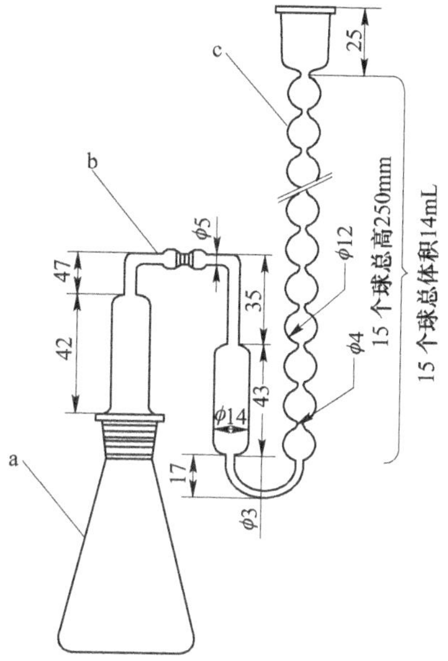

图 5-4 定砷器（单位为 mm）

a—锥形瓶；b—连接管；c—吸收管

1）向每个锥形瓶中加入 10mL 盐酸，加水至约 40mL。

2）量取 5mL 二乙基二硫代氨基甲酸银吡啶溶液置于吸收管（图 5-4 中 c）中，并将吸收管与事先放入乙酸铅棉花的连接管（图 5-4 中 b）连接好。

3）向每个锥形瓶中依次加入 3mL 碘化钾溶液和 2mL 氯化亚锡盐酸溶液，混匀后，静置 15min。再加 5g 锌粒，按图（见图 5-4）迅速连接好仪器，反应 45min。

4）用适宜的比色皿，在波长 540nm 处，以空白溶液调整分光光度计零点，测定溶液吸光度。

5）以砷含量（μg）为横坐标，与其对应的吸光度为纵坐标绘制标准曲线。

（2）试料。量取 10mL 实验室样品，称量（精确到 0.01g，如果样品中砷含量太低，可加大取样量，再加热蒸发至约 10mL），移至 100mL 锥形瓶（图 5-4 中 a）中，加水至约 40mL。

（3）空白试验。不加试料，加 10mL 盐酸，加水至约 40mL，采用与测定试料完全相同的分析步骤、试剂和用量进行空白试验。

（4）测定。按标准曲线绘制中的 3）~5）规定进行。

E 结果计算

砷含量以砷（As）的质量分数 w_5 计，数值以%表示，按式（5-10）计算。

$$w_5 = \frac{m_7 \times 10^{-6}}{m_6} \times 100\% = \frac{m_7}{m_6} \times 10^{-6} \tag{5-10}$$

式中，m_6为试料的质量，g；m_7为由标准曲线上查得的试料中砷的质量，μg。

F　允许差

平行测定结果之差的绝对值不大于 0.00005%。取平行测定结果的算术平均值为报告结果。

5.3.3.6　砷含量的测定——砷斑法

A　原理

在酸性溶液中，用碘化钾和氯化亚锡将 As^{5+}还原为 As^{3+}，再加锌粒与酸作用，产生新生态氢，使 As^{3+}进一步还原为砷化氢，砷化氢气体与溴化汞试纸作用时，产生棕黄色的汞砷化物，与标准色斑比较。

B　试剂和材料

所用试剂均不含砷，除溴化汞试纸外均与 5.3.3.5 节（仲裁法）试剂相同。

C　仪器

包括一般的实验室仪器和定砷器（见图 5-5）。

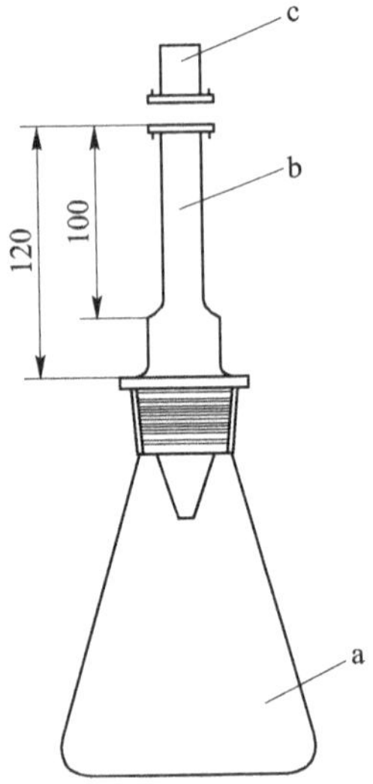

图 5-5　定砷器
a—100mL 锥形瓶；
b—吸收管；
c—吸收管帽

D　分析步骤

（1）试料。称取约 2g 实验室样品（精确到 0.01g），移至 100mL 锥形瓶中。

（2）测定。向试料中加 23mL 水，4mL 盐酸，5mL 碘化钾溶液和 5mL 氯化亚锡溶液。室温下静置 10min。再加 2g 锌粒，立即按图 5-5 将已装好乙酸铅棉花和溴化汞试纸的检定管连接好，于室温下在暗处放置 1~2h。

溴化汞试纸所呈颜色浅于或等于标准色斑为合格，深于标准色斑为不合格。

（3）标准色斑制备。每次测定应同时制备标准色斑，方法为加 2g 盐酸（精确到 0.01g）和 2.0mL 砷标准溶液（1mg/L）于 100mL 锥形瓶中，按上述（2）测定步骤规定进行。

5.3.3.7　硫酸盐含量的测定——比浊法

A　实验目的

（1）了解工业盐酸中硫酸盐含量测定的实验原理及比浊法原理；

（2）掌握如何用比浊法测定工业盐酸中硫酸盐含量的操作方法和具体步骤；

（3）对紫外分光光度计的操作使用及原理进一步温习；

（4）掌握实验含量的计算方法。

B　实验原理

（1）比浊法。比浊法又称浊度测定法，这是一种光散射测量技术，是一种通过测量透过悬浮质点介质的光强度来确定悬浮物质浓度的方法。悬浮颗粒在液体中造成透射光的减弱，减弱的程度与悬浮颗粒的量相关，据此可定量测定物质在溶液中呈悬浮状态时的浓度。

（2）方法原理。将工业盐酸样品蒸发至干，用盐酸溶解残渣，用甘油-乙醇混合液做稳定剂，加入氯化钡制得硫酸钡悬浮液，用分光光度计测定悬浮液的浊度。

$$SO_4^{2-} + Ba^{2+} = BaSO_4 \downarrow$$

C 实验仪器

实验所用的仪器如表 5-21 所示。

表 5-21 实验仪器

仪器名称	规格	单位	数量
紫外分光光度计	UV-759CRT	台	1
玻璃比色皿	1cm	套	1
分析天平		台	1
电子天平		台	1
容量瓶	50mL	个	9
	200mL	个	1
烧杯	100mL	个	9
	500mL	个	1
移液管	5.0mL	支	1
	10.0mL	支	1
洗耳球		个	1
蒸发皿	100mL	个	1
电炉		台	1
玻璃棒		支	1

D 实验药品

实验用到的药品如表 5-22 所示。

表 5-22 实验药品

药品名称	规格	单位	数量
二水氯化钡	AR	瓶	1
甘油-乙醇混合液（1+2）	60mL	瓶	1
1mol/L 盐酸溶液	50mL	瓶	1
硫酸盐标准溶液（0.1g/L）	200mL	瓶	1
工业盐酸	工业级	瓶	1

E 试剂配制

试剂配制情况如表 5-23 所示。

表 5-23　试剂配制

编号	溶液名称	试剂名称（等级）	溶液体积 /mL	溶质质量 m 或体积 V	溶剂体积 V/mL
1	硫酸盐标准溶液（0.1g/L）	硫酸钾（AR）	200	0.03625g	199.97
2	甘油-乙醇混合液（1+2）	甘油（AR） 乙醇（AR）	60	甘油 20mL， 乙醇 40mL	
3	1mol/L 盐酸溶液	盐酸（AR）	50	4.2mL	48.175
4	二水氯化钡		50	3g	47

F　实验步骤

（1）溶液的配制。

1）配制 0.1g/L 的硫酸盐标准溶液：称取硫酸钾 0.03625g 置于烧杯中用蒸馏水将其溶解，待溶解后，转移至 200mL 容量瓶中定容，摇匀，贴好标签备用。

2）甘油-乙醇混合液（1+2）的配制：分别用量筒量取甘油 20mL、乙醇 40mL 置于 100mL 的烧杯中，混合均匀，贴上标签备用。

3）配制 1mol/L 盐酸溶液：用量筒量取盐酸 4.2mL，用蒸馏水稀释，转移至 50mL 容量瓶中定容，摇匀，贴好标签备用。

4）配制二水氯化钡溶液：称取 3g 二水氯化钡置于烧杯中溶解，待溶解后，转移至 50mL 容量瓶中定容，摇匀，贴好标签备用。

（2）标准曲线的绘制。

1）取 7 个 50mL 容量瓶编号，并向每个容量瓶中依次加入 0.0mL、2.5mL、5.0mL、7.5mL、10.0mL、15.0mL、20.0mL 硫酸盐标准溶液，并分别加入 3mL，1mol/L 的盐酸溶液和 5mL，（1+2）甘油-乙醇混合液，用水稀释至刻度，摇匀。

2）将容量瓶中溶液小心移入盛有 5mL 二水氯化钡溶液的 100mL 烧杯中，以 120r/min 的速度摇 2min 后，在室温下静置 10min。

3）用玻璃比色皿，在波长 450nm 处，以空白溶液调整分光光度计的吸光度为零，测出试样溶液的吸光度。

4）按测定步骤，测定各溶液相应的吸光度，以硫酸盐含量（mg）为横坐标，对应的吸光度 A 为纵坐标绘制标准曲线。

（3）测定待测液的吸光度。

1）称取 20g 样品（精确到 0.01g），置于蒸发皿中，在电炉上蒸发至干，冷却至室温，加 3mL 盐酸溶解残留物，全部移入 50mL 容量瓶中，再加入 5mL 甘油-乙醇混合溶液，加水稀释至刻度，摇匀。

2）将溶液移入盛有 5mL 二水氯化钡溶液的 100mL 烧杯中，以 120r/min 的速度摇 2min，在室温下，静置 10min。

3）用玻璃比色皿，在波长 450nm 处，以空白溶液调整分光光度计的吸光度为零，测出试样溶液的吸光度。

（4）空白实验。不加试料，其余的与测定试料的分析步骤、试剂和用量完全一样。

G 原始记录

实验的原始记录如表 5-24 所示。

表 5-24 原始记录

实验项目	实验编号							待测样
	1	2	3	4	5	6	7	
硫酸钾质量/g								
工业盐酸初质量/g								
工业盐酸末质量/g								
工业盐酸质量/g								
0.1g/L 硫酸盐标准溶液								
1mol/L 盐酸/mL								
(1+2) 甘油-乙醇混合液/mL								
二水氯化钡溶液/mL								
硫酸盐的含量/$g \cdot L^{-1}$								
吸光度 A								

H 检测结果

(1) 绘制标准曲线;

(2) 硫酸盐含量以硫酸盐(SO_4^{2-})的质量分数 w_6 计,数值以%表示,按式(5-11)计算。

$$w_6 = \frac{m_9 \times 10^{-3}}{m_8} \times 100\% = \frac{m_9}{1000 m_8} \tag{5-11}$$

式中,m_8为试料的质量,g;m_9为由标准曲线上查得的试料中硫酸盐的质量,mg。

I 允许差

平行测定结果之差的绝对值不大于 0.001%。取平行测定结果的算术平均值为报告结果。

J 注意事项

(1) 在用蒸发皿蒸发工业盐酸时,应在通风橱内进行,因为在蒸发时有大量的烟雾产生;

(2) 实验完成后,应把带有金属的地方用湿抹布将其擦拭干净,因为蒸发工业盐酸时产生的烟雾会腐蚀金属;

(3) 在使用紫外可见分光光度计时,应规范操作,注意比色皿的使用。

K 实验讨论

(1) 在本实验中为什么要加入二水氯化钡,它起的作用是什么?

(2) 在本实验中为什么要加入甘油-乙醇,它们起的作用是什么?

(3) 在本实验中,要如何才能减小误差使得结果在允许差范围之内,主要应该注意哪些方面?

5.3.4　检验规则

在进行产品检验时，应注意以下规则：

（1）本标准中工业用合成盐酸质量指标合格判断，采用 CB/T 1250 中修约值比较法。

（2）本标准规定的检验项目全部为形式检验项目，其中总酸度、铁为出厂检验项目，其余为形式检验项目中的抽检项目。如有下述情况：停产后复产、生产工艺有较大改变（如材料、工艺条件等）、合同规定等，应进行形式检验。在正常生产情况下，每月至少进行一次形式检验。

（3）出厂的工业用合成盐酸应由生产企业的质量监督检验部门进行检验，并附有质量证明书，内容包括：生产企业名称、产品名称、质量指标、等级、批号或生产日期、执行标准号。未满足本标准要求的工业用合成盐酸不得声明符合本标准。

（4）用户有权按本标准规定对收到的工业用合成盐酸进行检验，验证其质量是否符合本标准要求。

（5）如果检验结果有一项指标不符合本标准要求，应重新加倍在包装单元中采取有代表性的样品进行复检。复检结果中仍有一项指标不符合本标准要求，则该批产品为不合格品。

5.3.5　标志、包装、运输和储存

5.3.5.1　标志

出厂的工业用合成盐酸外包装上应有明显牢固的标志，内容包括：生产企业名称、地址、产品名称、商标、执行标准号、生产许可证编号及 GB 190 中规定的腐蚀品标识。塑料桶或陶瓷坛包装的工业用合成盐酸外包装上除上述规定外还应有批号或生产日期、净质量及 GB/T 191 中规定的向上标志。

5.3.5.2　包装

工业用合成盐酸用塑料桶或陶瓷坛包装时，其注料口应盖好。陶瓷坛密封，装入木箱中，箱口应高于注料口至少 20mm。

此外，工业用合成盐酸用专用槽车或储槽包装应加密封盖。

5.3.5.3　运输

工业用合成盐酸运输时，应防止碰撞而泄漏。不应与碱性物品混运。

5.3.5.4　储存

工业用合成盐酸不应与碱性物品混储。

5.3.6　安全

工业用合成盐酸产品具有强腐蚀性，使用者有责任采取适当的安全和健康措施，接触人员应佩戴防护眼镜、耐酸手套等防护用品。

模块 6　有机化工产品尿素的委托检验

【学习目标】

（1）掌握委托检验样品流转的流程及委托书的填写。
（2）了解文献及国家标准的查阅。
（3）掌握产品标准与方法标准的区别。
（4）了解尿素的基本性质。
（5）掌握尿素中各项指标的检验原理、方法及相应的计算。

任务 6.1　有机化工产品尿素简介

6.1.1　尿素的发展历史

1773 年，伊莱尔·罗埃尔（Hilaire Rouelle）在人尿中发现尿素。

1828 年，弗里德里希·维勒首次使用无机物质氰酸钾与硫酸铵人工合成了尿素。本来他打算合成氰酸铵（NH_4OCN），却得到了尿素。从此揭开了人工合成有机物的序幕，从而证明了活力论的错误。活力论认为无机物与有机物有根本性差异，无机物无法变成有机物。哺乳动物、两栖动物和一些鱼的尿中含有尿素；而鸟和爬行动物排放的是尿酸，这是因为其氮代谢过程使用的水量比较少。

1868 年，巴扎罗夫（Bazarov）提出用甲胺脱水生产尿素。

1992 年实现了以 NH_3 和 CO_2 直接合成尿素的工业化生产。

$$2NH_3 + CO_2 \longrightarrow CO(NH_2)_2 + H_2O$$

6.1.2　尿素的合成

6.1.2.1　工业尿素的合成

氨和二氧化碳合成尿素的反应分为两步，首先 NH_3 和 CO_2 合成为中间产物氨基甲酸铵 NH_4COONH_2，然后氨基甲酸铵脱水成为尿素 NH_2CONH_2。

$$2NH_3(g) + CO_2(g) \longrightarrow NH_4COONH_2(l) \qquad \Delta H = -100500 J/mol$$

$$NH_2COONH_4(g) \longrightarrow NH_2CONH_2(g) + H_2O \qquad \Delta H = -27600 J/mol(180℃)$$

氨气和二氧化碳气体在常温下相遇，立即生成 NH_4COONH_2 晶体。它是一种不稳定的化合物，预热随即分解。基于这个反应，在一定温度下，NH_4COONH_2 存在有一定的分解压力。当系统压力低于其分解压力时，NH_4COONH_2 即行分解而成为气态氨气和二氧化碳。

氨基甲酸铵结晶不能直接脱水变成尿素，此反应只有在液相中才能进行。纯

$NH_4COOHNH_2$的熔点为 156℃，此时的分解压力很高。所以，为保持物系处于液态，必须在高压下进行。实际上，若在 NH_3和 CO_2存在的条件下，系统的熔点将比纯 NH_4COONH_2多有降低。但大体上来说，合成尿素的过程仍必须在高温高压下于液相中进行反应。现在，不同的尿素生产工艺的温度为 180~210℃、压力为 13~24MPa。

6.1.2.2　尿素的结晶与造粒

A　尿素的结晶

利用尿素的溶解度随温度的降低而降低的原理，将在较高温度下的尿素溶液冷却，即可析出晶体，再通过离心分离，干燥，得到尿素结晶产品。由于在制取结晶尿素的加工过程中温度较低，副产品少，所以产品的缩二脲含量低，可作为低缩二脲含量的化肥使用，也用于工业。但结晶尿素呈粉末或细晶，不便于施用，且易于结块。

结晶的尿素的生产分为常压和真空结晶法。

B　尿素的造粒

农业使用的尿素产品绝大多数均加工成一定的颗粒。颗粒尿素产品的流动性能好，不易吸潮和结块，便于散装储存和运输。

造粒的方法可以分为造粒塔造粒和造粒机造粒。

在造粒过程中，流化床大颗粒造粒是整个工艺最核心的部分。斯塔米卡邦（Stamicarbon）的大颗粒造粒工艺以浓度为 98.5%的熔融尿素为原料，尿液加入甲醛后送入造粒机。造粒机为流化床造粒机，以空气作为流化剂。熔融尿素经过喷嘴喷射，在喷嘴上方形成尿素液膜，二次空气将粒种吸入液膜中。液膜厚度约为 50~150μm，尿素颗粒被一层层包裹，液体层温度很高。流化床的温度相对较高，继续包裹有一个再融化的过程。通过最终的结晶，每一层包裹最后都成为晶体的一部分。因而，尽管使用了膜式喷嘴，颗粒内部并没有形成“洋葱”式的多层结构。

离开造粒机之后，产品经过粗筛，进入冷却器，温度降至 70℃。之后，通过主振动筛的筛选，规格不合要求的颗粒被重新回收至造粒机中。体积太大的颗粒被送入到破碎机中进行破碎。破碎机扮演着一个非常重要的角色，它通过粒种的供给，保证粒子的平衡状态。被破碎的颗粒和细微颗粒一并送回造粒机。在造粒机中没有粉尘或粒种材料生成。破碎机是产生粉尘的主要来源，因此，选定破碎机时，应该优化选择，使其产生的粉尘最少。

造粒工段和流化床冷却器过来的流化空气都会有一些粉尘，这些空气带着粉尘一起进入洗涤器。洗涤器共有两个，分别负责大颗粒造粒装置和两个冷却器。洗涤器有专门的设施，可将粉尘从气流中除去。随后，洗涤过的空气排放到大气。两个洗涤器中的洗涤溶液浓缩到一定程度后送往熔融尿素厂。

合格产品进一步冷却至可贮藏温度，此时使用流化床冷却器是最适宜的，使用散料热交换器也同样可行。

6.1.2.3　尿素生产技术

以氨和 CO_2为原料的尿素生产技术流程有多种。最早实现工业化的方法是不循环法和部分循环法；后来即被水溶液全循环法所取代；其后，又出现了各种气提法流程。这些不同方法的生产原理是相同的，但在其实现的流程和工艺条件上有很多不同。本节主要介绍CO_2气提法。

荷兰 Stamicarbon 公司于 1967 年创建二氧化碳气提法技术，首次将气提技术应用于尿素生产并取得成功。Stamicarbon 二氧化碳气提法是现在世界上应用最多，生产能力最大的尿素生产技术。

二氧化碳气提法尿素生产流程如图 6-1 所示。合成塔出来的溶液依靠重力流入气提塔，气提塔的结构为列管式的降膜塔，温度保持在 180~190℃，溶液在列管内壁成膜从塔顶流向塔底；二氧化碳原料气从塔底进入，向上流动。从气提塔出来的氨和二氧化碳流入高压甲铵冷凝器的顶部，同时还送入稀甲铵循环溶液和一部分由合成塔引出的溶液，保证有足够的溶剂，使甲铵不致析出。从高压甲铵冷凝器底部流出的溶液再返回合成塔，形成循环。从气提塔出来的溶液通过阀降压，然后进入低压分解系统（包括精馏塔、加热器和闪蒸罐）。分离出来的氨和二氧化碳再凝缩成稀甲铵溶液，返回高压系统。

合成塔操作条件：压力约 13.8MPa，温度为 180~185℃、氨与二氧化碳的摩尔比约为 2.8。设备采用含钼的低碳不锈钢（气提塔用高镍铬不锈钢）。

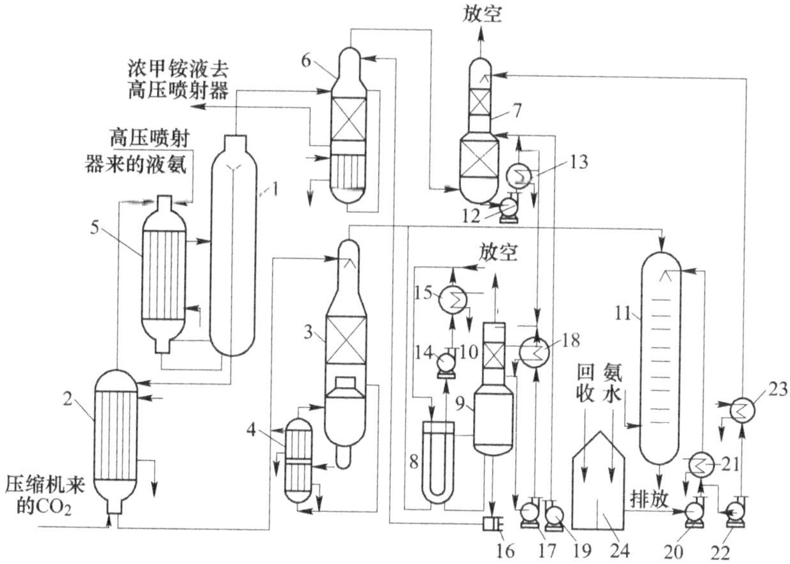

图 6-1　二氧化碳气提法尿素生产流程

1—尿素合成塔；2—高压热交换器（气提塔）；3—精馏塔；4—循环加热器；5—高压甲铵冷凝器；6—高压洗涤器；7—吸收塔；8—低压甲铵冷凝器；9—低压甲铵冷凝器液位槽；10—吸收器；11—解吸塔；12—吸收塔循环泵；13—循环冷凝器；14—低压冷凝循环泵；15—低压冷凝器循环器；16—高压甲铵泵；17—吸收器循环泵；18—吸收器循环冷却器；19—闪蒸槽冷凝液泵；20—解吸塔给料泵；21—解吸塔热交换器；22—吸收塔给料升压泵；23—顶部加料冷却器；24—氨水槽

6.1.3　尿素的性质

6.1.3.1　物理性质

尿素别名碳酰二胺、碳酰胺、脲，是由碳、氮、氧和氢组成的有机化合物，又称脲

（与尿同音）。它是动物蛋白质代谢后的产物，通常用作植物的氮肥。尿素在肝合成，是哺乳类动物排出的体内含氮代谢物，这种代谢过程称为尿素循环。尿素是第一种以人工合成无机物质而得到的有机化合物。其化学公式为 CON_2H_4、$(NH_2)_2CO$ 或 CN_2H_4O，相对分子质量为 60.06，国际非专利药品名称为 Carbamide。尿素的物理性质如下：

（1）外观与性状。$CO(NH_2)_2$为无色或白色针状或棒状结晶体，工业或农业品为白色略带微红色固体颗粒，无臭无味。

（2）含氮量。约为 46.67%。

（3）pK_b：13.82；分子式：CH_4N_2O；熔点：131~135℃；沸点：196.6℃（标准大气压）；密度：1.335g/cm^3；熔点：132.7℃，20℃；折射率：1.40；闪点：72.7℃；水溶性：1080g/L（20℃）。

（4）分子构型：平面三角。

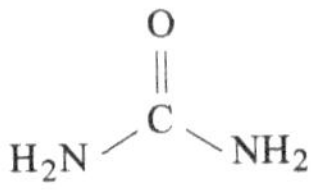

（5）分子偶极矩：4.56。

（6）晶体结构：四方晶系。

（7）溶解性：尿素易溶于水，在 20℃时 100mL 水中可溶解 105g，水溶液呈中性。尿素产品有两种。结晶尿素呈白色针状或棱柱状，吸湿性强；粒状尿素为粒径 1~2mm 的半透明粒子，外观光洁，吸湿性有明显改善。20℃时临界吸湿点为相对湿度 80%，但 30℃时，临界吸湿点降至 72.5%，故尿素要避免在盛夏潮湿气候下敞开存放。目前在尿素生产中加入石蜡等疏水物质，其吸湿性大大下降。尿素也易溶于醇，不溶于乙醚、氯仿。呈微碱性。可与酸作用生成盐。有水解作用。因为在人尿中含有这种物质，所以取名尿素。尿素含氮（N）46%，是固体氮肥中含氮量最高的。

（8）禁配物：强氧化剂、强酸、亚硝酸钠、干粉。

6.1.3.2　化学性质

尿素在高温下可进行缩合反应，生成缩二脲、缩三脲和三聚氰酸。加热至 160℃分解，产生氨气同时变为氰酸。

生产方法：工业上用液氨和二氧化碳为原料，在高温、高压条件下直接合成尿素，化学反应如下：

$$2NH_3(g)+CO_2(g) \longrightarrow NH_4COONH_2 \longrightarrow NH_2CONH_2$$

尿素在酸、碱、酶作用下（酸、碱需加热）能水解生成氨和二氧化碳。

尿素具有的化学性质如下：

（1）对热不稳定，加热至 150~160℃将脱氨成缩二脲。若迅速加热将脱氨而三聚成六元环化合物三聚氰酸（机理：先脱氨生成异氰酸（HN ═C ═O），再三聚）。

（2）与乙酰氯或乙酸酐作用可生成乙酰脲与二乙酰脲。在乙醇钠作用下与丙二酸二乙酯反应生成丙二酰脲（又称巴比妥酸，因其有一定酸性）。在氨水等碱性催化剂作用下能与甲醛反应，缩聚成脲醛树脂。与水合肼作用生成氨基脲。

6.1.3.3　鉴别

取本品 0.5g，置试管中加热，液化并放出氨气；继续加热至液体显浑浊，冷却，加水 10mL 与氢氧化钠试液 2mL 溶解后，加硫酸铜试液 1 滴，溶液即显紫红色。

取本品 0.1g，加水 1mL 溶解后，加硝酸 1mL，即生成白色结晶性沉淀。

6.1.4　尿素的用途

尿素在生产、生活中具有广泛地应用。

（1）对土壤的作用。尿素是一种高浓度氮肥，属中性速效肥料，也可用于生产多种复合肥料。它在土壤中不残留任何有害物质，长期施用没有不良影响。畜牧业可用作反刍动物的饲料。但尿素在造粒中温度过高会产生少量缩二脲，又称双缩脲，对作物有抑制作用。我国规定肥料用尿素缩二脲含量应小于 0.5%。当缩二脲含量超过 1%时，不能做种肥、苗肥和叶面肥，其他施用期的尿素含量也不宜过多或过于集中。

尿素是有机态氮肥，经过土壤中的脲酶作用，水解成碳酸铵或碳酸氢铵后，才能被作物吸收利用。因此，尿素要在作物的需肥期前 4~8 天施用。

尿素适用于作基肥和追肥，有时也用作种肥。尿素在转化前是分子态的，不能被土壤吸附，应防止随水流失；转化后形成的氨也易挥发，所以尿素要深施覆土。

尿素适用于一切作物和所有土壤，可用作基肥和追肥，旱水田均能施用。由于尿素在土壤中的转化可积累大量的铵离子，会导致 pH 值升高 2~3 个单位，再加上尿素本身含有一定数量的缩二脲，其体积分数在 0.05%时，便会对作物幼根和幼芽起抑制作用，因此尿素不易用作种肥。

施入土壤中一小部分以分子态溶于土壤溶液中，通过氢键作用被土壤吸附，其他大部分在脲酶的作用下水解成碳酸铵，进而生成碳酸氢铵和氢氧化铵。然后 NH_4^+能被植物吸收和土壤胶体吸附，NCO_3^-也能被植物吸收，因此尿素施入土壤后不残留任何有害成分。另外尿素中含有的缩二脲也能在脲酶的作用下分解成氨和碳酸，尿素在土壤中转化受土壤 pH 值、温度和水分的影响，在土壤呈中性反应。水分适当时土壤温度越高，转化越快；当土壤温度为 10℃时，尿素完全转化成铵态氮需 7~10 天，当 20℃时需 4~5 天，当 30℃时需 2~3 天即可。尿素水解后生成铵态氮，表面会引起氨的挥发，尤其是在碱性或碱性土壤上更为严重，因此在施用尿素时应深施覆土，水田要深施到还原层。

（2）农业用途。

1）调节花量：为了克服苹果地大小年，遇小年时，于花后 5~6 周（苹果花芽分化的临界期，新梢生长缓慢或停止，叶片含氮量呈下降趋势）叶面喷施 0.5%尿素水溶液，连喷 2 次，可以提高叶片含氮量，加快新梢生长抑制花芽分化，使大年的花量适宜。

2）疏花疏果：桃树的花期对尿素较为敏感但反应又较迟钝，因此，国外用尿素对桃和油桃进行了疏花疏果试验，结果表明，桃和油桃的疏花疏果，需要较大浓度（7.4%）才能显示出良好效果，最适合浓度为 8%~12%，喷后 1~2 周内，即能达到疏花疏果的目的。但是，在不同的土地条件下，不同时期及不同品种的反应尚需进一步试验。

3）水稻制种：在杂交稻制种技术中，为了提高父母本的异交率，以增加杂交稻制种量或不育系繁种量，一般都采用赤毒素喷施母本以减轻母本包颈程度或使之完全抽出；或喷施父母本，调节二者的生长，使其花期同步。由于赤霉素价格较贵，用其制种成本高。人们用尿素代替赤霉素进行实验，在孕穗盛期、始穗期（20%抽穗）使用 1.5%~2%尿素，其繁种效果与赤霉素类似，且不会增加株高。

4）防治虫害：用尿素、洗衣粉、清水 4∶1∶400 份，搅拌混匀后，可防治果树、蔬菜、棉花上的蚜虫、红蜘蛛、菜青虫等害虫，杀虫效果达 90%以上。

5）尿素铁肥：尿素以络合物的形式，与 Fe^{2+} 形成螯合铁。这种有机铁肥造价低，防治缺铁失绿效果很好。此外叶面喷 0.3%硫酸亚铁时加入 0.3%尿素，防治失绿效果比单喷 0.3%硫酸亚铁好。

（3）饲料添加剂。人类粮食资源与蛋白质的短缺，是造成饲料工业的难题。业者积极寻找蛋白质的新来源，并扩及蛋白质以外的氮来源，例如含氮量高的尿素。

1897，Waesk 等人提出反刍动物能转化非蛋白质氮为菌体蛋白质的想法。1949，C. J. Watson 等人喂食绵羊含有 N_{15} 标记的尿素胶囊，4 天后在绵羊血液、肝脏、肾脏中检验出含有 N_{15} 的蛋白质。这证实了反刍动物可以利用非蛋白质氮。同年 J. K. Looli 等人以尿素当作唯一氮源喂食绵羊，发现绵羊能够正氮平衡，表明绵羊瘤胃里的微生物能利用尿素合成其生长所需的 10 种必需氨基酸。自此，尿素及尿素化合物成为反刍动物的饲料添加剂了。

它可以大量作为三聚氰胺、脲醛树脂、水合肼、四环素、苯巴比妥、咖啡因、味精等多种产品的生产原料。

（4）商业用途。尿素在商业中可作为特殊塑料的原料，尤其是尿素甲醛树脂；某些胶类的原料；肥料和饲料的成分；取代防冻的盐撒在街道，优点是不使金属腐蚀；加强香烟的气味；某些洗发剂、清洁剂的成分；急救用制冷包的成分，因为尿素与水的反应会吸热；处理柴油机、发动机、热力发电厂的废气，尤其可降低其氧化氮；催雨剂的成分（配合盐）；过去用来分离石蜡，因为尿素能形成包合物；耐火材料；环保引擎燃料的成分；美白牙齿产品的成分。

（5）在化妆品中的应用。尿素是一种很好用的保湿成分，它就存在于肌肤的角质层当中，属于肌肤天然保湿因子 NMF 的主要成分。对肌肤来说，尿素具有保湿以及柔软角质的功效，也能够防止角质层阻塞毛细孔，借此改善粉刺的问题。可用于面膜、护肤水、霜膏、护手霜等产品中保湿成分的添加，添加比例为 3%~5%。

（6）实验室用途。尿素能非常有效地使蛋白质变性，尤其能非常有效地破坏非共价键结合的蛋白质。这个特点可以提高某些蛋白质的可溶性，其浓度可达 0.1mol/L。尿素也可用来制造硝酸尿素。

（7）医学用途。皮肤科以含有尿素的某些药剂来提高皮肤的湿度。非手术摘除的指甲使用的封闭敷料中，含有 40%的尿素。测试幽门螺杆菌存在的碳-14-呼气试验，使用了含有碳 14 或碳 13 标记的尿素。因为幽门螺杆菌的尿素酶使用尿素来制造氨，以提高其周边胃里的 pH 值。同样原理也可测试生活在动物胃中的类似细菌。尿素也可用于药品的生产，如：尿素注射液，尿素乳膏。

（8）工业用途。尿素是纺织工业在染色和印刷时的重要辅助剂，能提高颜料可溶性，并使纺织品染色后保持一定的湿度。

6.1.5　尿素的危险性

（1）侵入危害：吸入、食入、经皮吸收。

（2）健康危害：本品属微毒类。对眼睛、皮肤和黏膜有刺激作用。

（3）环境危害：对环境可能有危害，对水体可造成污染。

（4）燃爆危险性：本品不燃，具刺激性。

（5）危险特征：遇明火、高热可燃。与次氯酸钠、次氯酸钙反应生成有爆炸性的三氯化氮。受高热分解放出有毒的气体。

（6）急性毒性（LD_{50}）：14300mg/kg（大鼠经口）。

（7）刺激性。人经皮：22mg/3 天，轻度刺激。

6.1.6　尿素的操作注意事项

（1）密闭操作，提供充分的局部排风。

（2）防止粉尘释放到车间空气中。

（3）操作人员必须经过专门培训，严格遵守操作规程。

（4）建议操作人员佩戴防尘面具（全面罩），穿防毒物渗透工作服，戴橡胶手套。

（5）避免产生粉尘。

（6）避免与氧化剂、酸类、亚硝酸钠、干粉接触。

（7）配备泄漏应急处理设备。倒空的容器可能残留有害物。

6.1.7　尿素的操作防护措施

（1）工程控制：严加密闭，提供充分的局部排风。

（2）呼吸系统防护：可能接触其粉尘时，必须佩戴防尘面具（全面罩）。紧急事态抢救或撤离时，应该佩戴空气呼吸器。

（3）眼睛防护：呼吸系统防护中已作防护。

（4）身体防护：穿防毒物渗透工作服。

（5）手防护：戴橡胶手套。

（6）其他防护：工作现场禁止吸烟、进食和饮水。工作完毕，淋浴更衣。保持良好的卫生习惯。

6.1.8　处理方式

（1）应急处理。隔离泄漏污染区，限制出入。建议应急处理人员戴防尘口罩，穿一般作业工作服。不要直接接触泄漏物。

小量泄漏：小心扫起，置于袋中转移至安全场所。

大量泄漏：收集回收或运至废物处理场所处置。

（2）灭火方法。尿素遇明火、高温可燃。有害燃烧产物有一氧化碳、二氧化碳、氮氧化物。在灭火时，消防人员必须穿全身防火防毒服，在上风向灭火。灭火时尽可能将容器从火场移至空旷处。然后根据着火原因选择适当灭火剂灭火。

6.1.9　尿素的储存与运输

6.1.9.1　储存注意事项

（1）储存于阴凉、通风的库房。远离火种、热源。防止阳光直射。包装密封。应与氧化剂、酸类、亚硝酸钠、干粉分开存放，切忌混储。储区应备有合适的材料收容泄漏物。

（2）尿素如果储存不当，容易吸湿结块，影响尿素的原有质量，给农民带来一定的经济损失，这就要求广大农户要正确储存尿素。在使用前一定要保持尿素包装袋完好无损，运输过程中要轻拿轻放，防雨淋，储存在干燥、通风良好、温度在20℃以下的地方。

（3）如果是大量储存，下面要用木方垫起20cm左右，上部与房顶要留有50cm以上的空隙，以利于通风散湿，垛与垛之间要留出过道。以利于检查和通风。已经开袋的尿素如没用完，一定要及时封好袋口，以利下年使用。

6.1.9.2　废弃处置

废弃处置方法：用安全掩埋法处置。在能利用的地方重复使用容器或在规定场所掩埋。

6.1.9.3　运输注意事项

起运时包装要完整，装载应稳妥。运输过程中要确保容器不泄漏、不倒塌、不坠落、不损坏。严禁与氧化剂、酸类、氧化剂、食用化学品等混装混运。运输途中应防曝晒、雨淋，防高温。车辆运输完毕应进行彻底清扫。公路运输时要按规定路线行驶。

任务 6.2　尿素委托检验流转及标准查阅

6.2.1　样品流转

有机化工产品尿素是某企业生产产品，为了商业目的需提供有CNAS标志的第三方检测报告，企业需要委托有资质的检测机构对其产品进行检验，即委托检验。首先由企业将尿素产品送至检测机构，填写委托检验书，见表6-1；其次检测机构样品管理员负责对委托样品接收、初验、录入、标识、发放等处理，按照《样品管理程序》交检验人员，检验人员按照要求负责样品检验、流转（运输）、存储、保护的管理，填写样品收发确认单（见表6-2）；最后检验人员根据《检测报告管理程序》要求按照检验报告格式（见表6-3），负责检验报告编制、送审、交资料管理员归档工作。

6.2.2　查阅标准

尿素的检验标准是由产品标准与检测试验方法标准两部分构成，产品标准对尿素产品进行了各项规定，而检测试验方法标准规定各项指标的具体试验条件、方法、步骤、数据计算、结果分析、合格标准及复验规则等。

表 6-1　委托检验书

委托书编号×××××

<table>
<tr><td rowspan="22">委托方填写</td><td rowspan="2">委托单位（人）</td><td>名称</td><td colspan="2"></td><td>邮编</td><td colspan="2"></td></tr>
<tr><td>地址</td><td colspan="2"></td><td>电话</td><td colspan="2"></td></tr>
<tr><td rowspan="2">生产单位</td><td>名称</td><td colspan="2"></td><td>邮编</td><td colspan="2"></td></tr>
<tr><td>地址</td><td colspan="2"></td><td>电话</td><td colspan="2"></td></tr>
<tr><td rowspan="2">受检单位</td><td>名称</td><td colspan="2"></td><td>邮编</td><td colspan="2"></td></tr>
<tr><td>地址</td><td colspan="2"></td><td>电话</td><td colspan="2"></td></tr>
<tr><td>样品名称</td><td>型号规格</td><td>商标</td><td>样品等级</td><td>样品数量</td><td>生产日期/批号</td><td>样品编号</td></tr>
<tr><td></td><td></td><td></td><td></td><td></td><td></td><td></td></tr>
<tr><td></td><td></td><td></td><td></td><td></td><td></td><td></td></tr>
<tr><td></td><td></td><td></td><td></td><td></td><td></td><td></td></tr>
<tr><td>检验要求</td><td colspan="6">□ 检验依据和方法：
□ 仅需提供检测数据　□ 需提供单项评定　□ 按判定规则评价（可行时）</td></tr>
<tr><td>检验项目</td><td colspan="6"></td></tr>
<tr><td>检验目的</td><td colspan="2">□一般委托　□质量鉴定　□诉讼委托
□其他</td><td>提供资料</td><td colspan="3"></td></tr>
<tr><td>来样方式</td><td>□送样　□指定　□抽样</td><td>样品处理意见</td><td>□退样　□退残样
□不退样</td><td>样品保存要求</td><td colspan="2"></td></tr>
<tr><td>商定完成时间</td><td>年　月　日</td><td>报告发放方式</td><td>□自取　□传真　□邮寄</td><td>抽样单编号</td><td colspan="2"></td></tr>
<tr><td>对分包的意见</td><td>□同意　□不同意</td><td>其他特殊要求</td><td colspan="4"></td></tr>
<tr><td colspan="7">我方保证所提供资料、实物及填写信息的真实、完整和准确，按达成的协议支付检验费用，收取检验报告和退样。
我方若三个月不领取退样，样品可由检验方处理。</td></tr>
<tr><td colspan="7">委托方代表（送样人）签名
年　月　日</td></tr>
</table>

续表 6-1

<table>
<tr><td rowspan="7">检验方填写</td><td rowspan="2">样品状态</td><td colspan="3">封样、包装、外观　□完好　□非正常</td><td rowspan="2">描述（必要时）</td><td rowspan="2" colspan="2"></td></tr>
<tr><td colspan="3">配件、资料　□齐全　□缺件</td></tr>
<tr><td>分包</td><td>□是　□否</td><td>分包项目</td><td colspan="2"></td><td>分包实验室</td><td colspan="2"></td></tr>
<tr><td>检验费</td><td></td><td colspan="3">□已交　□未交
□协议　□其他</td><td>支付日期</td><td colspan="2">年　月　日前支付</td></tr>
<tr><td>特殊说明</td><td colspan="7">记录人：
年　月　日</td></tr>
<tr><td colspan="8">我方保证检验的公正性，对检验数据负责，并对委托方产品机密信息及技术资料保密；委托方自送样或指定样，其检验数据仅对样品负责；本次检验提供检验报告一份，若需增加检验报告副本，请说明。
业务受理人（签名）
合同评审人（签名）
年　月　日</td></tr>
<tr><td>合同变更沟通记录</td><td colspan="7"></td></tr>
<tr><td>备注</td><td colspan="8"></td></tr>
</table>

注：1. 本委托书委托单一式三联，第一联收样处存查，第二联交委托方，第三联交资料室归档；

2. 送样或抽样人应逐项认真填写本单，选择项目“√”划定，无内容划“—”或填写“不祥”；未尽内容请在说明栏内注明；对上述内容确认后签字；检测要求的更改必须以书面形式提出申请；

3. 本中心仅对送检样品负责。客户如对检测结果有异议，应在接到报告十五日内向本中心提出，逾期不再受理；

4. 送检样品先付检测费或在领取报告前付清检测费；遇灾害或其他不可抗力，本中心有权推迟执行或取消本委托书。

表 6-2　样品收发确认单

样品编号		样品名称		生产单位	
生产批号		生产日期			
抽样人		检验员		检验标准	
抽样日期		领样日期		报告日期	

表 6-3　检验报告格式

检　测

CNAS　L××××

检　验　报　告

产品名称 ______________________

受检单位 ______________________

检验类别 委托检验

××××××××检测中心

续表 6-3

××××××××检测中心

检　验　报　告

No.　　共×页　第×页

产（样）品名称		生产日期	
		生产批号	
型号规格		样品单号	
受（送）检单位		样品等级、状态	
生产单位		检验类别	
样品数量		送样日期	
检验依据			
检验项目			
检验结论			
备注			

批准：　　审核：　　主检：

6.2.2.1　尿素的技术指标

尿素的技术指标如表 6-4 和表 6-5 所示。

表 6-4　农业用（肥料）尿素的要求　（%）

项　目①		等　级	
		优等品	合格品
总氮（N）的质量分数		≥46.0	≥45.0
缩二脲的质量分数		≤0.9	≤1.5
水分②		≤0.5	≤1.0
亚甲基二脲（以 HCHO 计）③的质量分数		≤0.6	≤0.6
粒度④	d(0.85~2.80mm) d(1.18~3.35mm) d(2.00~4.75mm) d(4.00~8.00mm)	≥93	≥90

① 含有尚无国家或行业标准的添加物产品应进行陆生植物生长试验，方法见 HG/T 4365—2012 的附录 A 和附录 B。

② 水分以生产企业出厂检验数据为准。

③ 若尿素生产工艺中不加甲醛，不测亚甲基二脲。

④ 只需符合 4 档中任意一档即可，包装标识中应标明粒径范围，农业用（肥料）尿素若用作掺混肥料（BB）生产原料，可根据供需协议选择标注 SGN 和 UI，计算方法参见附录 A。

表 6-5　工业用尿素的要求　(%)

项　目	等　级	
	优等品	合格品
总氮（N）的质量分数	≥46.4	≥46.0
缩二脲的质量分数	≤0.5	≤1.0
水分	≤0.3	≤0.7
铁（以 Fe 计）的质量分数	≤0.0005	≤0.0010
碱度（以 NH_3的质量分数计）	≤0.01	≤0.03
硫酸盐（以 SO_4^{2-} 计）的质量分数	≤0.005	≤0.020
水不溶物的质量分数	≤0.005	≤0.040

注：1. 工业用尿素对粒度不作要求，可根据供需双方协议约定参照表 6-4“粒度”项目指标在包装标识中明示粒径范围。

2. 工业用尿素在生产工艺中加入甲醛等添加物的应在质量证明书标明。

6.2.2.2　尿素的试验方法

总氮含量按 GB/T 2441.1 的规定进行。缩二脲含量按 GB/T 2441.2 的规定进行。水分按 GB/T 2441.3 的规定进行。铁含量按 GB/T 2441.4 的规定进行。碱度按 GB/T 2441.5 的规定进行。水不溶物含量按 GB/T 2441.6 的规定进行。粒度按 GB/T 2441.7 的规定进行。硫酸盐按 GB/T 2441.8 的规定进行。亚甲基二脲按 GB/T 2441.9 的规定进行。

6.2.2.3　检验规则

（1）检验类别及检验项目。产品检验包括出厂检验和形式检验，总氮、缩二脲、水分为出厂检验项目。形式检验包括全部项目在下列情况时，应进行测定：

1）正式生产时，原料、工艺及设备发生变化；

2）正式生产时，定期或积累到一定量后，每 6 个月至少进行一次检验；

3）国家质量监督机构提出形式检验的要求时。

（2）组批。产品按批检验，以一班或一天的产量为一批，最大批量为 1500t。

6.2.2.4　采样方案

（1）袋装产品。不超过 512 袋时，按表 6-6 确定最少采样袋数；大于 512 袋时，按式（6-1）计算结果确定最少采样袋数，如遇小数，则进为整数。

$$n=3\times\sqrt[3]{N} \tag{6-1}$$

式中，n 为最少采样袋数；N 为每批肥料总袋数。

按表 6-6 或式（6-1）计算结果，随机抽取一定袋数，用采样器从每袋最长对角线插入至袋的四分之三处，取出不少于 100g 的样品，每批采样总量不得少于 2kg。

（2）散装产品。按 GB/T 6697 规定进行采样。

表 6-6 最少采样袋数的确定

总包装袋数	最少采样袋数	总包装袋数	最少采样袋数
1～10	全部袋数	182～216	18
11～49	11	217～254	19
50～64	12	255～296	20
65～81	13	297～343	21
82～101	14	344～394	22
102～125	15	395～450	23
126～151	16	451～512	24
152～181	17		

6.2.2.5 样品缩分

将采取的样品迅速混匀，用缩分器或四分法，按工业用、农业用的不同要求，将样品缩分至约 600～1200g。分装于两个洁净、干燥的具有磨口塞的广口瓶或聚乙烯瓶中。密封并贴上标签，注明生产企业名称、产品名称批号或生产日期、采样日期、采样人姓名。一瓶作质量分析，另一瓶保存两个月，以备查用。

6.2.2.6 结果判定

（1）本标准中产品质量指标合格判断，采用 GB/T 8170—2008 中修约值比较法。

（2）检验项目的检验结果全部符合本标准要求时，该批产品合格。

（3）出厂检验时，如果检验结果中有一项指标不符合本标准要求时，应重新在两倍量的包装袋中采取样品进行检验，重新检验结果中，即使有一项指标不符合本标准要求，判该批产品不合格。

（4）每批检验合格的出厂产品应附有质量证明书，其内容包括：生产企业名称、地址（住所）、产品名称、批号或生产日期、产品净含量、总氮含量、缩二脲含量、本标准号和法律法规规定应标注的内容。农业用（肥料）尿素有微量添加物的和工业用尿素有甲醛等添加物的，应在质量证明书中标明添加物成分。

6.2.2.7 标识

（1）农业用（肥料）尿素应在包装容器上标明生产企业名称、地址（住所）、产品名称、净含量、等级、粒径范围（或 SGN 和 UD）、本标准号和法律法规规定应标注的内容。每袋净含量应标明单一数值，如 50kg。其余执行 GB 18382。

（2）农业用（肥料）尿素产品应在包装容器上标明以下警示语：含缩二脲，使用不当会对作物造成伤害。

（3）工业用尿素应在包装容器上标明生产企业名称、地址（住所）、产品名称、批号或生产日期、产品净含量、等级、本标准号和法律法规规定应标注的内容。

（4）散装产品和以集装袋为包装容器的产品，所附质量证明书已经标明所有标识内容的，可以按协议规定简化标识内容。

6.2.2.8 包装、运输和储存

（1）农业用（肥料）尿素产品应符合 GB/T 8569 规定的材料进行包装，包装规格为 50.0kg、40.0kg、25.0kg、10.0kg，每袋净含量允许范围为（50±0.5）kg、（40±0.4）kg、（25±0.25）kg、（10±0.1）kg，每批产品平均每袋净含量不得低于 50.0kg、40.0kg、25.0kg、10.0kg。也可采用供需双方合同给定的包装规格。

（2）在标明的每袋净含量范围内的产品中有添加物时，应与原物料混合均匀，不得以小包装形式放入包装袋中。

（3）根据供需双方协议，尿素产品可选择散装和以集装袋（应符合 GB/T 10454 要求）为包装容器。

（4）产品的运输和装卸工具应干净、平整无突出的尖锐物，以免刺穿刮破包装件。

（5）产品应储存于场地平整、阴凉、通风干燥的仓库内，包装件应堆放整齐，堆置高度应小于 7m。在运输和储存过程中应防潮、防漏、防破裂。

任务 6.3 尿素的检验

6.3.1 总氮含量测定

6.3.1.1 蒸馏后滴定法（仲裁法）

A 实验目的

（1）学习微量凯氏定氮法的原理。

（2）掌握凯氏定氮法的操作技术（未知样品消化、蒸馏、滴定及其含氮量的计算等）。

（3）掌握试样消化操作。

（4）掌握容量瓶、移液管的正确操作。

B 实验原理

（1）消化。凯氏定氮法常用于测定天然有机物（如蛋白质，核酸及氨基酸等）的含氮量。当天然含氮有机物与浓硫酸共热时，其中的碳、氢被氧化成二氧化碳和水，而氮则变成氨并进一步与硫酸作用生成硫酸铵。此过程称为“消化”。此过程进行相对较为缓慢，通常需要加入硫酸钾或硫酸钠以提高反应的沸点，并加入硫酸铜作为催化剂，以促进反应的进行。氧化剂过氧化氢也能加速反应。

$$\text{含氮有机物} + H_2SO_4 \longrightarrow CO_2\uparrow + SO_2\uparrow + NH_3\uparrow + H_2O$$

$$2NH_3 + H_2SO_4 \longrightarrow (NH_4)_2SO_4$$

（2）蒸馏。在消化完全的样品溶液中加入浓氢氧化钠使其呈碱性，加热蒸馏，即可释放出氨气，反应方程式如下。

$$(NH_4)_2SO_4 + 2NaOH \longrightarrow Na_2SO_4 + 2NH_4OH$$

$$NH_4OH \longrightarrow H_2O + NH_3\uparrow$$

（3）吸收与滴定。蒸馏所放出的氨，可用硼酸溶液进行吸收，待吸收完全后，再用氢氧化钠标准溶液滴定，直至恢复溶液中原来氢离子浓度为止（即滴定至灰绿色），最后根据所用标准酸的当量数（相当于待测物中氨的当量数）计算出待测物中的氮量。

$$NH_3 + H_3BO_3 \longrightarrow NH_4H_2BO_3$$

$$NH_4H_2BO_3 + HCl \longrightarrow NH_4Cl + H_3BO_3$$

（4）凯氏定氮仪操作。如图 6-2 所示。

1）搭好架子，装上仪器。在 1 个滴定管架子上装 3 个夹子，1 个固定蒸馏器，1 个固定烧水产生蒸汽的烧瓶，1 个固定冷凝管。注意：整个仪器的高度以冷凝管下端插入接收瓶后能被接收液没去为准；固定冷凝管的夹子不要夹死，冷凝管靠磨口连接后用夹子托住冷凝管上端的出水口即可，否则容易折断。

2）通入蒸汽清洗，要先打开冷却水。

3）将蒸汽通入的橡胶管夹死，此时注意将烧瓶从电炉上移开或打开烧瓶塞子，以防夹子夹死后烧瓶中的热水冲出。打开蒸馏器下端的排水口软管的夹子，蒸馏器中的水会慢慢被吸出。

4）用样品进行蒸馏定氮。

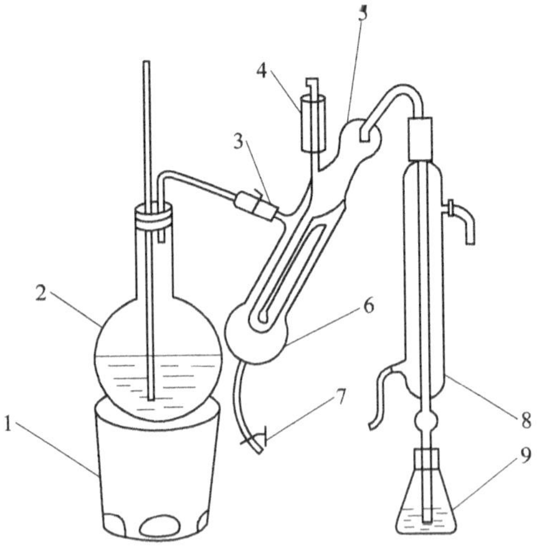

图 6-2　凯氏定氮仪

1—电炉；2—水蒸气发生器（2L 平底烧瓶）；3—螺旋夹；4—小漏斗及棒状玻璃塞（样品入口处）；5—反应室；6—反应室外层；7—橡皮管及螺旋夹；8—冷凝管；9—蒸馏液接收瓶

C　实验仪器

实验用到的仪器如表 6-7 所示。

表 6-7　实验仪器

仪器名称	规　格	单　位	数　量
改良式凯氏定氮仪		套	1
锥形瓶	250mL	个	6
电子天平		台	1
量筒	10mL	个	1
容量瓶	100mL	个	1
烧杯		个	4
移液管	5. 0mL	支	1
胶头滴管		支	1
洗耳球		个	1
酸式滴定管	50. 0mL	根	1
电炉		台	1
酒精灯		个	1
玻璃棒		根	1

D　实验药品

实验需要的药品如表 6-8 所示。

表 6-8　实验药品

药品名称	规格	单位	数量
氢氧化钠标准滴定溶液	0.5000mol/L	mL	50
五水硫酸铜	AR	瓶	1
硫酸	AR	瓶	1
氢氧化钠溶液	450g/L	mL	50
尿素	农业级	包	1
硼酸溶液	0.063mol/L	mL	100
甲基红指示剂		瓶	1
硅脂		瓶	1

E　试剂配制

（1）氢氧化钠溶液，约 450g/L；

（2）0.5mol/L NaOH 溶液。称取 10g 左右的 NaOH 于 500mL 的烧杯中，加水溶解，配制成 500mL 溶液，待标定备用。

（3）硫酸溶液：$c\left(\frac{1}{2}H_2SO_4\right)\approx 1.0mol/L$ 或 $c\left(\frac{1}{2}H_2SO_4\right)\approx 0.5mol/L$；

（4）甲基红-亚甲基蓝混合指示液。

F　实验步骤

（1）0.5moL/L NaOH 溶液的标定。实验前先将邻苯二甲酸氢钾在 105～110℃ 烘箱内干燥 2h，放置在干燥器中备用。取一碱式滴定管或聚四氟乙烯滴定管，经清洗、检漏、润洗、装入上述 NaOH 标准溶液、排气泡后备用。

准确称取 2～3g 已烘干的邻苯二甲酸氢钾 5 份，分别放入已编号的 250mL 锥形瓶中，加 20～30mL 去离子水溶解，加入 1～2 滴酚酞，用 0.5mol/L NaOH 溶液滴定至微红色，0.5min 不褪色即为终点，同时做空白实验。

（2）样品的消化。精确称取尿素 0.5g 左右（精确到 0.0002g）于蒸馏烧瓶中，加 15mL 浓硫酸，0.2g 五水硫酸铜，在通风橱内缓慢加热，使 CO_2 逸尽，逐步提高加热温度，直至冒白烟，再继续加热至白烟散去（约 10min）。由于产生的气体逸出对消化有利，因此不能有水参加反应，必须使用浓硫酸。

吹洗消化的烧瓶壁时每次加入 20mL 纯水稀释，稍冷却后完全转移至 100mL 容量瓶中，稀释成标线，摇匀，备用。

（3）凯氏定氮仪的清洗。

1）仪器安装前，各部件需经一般方法洗涤干净，所用橡皮管、塞须浸在 10%NaOH 溶液中，煮约 10min，水洗、水煮 10min，再水洗数次，然后安装并固定在一只铁架台上。

2）仪器使用前，全部管道都须经水蒸气洗涤，以除去管道内可能残留的氨。正在使用的仪器，每次测样前，蒸汽洗涤 5min 即可。较长时间未使用的仪器，重复蒸汽洗涤，不得少于 3 次，并检查仪器是否正常。仔细检查各个连接处，确保不漏气。

3）洗涤装置仪器。在蒸汽发生烧瓶中加入 2/3 体积的蒸馏水，加入 4～5 滴浓硫酸及 4～5 滴混合指示剂。加硫酸目的是清洗残留的碱性物质，避免水中的氨被蒸出而影响结果，尤其是氨性碱性物质，以免造成正误差。加指示剂的目的是保证烧瓶中的水是酸性的。

沿小漏斗加入蒸馏水约 20mL 到反应室，留半漏斗水，保持水封，防止漏气。目的在于保持密封性。

加热产生蒸汽后，立即关闭废液排放管上的开关，蒸汽进入反应室，导致反应室内的水迅速沸腾，蒸出蒸汽由反应室上端口通过定氮球进入冷凝管冷却，在冷凝管下端放置一个锥形瓶接受冷凝水。

从定氮球发烫开始计时，连续蒸煮 5min，停止加热。

冲洗完毕，夹紧蒸汽发生器与收集器之间的连接硅胶管，由于气体冷却压力降低，反应室内废液自动抽到蒸汽收集器中，打开废液排出口夹子放出废液。

4）试测 $(NH_4)_2SO_4$ 含氮量，检验方法的正确性。

加入一定质量的分析纯 $(NH_4)_2SO_4$。$(NH_4)_2SO_4$ 含无机铵，可以直接用酸吸收，不需要消化。

（4）蒸馏。

1）用滴定管、移液管或自动加液器加 40.0mL $c\left(\frac{1}{2}H_2SO_4\right)\approx 0.5$mol/L 或 20.0mL $c\left(\frac{1}{2}H_2SO_4\right)\approx 1.0$mol/L 硫酸溶液于接收器中，加水使溶液量能淹没接收器的双连球瓶颈，加 4~5 滴混合指示液。

2）用移液管移取消化好的尿素样品 10.00mL，由小漏斗流入装入凯氏定氮瓶反应室，洗涤小漏斗使附着在杯壁的溶质全部转移到反应室内。

3）将 10mL 450g/L NaOH 溶液经小漏斗缓缓流入反应室（由玻璃塞控制流量）立即加半漏斗水水封以防漏气，加水冲洗滴液漏斗，应当注意滴液漏斗内至少存留几毫升溶液。

4）开始蒸馏，蒸气通入反应室使氨气通过冷凝管而进入接收瓶内，从冷凝管下端液面上升开始，直到液面重新回落为止。

5）移开接收器，用 pH 试纸检查冷凝管出口的液滴，如无碱性，结束蒸馏。小心溶液会倒吸入定氮瓶。

（5）滴定。用少量水冲洗冷凝管下端外部，取下接收瓶，以 0.5000mol/L 标准 NaOH 溶液滴定至呈灰绿色为滴定终点。

用 0.5000mol/L 的标准 NaOH 溶液滴定吸收了剩余的 H_2SO_4。

吸收（NH_3）	滴定
$2NH_3+H_2SO_4 = (NH_4)_2SO_4$	$2NaOH+H_2SO_4 = Na_2SO_4+2H_2O$
NH_3消耗了一部分 H_2SO_4	NaOH 滴定被 NH_3消耗后剩余的 H_2SO_4
	$n(N)=n(NH_3)=n(NaOH)=1/2n(H_2SO_4)$
	cV_2
空白样	NaOH 滴定总的 H_2SO_4
	cV_1
	$n(N)=n(NH_3)=n(NaOH)=1/2n(H_2SO_4)$

（6）空白样品。用空白消化样品定容到 100mL，吸取 10mL 进行蒸馏。按上述操作步

骤进行空白试验，除不用试料外，操作手续和应用的试剂与测定时相同。

（7）洗涤凯氏定氮仪，并拆掉装置，归还。

G 原始记录

原始记录如表 6-9 所示。

表 6-9 原始记录

实验项目	实验编号					空白试验
	1	2	3	4	5	
称取邻苯二甲酸氢钾的初读数/g						
称取邻苯二甲酸氢钾的末读数/g						
消耗氢氧化钠（aq）的初读数/mL						
消耗氢氧化钠（aq）的末读数/mL						
氢氧化钠的浓度/$mol \cdot L^{-1}$						
氢氧化钠的平均浓度/$mol \cdot L^{-1}$						
称取硫酸铵的初质量/g						
称取硫酸铵的末质量/g						
称取硫酸铵的质量/g						
滴定消耗氢氧化钠（aq）的体积/mL						
空白消耗氢氧化钠（aq）的体积/mL						
硫酸铵中总氮的含量/%						
尿素的初质量/g						
尿素的末质量/g						
尿素的质量/g						
滴定消耗氢氧化钠（aq）的体积/mL						
空白消耗氢氧化钠（aq）的体积/mL						
尿素中总氮的含量/%						

H 实验结果

总氮含量（以干基计）以氮（N）的质量分数 w_1 计，数值以%表示，按式（6-2）计算。

$$w_1 = \frac{c(V_1 - V_2) \times 0.01401}{m[100 - w_{(H_2O)}]/100} \times 100\% \tag{6-2}$$

式中，c 为测定及空白试验时，使用氢氧化钠标准滴定溶液的浓度的准确数值，mol/L；V_1 为空白试验时，使用氢氧化钠标准滴定溶液的体积，mL；V_2 为测定时，使用氢氧化钠标准滴定溶液的体积，mL；0.01401 为氮的毫摩尔质量，g/mmol；m 为试料质量，g；$w_{(H_2O)}$ 为试样的水分，用质量分数（%）表示。

计算结果表示到小数点后两位，取平行测定结果的算术平均值作为测定结果。

I 允许差

平行测定结果的绝对差值不大于 0.10%；不同实验室测定结果的绝对差值不大于 0.15%。

J　注意事项

（1）防止倒吸。

（2）消化后烧瓶中加水不得超过 20mL，太多了，虹吸管倒吸。

（3）水蒸气洗涤装置后，用水封的水不超过 5～10mL，换试样后，直接先将这 5～10mL 水放入试管中，先观察有无倒吸，待无倒吸后，再倒入试样（若倒吸，则浪费试样，测量误差大）。

（4）判断 NH_3是否被吸收完，看冷凝管中液面，先出气泡—再倒吸—再出气泡。

（5）由于 H_2SO_4吸收了 NH_3形成了负压使得液面上升。判断 NH_3是否吸收完时，移开 H_2SO_4接收器，用 pH 试纸试一试是否为 5～6。

（6）判断 NH_3是否过量，看指示剂是否由紫色变为其他颜色，不变，说明 H_2SO_4过量，过量的 H_2SO_4用 0.5000mol/L 的 NaOH 溶液标定。

（7）尿素为弱碱，因此不能用标准酸溶液直接滴定。由于 NH_4^+ 的酸性太弱（$K_a = 5.6\times10^{-10}$），因此不能直接用标准溶液滴定。

（8）中和硫酸过程中氢氧化钠的量要准确控制，不足时消耗氢氧化钠偏大，使测出氮的含量偏高，反之，过量则偏低。

（9）尿素消化时溶解酸为浓硫酸，稀释对酸解不利。如尿素未完全酸解，则测定结果将偏低，所以所用器皿（100mL 烧杯，小表面皿、10mL 量筒）均要干燥。一周前，将它们表面洗至仅包含纯水，在实验柜内铺上吸水纸，将烧杯倒合、表面皿凹面朝上放在吸水纸上，量筒倒放在洗净的烧杯中，自然晾干一周。

（10）消化过程中，溶解开始时，只要缓缓加热，用中火。当看到细而密的气泡出现时退火，避免反应过于剧烈。待大量 CO_2逸出后，继续加热至无 CO_2逸出，改用大火加热，此时火焰要接触石棉网，必要时垫木块，加热温度要高。大火加热后，烧杯内有大量白雾产生。继续加热，在烧杯壁逐渐看到有浓硫酸的回流圈，并慢慢上升，随后看到液面上方白雾变稀甚至变清，烧杯上部有雾，雾又慢慢变淡，再加热 2min，此时还可能会观察到试液内出现大气泡，停止加热。

（11）消化过程中，要注意：1）不要打开表面皿，以免有试液溅出；2）一定要大火，大火才能反应完全；大火加热才会有足够强的气流托起雾，使液面上方变清，白雾变稀，借此判断反应完成。若消化不完全，测定结果将偏低。

（12）冷却后才能吹洗表面皿和杯壁的作用：1）将反应过程中溅在表面皿和杯壁上的试液冲洗到溶液中，以免试液损失；2）稀释浓硫酸是一个放热过程，若在热的时候冲洗杯壁和表面皿，会使试液溅出，发生意外。此外，大火加热后的表面皿、烧杯突然碰到冷水容易炸裂。

（13）将试液全部转移到容量瓶。1）从通风橱中取出已冷却的烧杯，用洗瓶吹洗表面皿、烧杯壁，加 30mL 纯水稀释，搅拌，稍冷后，在容量瓶口上方取出玻璃棒伸入瓶口，玻璃棒的顶端靠近瓶颈内壁，杯嘴靠住玻璃棒，沿玻璃棒慢慢加入试液，溶液沿瓶壁流下，待试液全部流完后，将烧杯轻轻上提，同时直立，使附着在玻璃棒和烧杯嘴之间的 1 滴试液收回到烧杯中，将玻璃棒放回到烧杯（不放在烧杯嘴处）。用洗瓶吹洗玻璃棒、杯壁 3 次，每次的洗涤液都要全部转移到容量瓶中，吹洗瓶颈，加纯水到容量瓶容积的 2/3。右手拿住瓶颈标线以上处，直立旋摇容量瓶，使试液初步混合，消除体积效应。2）待溶液冷至室温，慢慢加水到接近标线 1cm 处，等 1~2min，使沾附在瓶颈上方的水流下。在原烧杯内加少许纯水，用滴管取水后伸入瓶颈，但稍向旁侧倾斜滴加水，使水顺壁流下，直到弯月面的最低点和标线相切为止。

（14）混合容量瓶中的试液。塞好瓶塞，左手大拇指在前，中指及无名指、小指在后，拿住瓶颈标线以上部分，而以食指压住瓶塞上部，用右手指尖顶住瓶底边缘。如容量瓶小于 100mL，则不必用手顶住，将容量瓶倒转，使气泡上升到顶，如此反复倒转十余次即可。

（15）中和多余的强酸时，为什么用甲基红作指示剂，因为若用酚酞作指示剂，会有部分 NH_4^+ 被中和。试液中同时存在强酸 H_2SO_4 和弱酸 NH_4^+，但中和多余的强酸时不能中和 NH_4^+。由于 NH_4^+ 是弱酸，$K_a=5.56\times10^{-10}$，其溶液显弱酸性，如 0.1mol/L NH_4Cl 溶液的 pH 值为 5.12。若用酚酞作指示剂，NaOH 溶液中和至试液微红时，pH=9，就有部分 NH_4^+ 被中和。甲基红为酸性范围指示剂，变色 pH 范围为 4.4~6.2，$pK_a=5.2$，指示剂的理论变色点处于强碱滴定强酸的突跃范围（pH 值从 4.31 至 9.70），但不在强碱滴定弱酸的突跃范围（在弱碱范围），因此选用甲基红作指示剂。

（16）中和多余的硫酸，在试液中加入 3 滴 0.1%甲基红指示剂，试液为红色。由于过剩的硫酸较多，先用滴管滴加 2.000mol/L NaOH 溶液，边滴边搅，注意将 NaOH 直接滴入溶液，不可沾在玻璃棒与杯壁上，以免引起误差。当中和至滴落点出现黄色，经搅拌又恢复为红色，但红色的成分逐渐变少，稍微透黄的成分时，说明中和已接近终点，用洗瓶吹洗玻璃棒、杯壁，改用滴定管滴加 0.1mol/L NaOH 溶液，中和的终点是纯黄色，若短时间内又出现红色或透红的成分，则称泛红，仍小心滴加 NaOH 溶液至纯黄色，10s 后变为金黄色即为中和的终点。

若试液一直为纯黄色，则表示 NaOH 加多了，滴加 1.000mol/L H_2SO_4 溶液至试液为橙红或红色，再用 2.000mol/L NaOH 溶液滴定至纯黄，10s 后为金黄。

K 思考题

（1）尿素为有机碱，为什么不能用标准酸溶液直接滴定？尿素经消化转为 NH_4^+，为什么不能用 NaOH 溶液直接滴定？

（2）计算称取试样量的原则是什么？本实验试样量如何计算？

6.3.1.2 总氮含量测定（计算法）

本方法仅适用于生产厂常规分析产品检验。

A 原理

生产过程中加甲醛则尿素除水分、缩二脲和亚甲基二脲外，其他不纯物（重金属和副产品）含量可略而不计。因此其总氮含量可视为尿素氮、缩二脲氮和亚甲基二脲氮的总和。尿素氮可通过 100%减水分、缩二脲和亚甲基二脲含量而得到尿素含量计算获得，缩二脲氮可通过测缩二脲含量计算获得，亚甲基二脲氮可通过测亚甲基二脲含量计算获得，三者之和即为总氮。

B 计算

生产过程中加甲醛的尿素总氮含量（以干基计）以氮（N）的质量分数 w_2 计，数值以%表示，按式（6-3）计算

$$w_2=\frac{\{100-[w(H_2O)+w(Biu)+4.400\times w(HCHO)]\}\times 0.4665+w(Biu)\times 0.4077+4.400\times w(HCHO)\times 0.4241}{100-w(H_2O)}\times 100\%$$

$$=\frac{46.65-0.4665\times w(H_2O)-0.0588\times w(Biu)-0.1866\times w(HCHO)}{100-w(H_2O)}\times 100\%$$

设：$\alpha=46.65-0.4665\times w(H_2O)$（见表 6-10）

$\beta=0.0588\times w(Biu)$（见表 6-11）

$\gamma=0.1866\times w(HCHO)$（见表 6-12）

则：

$$w_2=\frac{\alpha-\beta-\gamma}{100-w(H_2O)}\times 100\% \tag{6-3}$$

生产过程中不加甲醛的尿素的总氮含量（以干基计），以氮（N）的质量分数 w_3 计，数值以%表示，按式（6-4）计算。

$$w_2=\frac{\alpha-\beta}{100-w(H_2O)}\times 100\% \tag{6-4}$$

式中，$w(H_2O)$ 为水分含量,%；$w(Biu)$ 为缩二脲含量,%；$w(HCHO)$ 为亚甲基二脲含量,%；0.4665 为尿素换算为氮的系数；0.4077 为缩二脲换算为氮的系数；4.400 为甲醛换算为亚甲基二脲的系数；0.4241 为亚甲基二脲换算为氮的系数。

表 6-10　α 值

H_2O 的质量分数/%	0.00	0.01	0.02	0.03	0.04	0.05	0.06	0.07	0.08	0.09
0.10	46.60	46.60	46.59	46.59	46.58	46.58	46.58	46.57	46.57	46.56
0.20	46.56	46.55	46.55	46.54	46.54	46.53	46.53	46.52	46.52	46.51
0.30	46.51	46.51	46.50	46.50	46.49	46.49	46.48	46.48	46.47	46.47
0.40	46.46	46.46	46.45	46.45	46.44	46.44	46.44	46.43	46.43	46.42
0.50	46.42	46.41	46.41	46.40	46.40	46.39	46.39	46.38	46.38	46.37
0.60	46.37	46.37	46.36	46.36	46.35	46.35	46.34	46.34	46.33	46.33
0.70	46.32	46.32	46.31	46.31	46.30	46.30	46.29	46.29	46.29	46.28
0.80	46.28	46.27	46.27	46.26	46.26	46.25	46.25	46.24	46.24	46.23
0.90	46.23	46.22	46.22	46.22	46.21	46.21	46.20	46.20	46.19	46.19
1.00	46.18	46.18	46.17	46.17	46.16	46.16	46.16	46.15	46.15	46.14
1.10	46.14	46.13	46.13	46.12	46.11	46.11	46.11	46.10	46.10	46.09
1.20	46.09	46.09	46.08	46.08	46.07	46.07	46.06	46.06	46.05	46.05

表 6-11　β 值

缩二脲，w/%	β 值	缩二脲，w/%	β 值
0.00～0.08	0	0.94～1.10	0.06
0.09～0.25	0.01	1.11～1.27	0.07
0.26～0.42	0.02	1.28～1.44	0.08
0.43～0.59	0.03	1.45～1.61	0.09
0.60～0.76	0.04	1.62～1.78	0.10
0.77～0.93	0.05	1.78～1.94	0.11

表 6-12　γ 值

亚甲基二脲，w/%（以 HCHO 计）	γ 值	亚甲基二脲，w/%（以 HCHO 计）	γ 值
0.14~0.18	0.03	0.51~0.56	0.10
0.19~0.24	0.04	0.57~0.61	0.11
0.25~0.29	0.05	0.62~0.67	0.12
0.30~0.34	0.06	0.68~0.72	0.13
0.35~0.40	0.07	0.73~0.77	0.14
0.41~0.45	0.08	0.78~0.83	0.15
0.46~0.50	0.09	0.84~0.88	0.16

6.3.2　缩二脲含量测定——分光光度法

6.3.2.1　实验目的

（1）巩固分光光度计的操作方法。

（2）了解用分光光度法测定缩二脲含量。

（3）巩固显色反应的控制条件。

6.3.2.2　实验原理

在尿素生产过程中，缩二脲是一个必然生成的副产物，其反应机理是由于尿素的异构化作用，由酮式尿素生成烯醇式尿素，进一步由烯醇式尿素脱氨生成氰酸，再由氰酸与尿素反应生成缩二脲。其反应机理如图 6-3 和图 6-4 所示。

图 6-3　尿素酮式和烯醇式尿素互变异构

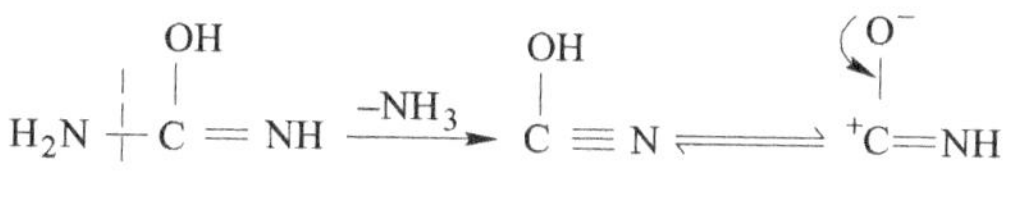

图 6-4　烯醇式尿素脱氨生成氰酸

上述生成缩二脲的反应为吸热的可逆反应。影响这个过程的因素主要有以下几个方面：

（1）氨浓度的影响。氨分压的增加，提高了生成物 NH_3 的浓度，可以降低缩二脲的生成速率。

（2）温度的影响。其他条件不变的情况下，缩二脲的生成随温度的增加而增加。

（3）停留时间的影响。由于缩二脲的生成是一个可逆的慢反应，因此尿素中缩二脲含量随着停留时间增加而增加。

（4）尿素浓度的影响。在一定温度下，随着尿液浓度的提高，缩二脲生成速度加快。

缩二脲是尿素在生产过程中，由两个尿素脱去一分子氨生成肽键。肽键是一分子氨基酸的 α-羧基和一分子 α-氨基脱水缩合形成的酰胺键—CO—NH—。

$$H_2N—CO—NH_2+H_2N—CO—NH_2 \longrightarrow H_2N—CO—NH—CO—NH_2+NH_3\uparrow$$

缩二脲在硫酸铜，酒石酸钾钠的碱性溶液中生成紫红色配合物，在波长为 550nm 处测定其吸光度。

6.3.2.3　实验仪器

实验所用到的仪器如表 6-13 所示。

表 6-13　实验仪器

仪器名称	规格	单位	数量
水浴锅	恒温	台	1
电子天平		台	1
量筒	25mL	个	1
容量瓶	100mL	个	10
容量瓶	500mL	个	3
移液管	10.0	支	1
胶头滴管		支	3
洗耳球		个	1
烧杯		个	5
电炉		台	1
紫外-可见分光光度计		台	1
玻璃棒		根	1

6.3.2.4　实验药品

实验用到的药品如表 6-14 所示。

表 6-14　实验药品

药品名称	规格	单位	数量
硫酸铜溶液	15g/L	mL	500
酒石酸钾钠碱溶液	50g/L	mL	500
缩二脲标液	2.00g/L	mL	500
尿素	农业级	包	1
硫酸	AR	瓶	1

6.3.2.5　实验步骤

（1）实验所需溶液配制。

1）硫酸铜溶液：称取 7.5g 硫酸铜于烧杯中，用蒸馏水溶解，再用 500mL 容量瓶定容，贴签备用。

2）酒石酸钾钠碱性溶液：称量 25g 酒石酸钾钠溶解于水中，加入 20g 氢氧化钠，稀释至 500mL。

3）缩二脲标准溶液配制：称量缩二脲 1.000g，溶于 450mL 水中，用硫酸或氢氧化钠溶液调节溶液的 pH=7，定量移入 500mL 容量瓶中，稀释至刻度，混匀。

（2）尿素吸收曲线的绘制。称取尿素试样 4.913g，用烧杯溶解后转移至 50mL 的容量瓶中加入 4mL 硫酸铜，加入蒸馏水至刻度线下 4mL 左右，然后用高浓度的硫酸和氢氧化钠调节 pH=9 定容，将容量瓶中的溶液进行干过滤，过滤得到的溶液在波长 400~760nm 处测量吸光度，根据所得数据绘制吸收曲线。与用相同浓度测得的缩二脲铜吸收曲线进行对比。

（3）标准曲线的绘制。取 7 个 100mL 的容量瓶，加入 4mL 硫酸铜，分别加入 2.5mL、5.00mL、10.00mL、15.00mL、20.00mL、25.00mL、30.00mL 的 2g/L 的缩二脲，见表 6-15，然后加蒸馏水至刻度线下 4mL 左右，用高浓度的 HAc 和氢氧化钠调节 pH=9 定容，再进行干过滤，将过滤得到的溶液在波长在 550nm 处测量吸光度，根据所得数据绘制标准曲线。

表 6-15　缩二脲标准溶液加入量

缩二脲标准溶液体积/mL	缩二脲的对应量/mg
0	0
2.50	5.00
5.00	10.00
10.00	20.00
15.00	30.00
20.00	40.00
25.00	50.00
30.00	60.00

每个量瓶用水稀释至约 50mL，然后依次加入 20mL 酒石酸钾钠碱性溶液和 20mL 硫酸铜溶液，摇匀，稀释至刻度，把量瓶浸入 30℃±5℃的水浴中约 20min，不时摇动。

（4）试样测定。根据尿素中缩二脲的不同含量，确定称样量后称样（见表 6-16），准确至 0.0002g。然后将称好的试料仔细转移至 100mL 量瓶中，加少量水溶解（加水量不得大于 50mL），放置至室温，依次加入 20mL 酒石酸钾钠碱性溶液和 20mL 硫酸铜溶液，摇匀，稀释至刻度，将量瓶浸入 30℃±5℃的水浴中约 20min，不时摇动。

表 6-16　不同缩二脲含量的称取试料量

缩二脲 w/%	$w \leqslant 3$	$0.3 \leqslant w \leqslant 0.4$	$0.4 < w \leqslant 1.0$	$w > 1.0$
称取试样量/g	10	7	5	3

（5）空白试验。按上述操作步骤进行空白试验，除不加试料外，操作步骤和应用的试剂与测定时相同。

6.3.2.6　原始记录

原始记录如表 6-17 和表 6-18 所示。图 6-5 为缩二脲吸收曲线。

表 6-17　吸收曲线的绘制

波长/mm	400	410	420	430	440	450	460	470	480	490	500
A											
波长/mm	510	520	530	535	540	545	548	550	560	570	580
A											
波长/mm	590	600	610	620	630	640	650	660	670	680	690
A											
波长/mm	700	710	720	730	740	750	760				
A											

表 6-18　标准曲线的绘制

编　　号	1	2	3	4	5	6	7
缩二脲标液体积/mL	2.50	5.00	10.00	15.00	20.00	25.00	30.00
质量浓度/mg · L^{-1}	0.100	0.200	0.400	0.600	0.800	1.000	1.200
A							

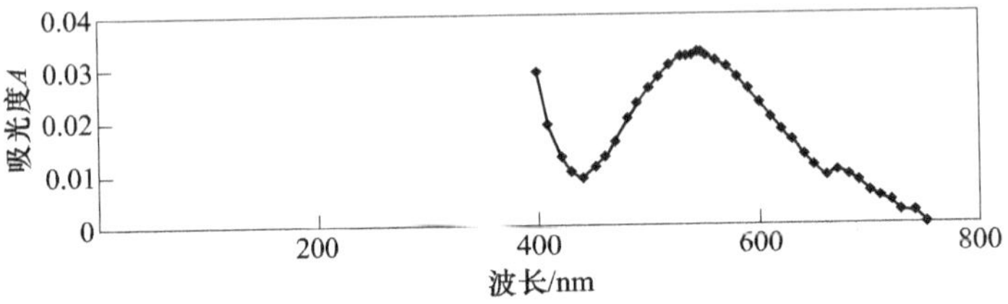

图 6-5　缩二脲吸收曲线

6.3.2.7　检测结果

从标准曲线查出所测吸光度对应的缩二脲的质量或由曲线系数求出缩二脲的质量。

缩二脲（Biu）含量 w 以质量分数（%）表示，按式（6-5）计算：

$$w=\frac{(m_1-m_2)\times 10^{-3}}{m}\times 100\%=\frac{m_1-m_2}{1000m} \tag{6-5}$$

式中，m_1为试料中测得缩二脲的质量，mg；m_2为空白试验所测得的缩二脲的质量，mg；m 为试料的质量，g。

计算结果表示到小数点后两位，取平行测定结果的算术平均值为测定结果。

6.3.2.8　允许差

平行测定结果的绝对差值不大于 0.05%；不同实验室测定结果的绝对差值不大于 0.08%。

6.3.2.9　注意事项

（1）在实验中使用移液管时应注意用待移液润洗移液管。

（2）注意比色皿的校正和冲洗。

（3）如果试液有色或浑浊有色，除测定缩二脲系列标液外，另取两个 100mL 容量瓶，各加入 20mL 酒石酸钾钠碱性溶液，其中一个加入与显色时相同体积的试料，将溶液用水稀释至刻度，摇匀，另一个不加试料，用水稀释至刻度，摇匀，作为参比，用测定时的同样条件测定另一份溶液吸光度，在计算中扣除。

（4）如果试液只是浑浊，则加入 0.3mL 浓度为 1mol/L 盐酸溶液，剧烈摇动，用中速滤纸过滤，少量滤液和洗涤液收集在容量瓶中，再按试样制备操作。

6.3.2.10 思考题

（1）为什么在确定试料称取量时要参考试料所含缩二脲含量？
（2）酒石酸钾钠铜深蓝色配合物会不会产生干扰？若产生了干扰，如何消除？
（3）如何选择本实验的参比溶液？
（4）在本实验中有哪些引起误差的因素？

6.3.3 铁含量测定——邻菲啰啉分光光度法

6.3.3.1 实验目的

（1）巩固 1,10-菲啰啉分光光度法测尿素中铁含量的方法及操作；
（2）进一步掌握分光光度计的使用方法；
（3）熟练比色皿的选择及清洗，装样等操作；
（4）加强对一般溶液的配制操作练习；
（5）加深对显色反应的理解。

6.3.3.2 实验原理

用抗坏血酸将试液中的三价铁离子还原为二价铁离子，在 pH 值为 2~9 时（本标准选择 pH 值为 4.5），二价铁离子与邻菲啰啉生成橙红色配合物，在吸收波长 510nm 处，用分光光度计测定其吸光度。

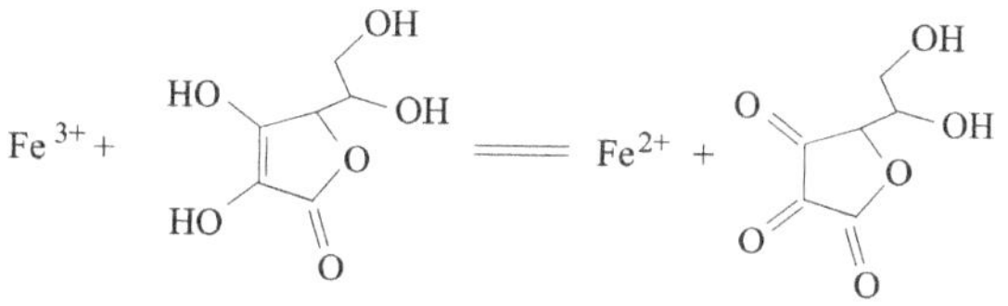

$$Fe^{2+} + 3C_{12}H_8N_2 \longrightarrow [Fe(C_{12}H_8N_2)_3]^{2+}$$

6.3.3.3 实验仪器

实验所需用到的仪器如表 6-19 所示。

表 6-19 实验仪器

仪器名称	规格	单位	数量
电子天平		台	1
量筒	25mL	个	1
容量瓶	100mL	个	10
容量瓶	500mL	个	3

续表 6-19

仪器名称	规格	单位	数量
移液管	10.0mL	支	1
胶头滴管		支	3
洗耳球		个	1
烧杯		个	5
电炉		台	1
紫外-可见分光光度计		台	1
玻璃棒		根	1

6.3.3.4　实验药品

实验用到的药品如表 6-20 所示。

表 6-20　实验药品

药品名称	规格	单位	数量
浓氨水	AR	mL	25
抗坏血酸		g	10
浓盐酸	AR	mL	9.1
尿素	农业级	包	1
硫酸高铁	AR	g	0.8610
邻菲啰啉	AR	g	0.20
冰醋酸	AR（6.3moL/L）	mL	20.0
醋酸钠	AR	g	5.9454

6.3.3.5　实验步骤

（1）实验所需溶液配制。

1）铁标溶液（0.1g/L）：0.8610g 硫酸高铁铵→1000mL。

2）盐酸溶液(1+1）100mL：12mol/L 的浓盐酸 9.1mL+90.9mL 水→100mL。

3）氨水溶液(1+1）50mL：25mL 浓氨水+25mL 水→50mL。

4）抗坏血酸溶液 100mL：2.0g 的抗坏血酸→100mL。

5）邻菲啰啉溶液 100mL：0.2g 的邻菲啰啉试剂+95%乙醇（溶解）→100mL。

6）HAc-NaAc 缓冲溶液(pH=4.5）50ml：5.9454g 乙酸钠+20mL 冰醋酸（6.3moL/L）→50mL。

7）试样溶液 100mL：10.0g 尿素+水（溶解）+10mL 盐酸溶液(1+1)→煮沸+氨水（1+1)，调 pH 值为 2+2.5mL 抗坏血酸+10mL 缓冲液+5mL 邻菲啰啉溶液。

8）铁标准溶液（0.01g/L）：5.0mL 的 0.1g/L 铁标液→50mL。

（2）尿素中邻菲啰啉铁的吸收曲线的绘制。取称约 10g 实验室样品（精确到 0.01），置于 100mL 烧杯中，加少量水使试料溶解，加入 10mL 盐酸溶液，加热煮沸，并保持 3min，冷却后，将试液定量过滤于 100mL 烧杯中，用少量水洗涤几次，使溶液体积约为 40mL，用氨水溶液调节溶液的 pH 值约为 2，将溶液定量转移到 100mL 容量瓶中，加 2.5mL 抗坏血酸溶液、10mL 乙酸-乙酸钠缓冲溶液、5mL 邻菲啰啉溶液、用水稀释至刻度，摇匀。在波长为 400~620nm 处测量吸光度，根据所得数据绘制吸收曲线。

（3）铁标液标准曲线的绘制。

1）按照表 6-21 加入铁标溶液，分别置于 7 个 50mL 的容量瓶中。

2）向每个容量瓶中加入 10mL 盐酸溶液（1+1），加水至 20mL 处，用氨水溶液调节 pH 值为 2~3，再加入 2.5mL 抗坏血酸溶液，10mL HAc-NaAc 缓冲溶液和 5mL 1,10-菲啰啉溶液，再用水稀释至刻度处，摇匀，静置 20min。

3）用适宜的比色皿装以上 7 个容量瓶的溶液，在波长为 510nm 处测得相应的吸光度。

4）以铁含量（μg）为横坐标，与其相应的吸光度为纵坐标绘制标准曲线。

表 6-21　铁标准溶液的加入量

铁标液体积/mL	0.00	2.00	4.00	6.00	8.00	12.00
对应铁质量/μg	10.00	20.00	40.00	60.00	80.00	120.0

（4）尿素中铁含量的测定。

1）试液配制。取称约 10g 实验室样品 3 份（精确到 0.01），分别置于 100mL 烧杯中，加少量水使试料溶解，加入 10mL 盐酸溶液，加热煮沸，并保持 3min，冷却后，将试液定量过滤于 100mL 烧杯中，用少量水洗涤几次，使溶液体积约为 40mL，用氨水溶液调节溶液的 pH 值约为 2，将溶液定量转移到 100mL 容量瓶中，加 2.5mL 抗坏血酸溶液、10mL 乙酸-乙酸钠缓冲溶液、5mL 邻菲啰啉溶液，用水稀释至刻度，摇匀。

注：若试料含铁量小于等于 15μg，可在调整 pH 值前加入 5mL 铁标注溶液（0.01mg/mL），然后在结果中扣除。

2）吸光度测定。用试料溶液润洗玻璃比色皿，再装样，在波长为 510nm 处测定其吸光度，平行测 3 组。

（5）空白试验。按上述操作进行空白试验，除不加试料外，操作和应用的试剂与测定时相同。

6.3.3.6　原始记录

原始记录如表 6-22 和表 6-23 所示。图 6-6 为邻菲啰啉铁吸收曲线。

表 6-22　邻菲啰啉铁吸收曲线的绘制

波长	400	410	420	430	440	450	460	470	480	490	500
A											
波长	510	502	504	506	508	510	512	514	516	518	520
A											
波长	530	540	550	560	570	580	590	600	610	620	
A											

表 6-23　邻菲啰啉铁标准曲线的绘制

编　号	1	2	3	4	5	6
0.01g/L 铁标液的体积/mL	0	2.00	4.00	6.00	8.00	10.00
对应的铁含量/μg	0	20	40	60	80	100
A						

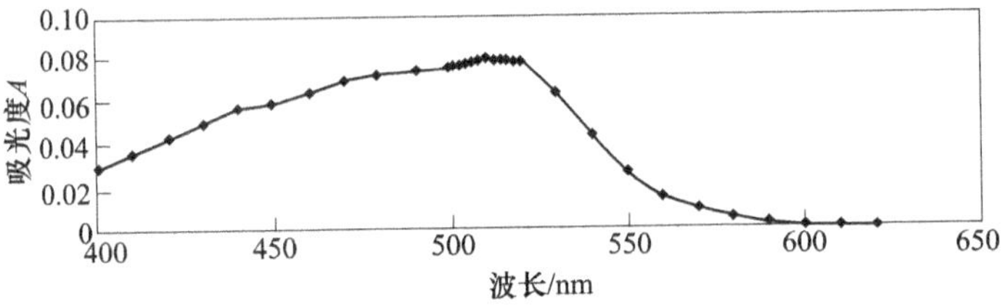

图 6-6　邻菲啰啉铁吸收曲线

6.3.3.7　检测结果

（1）标准曲线的绘制后，可得到线性回归方程和线性相关系数。

（2）从标准曲线查出所测吸光度对应的铁含量或由曲线系数求出铁含量。

铁（Fe）含量 w 以质量分数（%）表示，按式（6-6）计算。

$$w = \frac{m_1 - m_2}{m} \times 100\% \qquad (6\text{-}6)$$

式中，m_1为试料中测得铁的质量，g；m_2为空白试验所测得的铁的质量，g；m 为试料的质量，g。

计算结果表示到小数点后五位，取平行测定结果的算术平均值为测定结果。

6.3.3.8　允许差

平行测定结果的相对偏差不大于 100%。

6.3.3.9　注意事项

（1）菲啰啉溶液配好后应避光保存，防止分解；

（2）在使用比色皿时，注意保护光学面；

（3）在实验过程中，盐酸具有腐蚀性，防止溅到皮肤，伤害皮肤组织；

（4）在量取浓盐酸，浓氨水等有刺激性试剂时，请勿大口吸气，且操作尽量减少时间。

6.3.3.10　实验讨论

（1）在实验中用邻菲啰啉显色的原理是什么？

（2）在实验中为什么要注意控制酸度？

（3）哪些因素是决定实验的成败？

6.3.4 尿素的测定——卡尔·费休法

6.3.4.1 目的

（1）了解卡尔·费休试剂的配制；
（2）了解卡尔·费休法测定的原理和方法；
（3）掌握用卡尔·费休法测定尿素中水分。

6.3.4.2 原理

存在于试料中的水分，与已知水滴定度的卡尔·费休试剂进行定量反应，反应式如下。

$$H_2O + I_2 + SO_2 + 3C_5H_5N \longrightarrow 2C_5H_5N \cdot HI + C_5H_5N \cdot SO_3$$

$$C_5H_5N \cdot SO_3 + CH_3OH \longrightarrow C_5H_5NH \cdot OSO_2OCH_3$$

6.3.4.3 试剂

下列的部分试剂和溶液易燃且对人体有毒有害，操作者应小心谨慎！如溅到皮肤上应立即用水冲洗或适合的方式进行处理，如有不适应立即就医。

本部分中所用试剂、溶液和水，在未注明规格和配制方法时，均应符合 HG/T 2843 的规定。

（1）卡尔·费休试剂。含吡啶的卡尔·费休试剂 84.7g（0.33mol）碘溶于 269mL（3.3mol）无水吡啶中，加 667mL 无水甲醇。

不含吡啶的卡尔·费休试剂由有机弱碱、甲醇、碘和二氧化硫组成。

（2）甲醇（脱水）。

（3）二水酒石酸钠。

6.3.4.4 仪器

卡尔·费休直接电量滴定仪器，其典型装置按 GB/T 6283 配置。

6.3.4.5 分析步骤

做两份试料的平行测定。

（1）卡尔·费休试剂的标定。按 GB/T 6283 规定步骤，用水或二水酒石酸钠标定试剂对水的滴定度 T。

（2）测定。用称量管称量 1~5g 实验室样品（精确至 0.0002g），要求称取的试料量消耗卡尔·费休试剂体积不超过 10mL。

通过卡尔·费休仪器的排泄嘴将滴定容器中残液放完，加 50mL 甲醇于滴定容器中，甲醇用量须足以淹没电极。打开电磁搅拌器，与标定卡尔·费休试剂一样，用卡尔·费休试剂滴定至电流计产生与标定时同样的偏斜，并保持稳定 1min。

打开加料口橡皮塞，迅速将已称量过的称量管中试料倒入滴定容器中，立即盖好橡皮塞，搅拌至试料溶解，用卡尔·费休试剂如上述滴定甲醇中剂量一样滴定至终点，记录所消耗卡尔·费休试剂的体积（V）。称量加完试料后称量管的质量，以确定所用试料的质量（m）。

6.3.4.6 分析结果的表述

水分 w 以质量分数（%）表示，按式（6-7）计算。

$$w=\frac{T\times V}{m\times 1000}\times 100\%=\frac{T\times V}{1000m} \tag{6-7}$$

式中，T 为卡尔·费休试剂对水的滴定度，mg/mL；V 为滴定消耗卡尔·费休试剂的体积，mL；m 为试料的质量，g。

计算结果表示到小数点后两位，取平行测定结果的算术平均值为测定结果。

6.3.4.7 允许差

平行测定结果的绝对差值不大于 0.03%。

6.3.5 尿素碱度测定——容量法

6.3.5.1 实验目的

（1）掌握尿素中总碱度测定的实验原理；
（2）掌握如何用容量法测定尿素中碱度的操作方法和具体步骤；
（3）对滴定法的操作进一步复习；
（4）复习 HCl 标准溶液的配制方法及正确判断甲基红滴定终点；
（5）掌握实验总碱度的计算方法。

6.3.5.2 实验原理

滴定分析法是将一种已知准确浓度的试剂溶液，滴加到被测物质的溶液中，直到所加的试剂与被测物质按化学计量定量完全反应为止，根据试剂溶液的浓度和消耗的体积，计算被测物质的含量。

在指示液存在下，用盐酸标准溶液滴定试样的碱度。

若只是标定盐酸，甲基橙作指示剂更好，因为此时 HCl 与 Na_2CO_3刚好是 2∶1 反应，且 CO_2大部分以 H_2CO_3形式存在，几乎不消耗碱，影响较小。但是为了保证标定盐酸和用盐酸滴定尿素中总碱度两次实验终点一致，故使用甲基红-亚甲基蓝混合指示液。其变色范围是从绿（pH=5.6）→暗蓝色（pH=5.4）→红紫色（pH=5.2）。

6.3.5.3 实验仪器

实验所需用到的仪器如表 6-24 所示。

6.3.5.4 实验药品

实验用到的样品如表 6-25 所示。

表 6-24 实验仪器

仪器名称	规格	单位	数量
电子天平		台	1
量筒	25mL	个	1
容量瓶	500mL	个	3
烧杯		个	5
电炉		台	1
锥形瓶	250mL	个	8
玻璃棒		根	1
碱式滴定管		根	1

表 6-25 实验药品

药品名称	规格	单位	数量
盐酸标液	0.1mol/L	mL	500
甲基红-亚甲基蓝混合指示剂		瓶	1
基准试剂无水碳酸钠	AR	瓶	1

6.3.5.5 实验步骤

（1）溶液的配制。盐酸标准滴定液的配制：用量筒量取盐酸 4.5～500mL 容量瓶中用蒸馏水稀释至刻度，摇匀，贴上标签备用。

甲基红-亚甲基蓝混合指示剂溶液的配制：称取 0.05g 溴甲酚绿，溶于 95%乙醇，用 95%乙醇稀释至 50mL；称取 0.05g 甲基红，溶于 95%乙醇，用 95%乙醇稀释至 50mL；再将两个指示液移入滴定瓶中混合均匀，贴上标签备用。

（2）盐酸标准滴定液的标定。称取已在 250℃ 干燥过 4h 的基准无水碳酸钠 0.22g+0.01g（准确至 0.0001g），置于 250mL 锥形瓶中，加 50mL 的蒸馏水溶解，再滴加 2 滴甲基红-亚甲基蓝混合指示剂溶液，用盐酸滴定至绿色刚出现，小心煮沸溶液至绿色褪去，冷却至室温，继续滴定、煮沸、冷却，直至刚出现的绿色再在加热时不褪色为止。平行测定 3 次，同时做空白实验。以上平行测定 4 次的算术平均值为测定结果。

（3）碱度的测定。称取约 50g 实验室样品（精确到 0.05g），将试料置于 500mL 锥形瓶中，加约 350mL 水，溶解试料，加入 3～5 滴甲基红-亚甲基蓝混合指示液，然后用盐酸标准滴定溶液滴定到溶液呈红紫色。平行 4 次，做空白实验。

6.3.5.6 原始记录

原始记录如表 6-26 和表 6-27 所示。

6.3.5.7 分析结果的表述

盐酸标准滴定溶液浓度按式（6-8）计算

$$c_{HCl}=\frac{m_{Na_2CO_3}}{(V_{HCl}+V_{校正}-V_{空白})M\left(\frac{1}{2}Na_2CO_3\right)} \tag{6-8}$$

表 6-26　盐酸标准溶液的标定原始记录

项目	编号				空白
	1	2	3	4	
称取无水碳酸钠的初质量/g					
称取无水碳酸钠的末质量/g					
标定消耗 HCl 的初体积/mL					
标定消耗 HCl 的末体积/mL					
标定 HCl 的浓度/$mol \cdot L^{-1}$					
符合 Q 检验法的盐酸浓度数据					
盐酸标准溶液平均浓度/$mol \cdot L^{-1}$					
标准偏差 S					
相对误差 E_r					

表 6-27　尿素中碱度测定的原始记录

项目	编号				空白
	1	2	3	4	
称取尿素试样的初质量/g					
称取尿素试样的末质量/g					
滴定消耗 HCl 的初体积/mL					
滴定消耗 HCl 的末体积/mL					
尿素中总碱度/%					
符合 Q 检验法的总碱度数据					
平均碱度/%					
标准偏差 S					
相对误差 E_r					

碱度 w 以氨（NH_3）的质量分数（%）表示，按式（6-9）计算。

$$w=\frac{cV \times 0.017}{m} \times 100\%=\frac{cV \times 0.017}{m} \tag{6-9}$$

式中，c 为盐酸标准滴定溶液的浓度，mol/L；V 为测定时消耗盐酸标准滴定溶液的体积，mL；m 为试料的质量，g；0.017 为氨的毫摩尔质量，g/mmol。

计算结果表示到小数点后三位，取平行测定结果的算术平均值作为测定结果。

6.3.5.8　允许差

平行测定结果的绝对差值不大于 0.001%；不同实验室测定结果的绝对差值不大于 0.002%。

6.3.5.9　注意事项

（1）在滴定时注意观察溶液颜色的变化情况，以免滴过了导致实验结果出现误差。

（2）基准无水碳酸钠使用前需在 250℃烘箱内干燥 4h 后才能称量。

（3）称量碳酸钠时动作要迅速，因为碳酸钠具有吸湿性。

6.3.5.10　实验讨论

（1）用碳酸钠标定盐酸溶液，滴定至近终点时，为什么需将溶液煮沸？煮沸后为什么又要冷却后在滴定至终点？

（2）本次实验中，为什么前后两次实验均使用甲基红-亚甲基蓝指示剂？

（3）在本实验中，要如何才能减小误差使得结果在允许差范围之内，主要应该注意哪些方面？

6.3.6　尿素水不溶物测定——重量法

6.3.6.1　实验目的

（1）掌握玻璃坩埚的分类和使用方法；

（2）水不溶物测定的基本原理和操作方法。

6.3.6.2　实验原理

用玻璃坩埚（砂芯漏斗）减压过滤尿素溶液，残渣量表示为水不溶物的量。

砂芯漏斗（见图 6-7）是耐酸玻璃滤过仪器，系采用优良硬质高硼玻璃组成，具有较高的理化性能。产品适用于化学分析、卫生检验、石油工业、制药工业、染料工业等领域。

砂芯漏斗的砂芯滤板是由烧结玻璃料制成的，可以过滤酸液和用酸类处理的溶液，也叫耐酸漏斗、玻璃垂熔漏斗。根据其孔径大小，分成 G1 到 G6 6 种规格，见表 6-28。

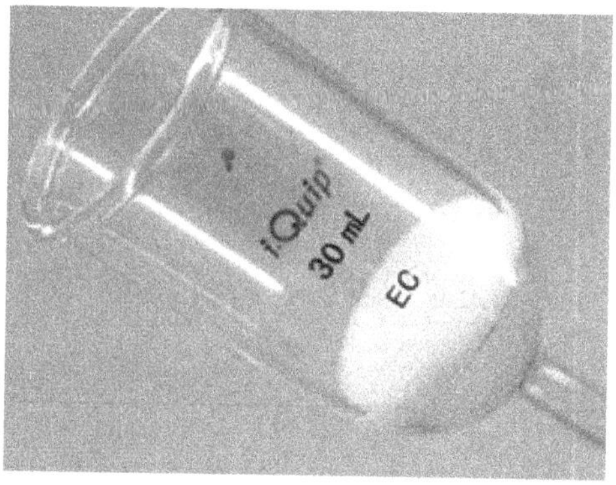

图 6-7　砂芯漏斗

表 6-28　砂芯漏斗代号与孔径的关系

滤板代号	孔径/μm	一般用途
G1	20~30	滤除粗沉淀物及胶状沉淀物
G2	10~15	滤除粗沉淀物及气体洗涤
G3	4.5~9	滤除细沉淀物，过滤水银
G4	3~4	滤除细沉淀或极细沉淀物
G5	1.5~2.5	滤除体积大的杆状细菌和酵母
G6	<1.5	滤除 1.5~0.6μm 的病菌

新购置的滤过仪器使用前需用酸溶液进行抽滤，并用蒸馏水冲洗干净，烘干后使用。对于除菌滤器，使用前需高压灭菌，使用后应用洗涤液进行抽滤，然后放入洗涤液中浸泡 48h，取出后用蒸馏水冲洗抽滤烘干保存。在烘干过程中，切勿中途开烘箱，要待烘箱降

至室温后再打开烘箱取出，以防炸裂。滤器使用后须进行洗涤处理，以免因沉淀物堵塞而影响过滤功效。

使用时注意滤板两面的正负压差不得大于98Pa（1kg/cm），滤器在加热或冷却时应注意缓慢进行。玻璃滤器在使用时不宜过滤氢氟酸、热浓磷酸、热或冷的冷碱液。G1～G4号砂芯漏斗使用后滤板上附着沉淀物时，可用蒸馏水冲净，必要时可根据不用的沉淀物选用适当的洗涤液先做处理，再用蒸馏水冲净、烘干。

6.3.6.3 实验仪器

玻璃坩埚式过滤器（2号×3，20mL）、恒温干燥箱、烧杯（250mL×3）、恒温水浴锅、电子天平、铁架台。

6.3.6.4 检验药品

HCl（AR）用于清洗砂芯漏斗、尿素。

6.3.6.5 实验步骤

称量大约50g实验室试样（精确到0.05g），将试料溶于120～150mL水中。将溶液置于90℃的水浴中保温30min，立即用恒重的4号玻璃坩埚式滤器趁热减压过滤，用热水洗涤滤渣3~5次，每次用量约15mL，取下过滤器，于105～110℃恒温下干燥至恒重。

做3次试样的平行测定。

6.3.6.6 原始记录

原始记录如表6-29所示。

表6-29 水不溶物测定原始记录

编 号	1	2	3
尿素质量/g			
砂芯漏斗/g			
漏斗+不溶物/g			
不溶物/g			
不溶物平均值/g			

6.3.6.7 实验结果

水不溶物含量 w 用质量分数（%）表示，按式（6-10）计算。

$$w=\frac{m_1}{m}\times 100\% \tag{6-10}$$

式中，m_1 为干燥后残渣质量，g；m 为试料的质量，g。

计算结果表示到小数点后四位，取平行测定结果的算术平均值作为测定结果。

6.3.6.8 允许差

平行测定结果的绝对差值不大于 0.005%。

6.3.6.9 注意事项

（1）新购置的砂芯漏斗使用前需用酸溶液进行抽滤，并用蒸馏水冲洗干净，烘干后使用。对于除菌滤器，使用前需高压灭菌，使用后应用洗涤液进行抽滤，然后放入洗涤液中浸泡 48h，取出用蒸馏水冲洗抽滤烘干保存。在烘干过程中，切勿中途开烘箱，要待烘箱降至室温后再打开烘箱取出，以防炸裂。

（2）滤器使用后须进行洗涤处理，以免因沉淀物堵塞而影响过滤功效。

（3）使用时滤板两面的正负压差不得大于98Pa（1kg/cm），在加热或冷却时应注意缓慢进行。玻璃滤器在使用时不宜过滤氢氟酸、热浓磷酸、热或冷的浓碱液。G1～G4 号砂芯漏斗使用后滤板上附着沉淀物时，可用蒸馏水冲净，必要时可根据不用的沉淀物选用适当的洗涤液先做处理，再以蒸馏水冲净，烘干。

6.3.6.10 实验讨论

（1）怎样选择砂芯漏斗？

（2）砂芯漏斗使用时应注意什么？

6.3.7 尿素粒度测定——筛分法

6.3.7.1 实验目的

（1）掌握尿素粒度的测定方法；

（2）理解筛分法测粒度的原理及操作方法；

（3）了解目数的概念以及它和粒度的关系。

6.3.7.2 实验原理

用筛分法将尿素分成不同粒径的颗粒，称量，计算质量分数。

粒度在工厂的质量控制中是作为产品质量控制的一个重要外在指标，尤其是对大颗粒生产，粒度控制严格。企业的小颗粒尿素的内控指标是一级严格一级，出厂标准是国标，日常控制的指标是 95%（0.85～2.8mm），优等品的指标要求是 98%。

粒径是当被测颗粒的某种物理特性或物理行为与某一直径的同质球体（或其组合）最相近时，就把该球体的直径（或其组合）作为被测颗粒的等效粒径（或粒度分布）。关于粒径的特殊含义如下：

（1）粒度测量实质上是通过把被测颗粒和同一种材料构成的圆球相比较而得出的。

（2）不同原理的仪器选用不同物理特性或物理行为作为比较的参考量，例如沉降仪选用沉降速度，激光粒度仪选用散射光能分布，筛分法选用颗粒能否通过筛孔等。

粒径一般用目数来表示，目数，就是孔数，是指筛网在每平方英寸上的孔数目。目数越大，说明物料粒度越细；目数越小，说明物料粒度越大。

目数前加正负号则表示能否漏过该目数的网孔。负数表示能漏过该目数的网孔，即颗粒尺寸小于网孔尺寸；而正数表示不能漏过该目数的网孔，即颗粒尺寸大于网孔尺寸。例如，颗粒为-100～+200 目，即表示这些颗粒能从 100 目的网孔漏过而不能从 200 目的网孔漏过，在筛选这种目数的颗粒时，应将目数大（200）的放在目数小（100）的筛网下面，在目数大（200）的筛网中留下的即为-100～+200 目的颗粒。

6.3.7.3　实验仪器

实验所用到的仪器如表 6-30 所示。

表 6-30　实验仪器

仪器名称	规格	单位	数量
电子天平		台	1
试验筛（加筛盖）		套	1
底盘		个	1
烧杯		个	1

6.3.7.4　实验步骤

（1）根据被测物，按粒度 d（0.85～2.8mm、1.18～3.35mm、2.00～4.75mm、4.00～8.00mm）选取两个相应的试验筛，用无水乙醇擦拭试验筛。

（2）将筛子按孔径大小一次叠好（大在上，小在下），装上底盘。

（3）称取约 100g 尿素置于依次叠好的筛上，盖好筛盖，进行人工筛分。

（4）称量通过大孔径筛子而未通过小孔径筛子的尿素，夹在筛孔中的颗粒按不通过计。

6.3.7.5　原始记录

原始记录如表 6-31 所示。

表 6-31　粒度测定原始记录

项目	大于 20 目	20～40 目	40～60 目	小于 60 目
空烧杯				
烧杯+筛分				
筛分				
筛分百分含量				
总和				
损失				

6.3.7.6　检测结果

粒度 w 以质量分数（%）表示，按式（6-11）计算。

$$w=\frac{m_1}{m}\times 100\% \tag{6-11}$$

式中，m_1为通过大孔径筛子和未通过小孔径筛子试料的质量，g；m 为试料的质量，g。

计算结果表示到小数点后一位。

6.3.7.7　注意事项

（1）本实验主要注意试验筛的选择以及试验筛上下的放置；

（2）夹在试验筛孔中的颗粒按不通过计。

6.3.7.8　思考题

（1）已知孔径边长，怎样计算目数？

（2）在此次实验中，振动筛子为什么不宜过久？

（3）如何计算夹在试验筛孔中的颗粒？

6.3.8　硫酸盐含量测定——目视比浊法

6.3.8.1　实验目的

（1）掌握硫酸盐含量测定的基本原理；

（2）掌握目视比浊法的基本原理及操作方法。

6.3.8.2　实验原理

在酸性介质中，加入氯化钡溶液，与硫酸根离子生成硫酸钡白色悬浮微粒所形成的浊度与标准浊度进行比较。

6.3.8.3　检验仪器

比色管（50mL×8）、烧杯（500mL×2、250mL）、移液管（25mL×1、5mL×1）、洗耳球、容量瓶（100mL×2）、电子天平、电炉。

6.3.8.4　检验药品

氯化钡、盐酸、硫酸钾（AR）。

6.3.8.5　检验步骤

于 8 支 50mL 比色管中，分别加入 0、0.50mL、1.00mL、1.50mL、2.00mL、2.50mL、3.00mL、3.50mL 硫酸盐标准溶液，加 5mL 盐酸溶液，加水至 40mL，待用。

称量约 10g 实验室样品（精确至 0.1g），将试料溶于 25~30mL 热水中，加 20mL 盐酸溶液，加热煮沸 1~2min，若溶液浑浊，用紧密滤纸过滤，并用热水洗涤 3~4 次，滤液和洗液收集于 100mL 量瓶中，冷却，用水稀释至刻度，混匀。

吸取 25.0mL 试液于 50mL 比色管中，加水至 40mL，与标准比色管同时在不断摇动下，滴加 5mL 氯化钡溶液，用水稀释至刻度，摇匀后放置 20min，与标准比色管进行比较。

6.3.8.6　原始记录

原始记录如表 6-32 所示。

表 6-32　硫酸盐测定原始记录

编　　号	1	2	3
称取尿素质量			
标液体积			
硫酸盐含量 w/%			
硫酸盐含量平均值 $\overline{w}$/%			

6.3.8.7　分析结果的表述

硫酸盐（SO_4^{2-}）含量 w 以质量分数（%）表示，按式（6-12）计算。

$$w=\frac{V(0.1/1000)}{(25/100)m}\times 100\%=\frac{0.4V}{1000m} \tag{6-12}$$

式中，V 为与试验部分浊度相同的标准比浊液中硫酸盐标准溶液的体积，mL；m 为试料的质量，g。

6.3.9　亚甲基二脲含量测定——分光光度法

6.3.9.1　实验目的

（1）了解尿素中亚甲基二脲的来源；

（2）掌握亚甲基二脲的检测方法。

6.3.9.2　实验原理

尿素在造粒时，在浓硫酸作用下，尿素中亚甲基二脲分解生成甲醛与尿素，生成的甲醛与萘二磺酸二钠盐（变色酸）反应，生成紫红色配合物，在吸收波长 570nm 处，用分光光度计测定其吸光度。变色酸在纯硫酸溶液中显红色，如果看到溶液变红，一定是硫酸过量了。

甲醛为无色气体，有特殊的刺激性气味。工业甲醛为无色透明液体，具有窒息性臭味。甲醛分子化学性质很活泼，能与多种物质发生反应，与熔融尿素结合，迅速发生不可逆反应生成亚甲基二脲，这就是尿素加甲醛的原理，工业亚甲基二脲是一种添加剂，它的存在使得尿素颗粒强度大、粉尘小，而且还有不易吸潮、肥效缓释等优点。亚甲基二脲是脲醛树脂的一种，它具有网状的立体结构，正是它这种特殊的结构决定了脲醛树脂具有良好的强度和耐冲击性，它在尿素晶体中均匀分布，就像给尿素分子加了一张大网，大大增强了尿素粒子的强度和耐冲击性，改善了成品的外观质量。

（1）尿素与 UF1 反应生成亚甲基二脲（MDU）。

$$NH_2CONH_2 + H_2NCONH—CH_2OH \longrightarrow H_2NCONH—CH_2—HNCONH_2 + H_2O$$

（2）尿素与 UF2 反应生成亚甲基三脲（MTU）。

$$2NH_2CONH_2 + HO—CH_2HNCONH—CH_2—OH \longrightarrow$$

$$H_2NCONH—CH_2—HNCONH—CH_2—HNCONH_2 + 2H_2O$$

（3）尿素与 UF3 反应生成亚甲基四脲。

$$3NH_2CONH_2 + HO—CH_2HNCON(CH_2OH) \longrightarrow$$
$$H_2NCONH—CH_2—HNCON(CH_2HNCONH_2)_2 + 3H_2O$$

上述（1）~（3）反应均可重复地进行，从而生成更长链的化合物。在浓硫酸作用下，尿素中亚甲基二脲分解生成甲醛与尿素，生成的甲醛与萘二磺酸二钠盐（变色酸）反应，生成紫红色配合物，在吸收波长 570nm 处，用分光光度计测定其吸光度。

6.3.9.3 实验仪器

紫外-可见分光光度计、玻璃比色皿一套、容量瓶（100mL×13）、容量瓶（50mL×7）、烧杯（100mL、50mL、500mL）、移液管（5mL×1、10mL×1、1mL×1）、洗耳球、电子天平、量筒（10mL、50mL×1、100mL×1）、锥形瓶（250mL×5）、烘箱。

6.3.9.4 实验药品

硫酸、甲醛、萘二磺酸二钠盐、无水碳酸钠（AR）、尿素。

6.3.9.5 实验步骤

（1）标准溶液的配制。

1）萘二磺酸二钠盐溶液（10g/L）的配制：在电子天平上称取 1g 萘二磺酸二钠盐（变色酸）于小烧杯中，加 100mL 蒸馏水溶解后转移至棕色瓶中，待用。

2）硫酸溶液的标定：称取 0.1g 于烘箱中烘干的基准试剂无水碳酸钠，溶于 50mL 水中，加 10 滴溴甲酚绿-甲基红指示液，用配制好的硫酸溶液滴定至溶液由绿色变为暗红色，煮沸 2min，冷却后继续滴定至溶液再呈暗红色，同时做空白试验。

（2）甲醛标准溶液配制。

1）甲醛含量测定。量取 50mL 亚硫酸钠溶液（126g/L），置于 250mL 锥形瓶中，加 3 滴百里香酚酞指示液（1g/L），用硫酸标准滴定溶液（$c(1/2H_2SO_4)=1mol/L$）滴定至无色。称取 3mL 甲醛溶液（称准至 0.0002g），置于上述溶液中，摇匀，用硫酸标准滴定溶液（$c(1/2H_2SO_4)=1mol/L$）滴定至溶液由蓝色变为无色。

甲醛（HCHO）含量 w，以质量分数（%）表示，按式（6-13）计算。

$$w=\frac{cV \times 0.03003}{m_1} \times 100\% \tag{6-13}$$

式中，c 为硫酸标准滴定溶液的浓度的准确数值，mol/L；V 为消耗硫酸标准滴定溶液的体积，mL；m_1 为甲醛溶液的质量，g；0.03003 为甲醛的毫摩尔质量，g/mmol。

2）甲醛标准溶液（1mg/mL）制备。根据式（6-13）计算，称取甲醛溶液，置于 1000mL 量瓶中，加水稀释至刻度，摇匀。

甲醛溶液质量 m_2 按式（6-14）计算。

$$m_2=\frac{1.000}{w_1} \tag{6-14}$$

式中，w_1 为甲醛含量,%；1.000 为 1000mL 甲醛标准溶液中含甲醛的质量，g。

3）甲醛标准溶液（0.02mg/mL）的制备：移取 10.0mL 甲醛标准溶液（1mg/mL），于 500mL 容量瓶中，加水稀释至刻度，摇匀，备用。

（3）标准比色溶液的制备。按表 6-33，分别在 6 个 100mL 容量瓶中加入甲醛标准溶液（0.02mg/mL）。

表 6-33　甲醛标准溶液加入量

甲醛标准溶液/mL	0.00	0.50	1.00	2.00	3.00	4.00
对应甲醛含量/mg	0.00	0.01	0.02	0.04	0.06	0.08

每个容量瓶都按下述规定同时处理：加入 1mL 萘二磺酸二钠盐（变色酸）溶液，靠壁缓慢加入 10mL 硫酸，摇匀，静置 15min。加水稀释至约 80mL，摇匀。待再次冷却后，加水稀释至刻度，摇匀。

（4）吸光度的测定。以甲醛含量为零的溶液为参比溶液，在 570nm 处，用分光光度计测定各个标准比色溶液的吸光度。

（5）标准曲线的绘制。以 100mL 标准比色溶液中甲醛含量（mg）为横坐标，相应的吸光度为纵坐标作图，求线性回归方程。

（6）待测物吸光度的测定。按表 6-34 称取试样（精确至 0.0002g），置于 100mL 烧杯中，加少量水溶解，定量转移到 500mL 容量瓶中，加水稀释至刻度，摇匀。移取 5.00mL 于 100mL 容量瓶中，加入 1mL 萘二磺酸二钠盐（变色酸）溶液，靠壁缓慢加入 10mL 硫酸，摇匀，静置 15min。加水稀释至约 80mL，摇匀。待再次冷却后，加水稀释至刻度，摇匀。以空白试样加试剂作参比，在 570nm 处，用分光光度计测定其吸光度，从而求出其浓度，计算试样中甲醛含量。

表 6-34　不同亚甲基二脲含量的称取试料量

亚甲基二脲 w/%	$w \leq 0.10$	$0.10 < w \leq 0.15$	$w \leq 0.20$	$0.20 < w \leq 0.40$	$w > 0.40$
试料质量/g	6	4	3	2	1

（7）空白试验。按上述操作步骤做空白试验，除不加试料外，操作步骤和应用试剂与测定时相同。

6.3.9.6　原始记录

原始记录如表 6-35～表 6-39 所示。图 6-8 为甲醛-变色酸吸收曲线。

表 6-35　硫酸标液的标定

编　　号	1	2	3	4	空白
无水碳酸钠初质量/g					
无水碳酸钠末质量/g					
无水碳酸钠质量/g					
消耗硫酸初体积/mL					
消耗硫酸末体积/mL					
消耗硫酸体积/mL					

续表 6-35

编　　号	1	2	3	4	空白
硫酸浓度/mol · L^{-1}					
符合 Q 检验法的硫酸浓度					
硫酸浓度平均值/mol · L^{-1}					
标准偏差 S					
相对误差 E_r					

表 6-36　甲醛含量的测定

编　　号	1	2
称量瓶质量		
（称量瓶+甲醛）质量		
甲醛质量		
消耗硫酸体积		
甲醛含量		
甲醛含量平均值		

表 6-37　甲醛-变色酸配合物吸收曲线

波长	400	410	420	430	440	450	460	470	480	490	500
A											
波长	501	502	504	506	508	510	512	514	516	518	520
A											
波长	530	540	550	560	570	580	590	600	610	620	
A											

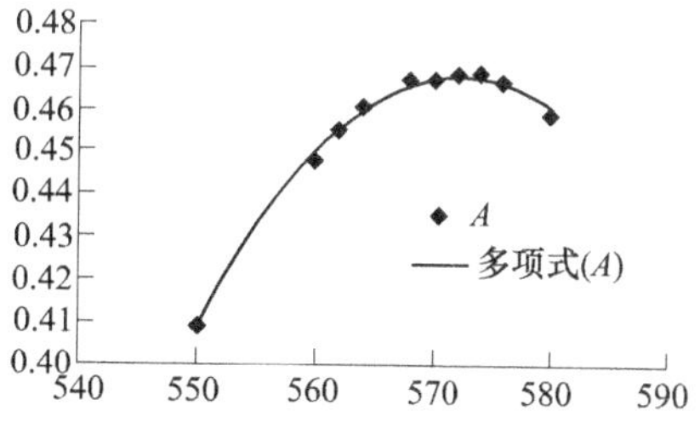

图 6-8　甲醛-变色酸吸收曲线

表 6-38　甲醛-变色酸配合物标准曲线测定

标液编号	1	2	3	4	5
c/mg · mL^{-1}	0.005	0.010	0.020	0.030	0.040
A					

表 6-39　尿素样品中亚甲基二脲测定

编　　号	1	2	3	4
移取样液体积/mL				
吸光度				
浓度/$mg \cdot mL^{-1}$				
含亚甲基二脲质量（甲醛计）/mg				
亚甲基二脲含量 w/%				
亚甲基二脲含量平均值 $\overline{w}$/%				
标准偏差 S				
相对误差 E_r				

6.3.9.7　分析结果的表述

从甲醛-变色酸配合物标准曲线查出所测吸光度对应的甲醛的量或由曲线系数求出甲醛的量。

亚甲基二脲（HCHO）含量 w 以质量分数（%）表示，按式（6-15）计算：

$$w = \frac{(m_4 - m_3) \times 10^{-3}}{m \times 5/500} \times 100\% = \frac{m_4 - m_3}{10m} \tag{6-15}$$

式中，m_4为试料中测得缩二脲的质量，mg；m_3为空白试验所测得的缩二脲的质量，mg；m 为试料的质量，g。

计算结果表示到小数点后两位，取平行测定结果的算术平均值为测定结果。

6.3.9.8　允许差

平行测定结果的绝对差值不大于 0.03%；不同实验室测定结果的绝对差值不大于 0.08%。

附　　录

附录1　常用酸碱的密度和浓度

试剂名称	密度/kg·m^{-3}	含量/%	c/mol·L^{-1}
盐酸	1.18~1.19	36~38	11.6~12.4
硝酸	1.39~1.40	65.0~68.0	14.4~15.2
硫酸	1.83~1.84	95~98	17.8~18.4
磷酸	1.69	85	14.6
高氯酸	1.68	70.0~72.0	11.7~12.0
冰醋酸	1.05	99.8（优级纯） 99.0（分析纯）	17.4
氢氟酸	1.13	40	22.5
氢溴酸	1.49	47.0	8.6
氨水	0.88~0.90	25.0~28.0	13.3~14.8

附录2　常用缓冲溶液的配制

缓冲溶液组成	pK_a	缓冲溶液pH值	缓冲溶液配制方法
氨基乙酸-HCl	2.35(pK_{a1})	2.3	取氨基乙酸150g溶于500mL水中后，加浓HCl 80mL，再加水稀释至1L
H_3PO_4-柠檬酸盐		2.5	取$Na_2HPO_4 \cdot 12H_2O$ 113g溶于200mL水中，加柠檬酸387g，溶解，过滤后，稀释至1L
一氯乙酸-NaOH	2.86	2.8	取200g一氯乙酸溶于200mL水中，加NaOH 40g，溶解后，稀释至1L
邻苯二甲酸氢钾-HCl	2.95(pK_{a1})	2.9	取500g邻苯二甲酸氢钾溶于500mL水中，加浓HCl 80mL，稀释至1L
甲酸-NaOH	3.76	3.7	取95g甲酸和NaOH 40g于500mL水中，溶解，稀释至1L
NH_4Ac-HAc		4.5	取NH_4Ac 77g溶于200mL水中，加冰醋酸59mL，稀释至1L
NaAc-HAc	4.74	4.7	取无水NaAc 83g溶于水中，加冰醋酸60mL，稀释至1L
NH_4Ac-HAc		5.0	取NH_4Ac 250g溶于水中，加冰醋酸25mL，稀释至1L
六亚甲基四胺-HCl	5.15	5.4	取六亚甲基四胺40g于200mL水中，加浓HCl 10mL，稀释至1L
NH_4Ac-HAc		6.0	取NH_4Ac 600g溶于水中，加冰醋酸20mL，稀释至1L

续附录 2

缓冲溶液组成	pK_a	缓冲溶液 pH 值	缓冲溶液配制方法
NaAc-Na_2HPO_4		8.0	取无水 NaAc 50g 和 $Na_2HPO_4 \cdot 12H_2O$ 50g，溶于水中，稀释至 1L
Tris-HCl（三羟甲基氨基甲烷 $H_2NC(HOCH_3)_3$）	8.21	8.2	取 25g Tris 试剂溶于水中，加浓 HCl 8mL，稀释至 1L
NH_3-NH_4Cl	9.26	9.2	取 NH_4Cl 54g 溶于水中，加浓氨水 63mL，稀释至 1L
NH_3-NH_4Cl	9.26	9.5	取 NH_4Cl 54g 溶于水中，加浓氨水 126mL，稀释至 1L
NH_3-NH_4Cl	9.29	10.0	取 NH_4Cl 54g 溶于水中，加浓氨水 350mL，稀释至 1L

注：1. 缓冲溶液配制后可用 pH 试纸检查。如 pH 值不对，可用共轭酸或碱调节。pH 值欲调节精确时，可用 pH 值计调节。

2. 若需增加或减少缓冲溶液的缓冲容量时，可相应增加或减少共轭酸碱对的物质的量，然后按上述调节。

附录 3　常用基准物质的干燥条件和应用

基准物质		干燥后组成	干燥条件/℃	标定对象
名称	分子式			
碳酸氢钠	$NaHCO_3$	Na_2CO_3	270~300	酸
碳酸钠	$Na_2CO_3 \cdot 10H_2O$	Na_2CO_3	270~300	酸
硼砂	$Na_2B_4O_7 \cdot 10H_2O$	$Na_2B_4O_7 \cdot 10H_2O$	放在含 NaCl 和蔗糖饱和溶液的干燥器中	酸
碳酸氢钾	$KHCO_3$	K_2CO_3	270~300	酸
草酸	$H_2C_2O_4 \cdot 2H_2O$	$H_2C_2O_4 \cdot 2H_2O$	室温空气干燥	碱或 $KMnO_4$
邻苯二甲酸氢钾	$KHC_8H_4O_4$	$KHC_8H_4O_4$	110~120	碱
重铬酸钾	$K_2Cr_2O_7$	$K_2Cr_2O_7$	140~150	还原剂
溴酸钾	$KBrO_3$	$KBrO_3$	130	还原剂
碘酸钾	KIO_3	KIO_3	130	还原剂
铜	Cu	Cu	室温干燥器中保存	还原剂
三氧化二砷	As_2O_3	As_2O_3	室温干燥器中保存	还原剂
草酸钠	$Na_2C_2O_4$	$Na_2C_2O_4$	130	氧化剂
碳酸钙	$CaCO_3$	$CaCO_3$	110	EDTA
锌	Zn	Zn	室温干燥器中保存	EDTA
氧化锌	ZnO	ZnO	900~1000	EDTA
氯化钠	NaCl	NaCl	500~600	$AgNO_3$
氯化钾	KCl	KCl	500~600	$AgNO_3$
硝酸银	$AgNO_3$	$AgNO_3$	280~290	氯化物
氨基磺酸	$HOSO_2NH_2$	$HOSO_2NH_2$	在真空 H_2SO_4 干燥器中保存 48h	碱

附录4　常用指示剂

1. 酸碱指示剂

名　　称	变色范围（pH值）	颜色变化	溶液配制方法
甲基紫	0.13~0.50（第一次变色）	黄~绿	0.5g/L 水溶液
	1.0~1.5（第二次变色）	绿~蓝	
	2.0~3.0（第三次变色）	蓝~紫	
百里酚蓝	1.2~2.8（第一次变色）	红~黄	1g/L 乙醇溶液
甲酚红	0.12~1.8（第一次变色）	红~黄	1g/L 乙醇溶液
甲基黄	2.9~4.0	红~黄	1g/L 乙醇溶液
甲基橙	3.1~4.4	红~黄	1g/L 水溶液
溴酚蓝	3.0~4.6	黄~紫	0.4g/L 乙醇溶液
刚果红	3.0~5.2	蓝紫~红	1g/L 水溶液
溴甲酚绿	3.8~5.4	黄~蓝	1g/L 乙醇溶液
甲基红	4.4~6.2	红~黄	1g/L 乙醇溶液
溴酚红	5.0~6.8	黄~红	1g/L 乙醇溶液
溴甲酚紫	5.2~6.8	黄~紫	1g/L 乙醇溶液
溴百里酚蓝	6.0~7.6	黄~蓝	1g/L 乙醇溶液
中性红	6.8~8.0	红~亮黄	1g/L 乙醇溶液
酚红	6.4~8.2	黄~红	1g/L 乙醇溶液
甲酚红	7.0~8.8（第二次变色）	黄~紫红	1g/L 乙醇溶液
百里酚蓝	8.0~9.6（第二次变色）	黄~蓝	1g/L 乙醇溶液
酚酞	8.2~10.0	无~红	10g/L 乙醇溶液
百里酚酞	9.4~10.6	无~蓝	1g/L 乙醇溶液

2. 酸碱混合指示剂

名　　称	变色点	颜　　色		配制方法	备　注
		酸色	碱色		
甲基橙-靛蓝（二磺酸）	4.1	紫	绿	1份1g/L 甲基橙水溶液，1份2.5g/L 靛蓝（二磺酸）水溶液	
溴百里酚绿-甲基橙	4.3	黄	蓝绿	1份1g/L 溴百里酚绿钠盐水溶液，1份2g/L 甲基橙水溶液	pH=3.5 黄，pH=4.05 绿黄，pH=4.3 浅绿
溴百里酚绿-甲基红	5.1	酒红	绿	3份1g/L 溴甲酚绿乙醇溶液，1份2g/L 甲基红乙醇溶液	
甲基红-亚甲基蓝	5.4	红紫	绿	2份1g/L 甲基红乙醇溶液，1份1g/L 亚甲基蓝乙醇溶液	pH=5.2 红紫，pH=5.4 暗蓝，pH=5.6 绿
溴甲酚绿-氯酚红	6.1	黄绿	蓝紫	1份1g/L 溴甲酚绿钠盐水溶液，1份1g/L 氯酚红钠盐水溶液	pH=5.8 蓝，pH=6.2 蓝紫

续附录4

名　称	变色点	颜　色		配制方法	备　注
		酸色	碱色		
溴甲酚紫-溴百里酚蓝	6.7	黄	蓝紫	1份1g/L溴甲酚紫钠盐水溶液，1份1g/L溴百里酚蓝钠盐水溶液	
中性红-亚甲基蓝	7.0	紫蓝	绿	1份1g/L中性红乙醇溶液，1份1g/L亚甲基蓝乙醇溶液	pH=7.0蓝紫
溴百里酚蓝-酚红	7.5	黄	紫	1份1g/L溴百里酚蓝钠盐水溶液，1份1g/L酚红钠盐水溶液	pH=7.2暗绿，pH=7.4淡紫，pH=7.6深紫
甲酚红-百里酚蓝	8.3	黄	紫	1份1g/L甲酚红钠盐水溶液，3份1g/L百里酚蓝钠盐水溶液	pH=8.2玫瑰红，pH=8.4紫
百里酚蓝-酚酞	9.0	黄	紫	1份1g/L百里酚蓝乙醇溶液，3份1g/L酚酞乙醇溶液	
酚酞-百里酚酞	9.9	无	紫	1份1g/L酚酞乙醇溶液，1份1g/L百里酚酞乙醇溶液	pH=9.6玫瑰红，pH=10紫

3. 金属离子指示剂的配制方法

名　称	颜　色		配　制　方　法
	化合物	游离态	
铬黑T（EBT）	红	蓝	1. 称取0.50g铬黑T和2.0g盐酸羟胺，溶于乙醇，用乙醇稀释至100mL。使用前制备。 2. 将1.0g铬黑T与100.0g NaCl研细，混匀
二甲酚橙（XO）	红	黄	2g/L水溶液（去离子水）
钙指示剂	酒红	蓝	0.50g钙指示剂与100.0g NaCl研细，混匀
紫脲酸铵	黄	紫	1.0g紫脲酸铵与200.0g NaCl研细，混匀
K-B指示剂	红	蓝	0.50g酸性铬蓝K加1.250g萘酚绿，再加25.0g K_2SO_4研细，混匀
磺基水杨酸	红	无	10g/L水溶液
PAN	红	黄	2g/L乙醇溶液
Cu-PAN(CuY+PAN)	Cu-PAN 红	CuY-PAN 浅绿	0.05moL Cu^{2+}溶液10mL，加pH=5~6的HAC缓冲溶液5mL，1滴PAN指示剂，加热至60℃左右，用EDTA滴至绿色，得到约0.025moL/L的CuY溶液。使用时取2~3mL于试液中，再加数滴PAN溶液

续附录4

4. 金属离子指示剂的使用方法

指示剂名称	用于测定			配制方法
	测定元素	颜色变化	测定条件	
酸性铬蓝K	Ca	红~蓝	pH=12	0.1%乙醇溶液
	Mg	红~蓝	pH=10（氨性缓冲溶液）	
钙指示剂	Ca	酒红~蓝	pH>12（KOH或NaOH）	与NaCl配成质量比为1∶100的固体混合物
铬天青S	Al	紫~黄橙	pH=4（醋酸缓冲溶液），热	0.4%水溶液
	Cu	蓝紫~黄	pH=6~6.5（醋酸缓冲溶液）	
	Fe(Ⅲ)	蓝~橙	pH=2~3（氯乙酸盐缓冲溶液）	
	Mg	红~黄	pH=10~11（氨性缓冲溶液）	
双硫腙	Zn	红~绿紫	pH=4.5，50%（体积分数）乙醇溶液	0.03%乙醇溶液
铬黑T	Al	蓝~红	pH=7~8，吡啶存在下，以Zn^{2+}回滴	与NaCl配成1∶100的固体混合物
	Bi	蓝~红	pH=9~10，以Zn^{2+}回滴	
	Ca	红~蓝	pH=10，加入EDTA-Mg	
	Cd	红~蓝	pH=10（氨性缓冲溶液）	
	Mg	红~蓝	pH=10（氨性缓冲溶液）	
	Mn	红~蓝	氨性缓冲溶液，加羟胺	
	Ni	红~蓝	氨性缓冲溶液	
	Pb	红~蓝	氨性缓冲溶液，加酒石酸钾	
	Zn	红~蓝	pH=6.8~10（氨性缓冲溶液）	
紫脲酸铵	Ca	红~紫	pH>10(NaOH)，体积分数为25%乙醇	与NaCl配成1∶100的固体混合物
	Co	黄~紫	pH=8~10（氨性缓冲溶液）	
	Cu	黄~紫	pH=7~8（氨性缓冲溶液）	
	Ni	黄~紫红	pH=8.5~11.5（氨性缓冲溶液）	
PAN	Cd	红~黄	pH=6（醋酸缓冲溶液）	0.2%乙醇（或甲醇）溶液
	Co	黄~红	醋酸缓冲溶液，70~80℃，以Cu^{2+}回滴	
	Cu	紫~黄	pH=10（氨性缓冲溶液）	
		红~黄	pH=6（醋酸缓冲溶液）	
	Zn	粉红~黄	pH=5~7（醋酸缓冲溶液）	
PAR	Bi	红~黄	pH=1~2（HNO_3）	0.05%或0.2%水溶液
	Cu	红~黄（绿）	pH=1~5（六亚甲基四胺，气性缓冲溶液）	
		红~黄	六亚甲基四胺/氨性缓冲溶液	
邻苯二酚紫	Cd	蓝~红紫	pH=10（氨性缓冲溶液）	0.1%水溶液
	Co	蓝~红紫	pH=8~9（氨性缓冲溶液）	
	Cu	蓝~黄绿	pH=6~7，吡啶溶液	
	Fe(Ⅲ)	黄绿~蓝	pH=6~7，吡啶存在下，以Cu^{2+}回滴	

续附录 4

指示剂名称	用于测定			配制方法
	测定元素	颜色变化	测定条件	
邻苯二酚紫	Mg	蓝～红紫	pH＝10（氨性缓冲溶液）	0.1%水溶液
	Mn	蓝～红紫	pH＝9（氨性缓冲溶液），加羟胺	
	Pb	蓝～黄	pH＝5.5（六亚甲基四胺）	
	Zn	蓝～红紫	pH＝10（氨性缓冲溶液）	
磺基水杨酸	Fe(Ⅲ)	红紫～黄	pH＝1.5～2	1%～2%水溶液
试钛灵	Fe(Ⅲ)	蓝～黄	pH＝2～3（醋酸热溶液）	2%水溶液
二甲酚橙（XO）	Bi	红～黄	pH＝1～2（HNO_3）	0.5%乙醇（或水）溶液
	Cd	粉红～黄	pH＝5～6（六亚甲基四胺）	
	Pb	红紫～黄	pH＝5～6（醋酸缓冲溶液）	
	Th(Ⅳ)	红～黄	pH＝1.6～3.5（HNO_3）	
	Zn	红～黄	pH＝5～6（醋酸缓冲溶液）	

5. 氧化还原指示剂

名　称	变色点	颜色		配制方法
		氧化态	还原态	
二苯胺	0.76	紫	无	1g 二苯胺在搅拌下溶于 100mL 浓硫酸中
二苯胺磺酸钠	0.85	紫	无	5g/L 水溶液
邻菲啰啉-Fe(Ⅱ)	1.06	淡蓝	红	0.5g $FeSO_4 \cdot 7H_2O$ 溶于 100mL 水中，加 2 滴硫酸，再加 0.5g 邻菲啰啉
邻苯氨基苯甲酸	1.08	紫红	无	0.2g 邻苯氨基苯甲酸，加热溶解在 100mL 0.2% Na_2CO_3 溶液，必要时过滤
硝基邻二氮菲-Fe(Ⅱ)	1.25	淡蓝	紫红	1.7g 硝基邻二氮菲溶于 100mL 0.025mol/L Fe^{2+} 溶液中
淀粉				1g 可溶性淀粉加少许水调成糊状，在搅拌下注入 100mL 沸水中，微沸 2min，放置，取上层清液使用（若要保持稳定，可在研磨淀粉时加 1mg HgI_2）

6. 沉淀滴定法指示剂

名　称	颜色变化		配制方法
铬酸钾	黄	砖红	5g 铬酸钾溶于水，稀释至 100mL
硫酸铁铵	无	血红	40g $NH_4Fe(SO_4)_2 \cdot 12H_2O$ 溶于水，加几滴硫酸，用水稀释至 100mL
荧光黄	绿色荧光	玫瑰红	0.5g 荧光黄溶于乙醇，用乙醇稀释至 100mL
二氯荧光黄	绿色荧光	玫瑰红	0.1g 二氯荧光黄溶于乙醇，用乙醇稀释至 100mL
曙光	黄	玫瑰红	0.5g 曙红钠盐溶于水，稀释至 100mL

附录 5　弱酸弱碱在水中的离解常数（25℃，$I=0$）

弱酸/弱碱	分子式	K_a	pK_a
砷酸	H_3AsO_4	$6.3\times10^{-3}(K_{a1})$	2.20
		$1.0\times10^{-7}(K_{a2})$	7.00
		$3.2\times10^{-12}(K_{a3})$	11.50
亚砷酸	$HAsO_2$	6.0×10^{-10}	9.22
硼酸	H_3BO_3	5.8×10^{-10}	9.24
焦硼酸	$H_2B_4O_7$	$1.0\times10^{-4}(K_{a1})$	4
		$1.0\times10^{-9}(K_{a2})$	9
碳酸	$H_2CO_3(CO_2+H_2O)$	$4.2\times10^{-7}(K_{a1})$	6.38
		$5.6\times10^{-11}(K_{a2})$	10.25
氢氰酸	HCN	6.2×10^{-10}	9.21
铬酸	H_2CrO_4	$1.8\times10^{-1}(K_{a1})$	0.74
		$3.2\times10^{-7}(K_{a2})$	6.50
氢氟酸	HF	6.6×10^{-4}	3.18
亚硝酸	HNO_2	5.1×10^{-4}	3.29
过氧化氢	H_2O_2	1.8×10^{-12}	11.75
磷酸	H_3PO_4	$7.6\times10^{-3}(K_{a1})$	2.12
		$6.3\times10^{-8}(K_{a2})$	7.20
		$4.4\times10^{-13}(K_{a3})$	12.36
焦磷酸	$H_4P_2O_7$	$3.0\times10^{-2}(K_{a1})$	1.52
		$4.4\times10^{-3}(K_{a2})$	2.36
		$2.5\times10^{-7}(K_{a3})$	6.60
		$5.6\times10^{-10}(K_{a4})$	9.25
亚磷酸	H_3PO_3	$5.0\times10^{-2}(K_{a1})$	1.30
		$2.5\times10^{-7}(K_{a2})$	6.60
氢硫酸	H_2S	$1.3\times10^{-7}(K_{a1})$	6.88
		$7.1\times10^{-15}(K_{a2})$	14.15
硫酸	HSO_4^-	$1.0\times10^{-2}(K_{a1})$	1.99
亚硫酸	$H_3SO_3(SO_2+H_2O)$	$1.3\times10^{-2}(K_{a1})$	1.90
		$6.3\times10^{-8}(K_{a2})$	7.20
偏硅酸	H_2SiO_3	$1.7\times10^{-10}(K_{a1})$	9.77
		$1.6\times10^{-12}(K_{a2})$	11.8
甲酸	$HCOOH$	1.8×10^{-4}	3.74
乙酸	CH_3COOH	1.8×10^{-5}	4.74
一氯乙酸	$CH_2ClCOOH$	1.4×10^{-3}	2.86
二氯乙酸	$CHCl_2COOH$	5.0×10^{-2}	1.30
三氯乙酸	CCl_3COOH	0.23	0.64

续附录 5

弱酸/弱碱	分子式	K_a	pK_a
氨基乙酸盐	$^+NH_3CH_2COOH^-$	$4.5\times10^{-3}(K_{a1})$	2.35
	$^+NH_3CH_2COO^-$	$2.5\times10^{-10}(K_{a2})$	9.60
抗坏血酸	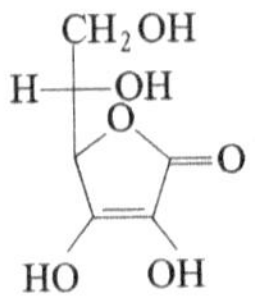	$5.0\times10^{-5}(K_{a1})$	4.30
		$1.5\times10^{-10}(K_{a2})$	9.82
乳酸	$CH_3CHOHCOOH$	1.4×10^{-4}	3.86
苯甲酸	C_6H_5COOH	6.2×10^{-5}	4.21
草酸	$H_2C_2O_4$	$5.9\times10^{-2}(K_{a1})$	1.22
		$6.4\times10^{-5}(K_{a2})$	4.19
d-酒石酸	CH(OH)COOH | CH(OH)COOH	$9.1\times10^{-4}(K_{a1})$	3.04
		$4.3\times10^{-5}(K_{a2})$	4.37
邻苯二甲酸	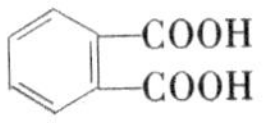	$1.1\times10^{-3}(K_{a1})$	2.95
		$3.9\times10^{-6}(K_{a2})$	5.41
柠檬酸	CH_2COOH	$7.4\times10^{-4}(K_{a1})$	3.13
	$CH(OH)COOH$	$1.7\times10^{-5}(K_{a2})$	4.76
	CH_2COOH	$4.0\times10^{-7}(K_{a3})$	6.40
苯酚	C_6H_5OH	1.1×10^{-10}	9.95
乙二胺四乙酸	H_6-$EDTA^{2+}$	$0.13(K_{a1})$	0.9
	H_5-$EDTA^+$	$3\times10^{-2}(K_{a2})$	1.6
	H_4-EDTA	$1\times10^{-2}(K_{a3})$	2.0
	H_3-$EDTA^-$	$2.1\times10^{-3}(K_{a4})$	2.67
	H_2-$EDTA^{2-}$	$6.9\times10^{-7}(K_{a5})$	6.17
	H-$EDTA^{3-}$	$5.5\times10^{-11}(K_{a6})$	10.26
氨水	NH_3	1.8×10^{-5}	4.74
联氨	H_2NNH_2	$3.0\times10^{-6}(K_{b1})$	5.52
		$1.7\times10^{-5}(K_{b2})$	14.12
羟胺	NH_2OH	9.1×10^{-9}	8.04
甲胺	CH_3NH_2	4.2×10^{-4}	3.38
乙胺	$C_2H_5NH_2$	5.6×10^{-4}	3.25
二甲胺	$(CH_3)_2NH$	1.2×10^{-4}	3.93
二乙胺	$(C_2H_5)_2NH$	1.3×10^{-3}	2.89
乙醇胺	$HOCH_2CH_2NH_2$	3.2×10^{-5}	4.50
三乙醇胺	$(HOCH_2CH_2)_3N$	5.8×10^{-7}	6.24
六次甲基四胺	$(CH_2)_6N_4$	1.4×10^{-9}	8.85
乙二胺	$H_2NCH_2CH_2NH_2$	$8.5\times10^{-5}(K_{b1})$	4.07
		$7.1\times10^{-8}(K_{b2})$	7.15
吡啶		1.7×10^{-9}	8.77

附录 6　金属-无机配位体配合物的稳定常数（25℃）

序号	配位体	金属离子	配位体数目 n	$\lg\beta_n$
1	NH_3	Ag^{+}	1，2	3.24，7.05
		Au^{3+}	4	10.3
		Cd^{2+}	1，2，3，4，5，6	2.65，4.75，6.19，7.12，6.80，5.14
		Co^{2+}	1，2，3，4，5，6	2.11，3.74，4.79，5.55，5.73，5.11
		Co^{3+}	1，2，3，4，5，6	6.7，14.0，20.1，25.7，30.8，35.2
		Cu^{+}	1，2	5.93，10.86
		Cu^{2+}	1，2，3，4，5	4.31，7.98，11.02，13.32，12.86
		Fe^{2+}	1，2	1.4，2.2
		Hg^{2+}	1，2，3，4	8.8，17.5，18.5，19.28
		Mn^{2+}	1，2	0.8，1.3
		Ni^{2+}	1，2，3，4，5，6	2.80，5.04，6.77，7.96，8.71，8.74
		Pd^{2+}	1，2，3，4	9.6，18.5，26.0，32.8
		Pt^{2+}	6	35.3
		Zn^{2+}	1，2，3，4	2.37，4.81，7.31，9.46
2	Br^{-}	Ag^{+}	1，2，3，4	4.38，7.33，8.00，8.73
		Bi^{3+}	1，2，3，4，5，6	2.37，4.20，5.90，7.30，8.20，8.30
		Cd^{2+}	1，2，3，4	1.75，2.34，3.32，3.70，
		Ce^{3+}	1	0.42
		Cu^{+}	2	5.89
		Cu^{2+}	1	0.30
		Hg^{2+}	1，2，3，4	9.05，17.32，19.74，21.00
		In^{3+}	1，2	1.30，1.88
		Pb^{2+}	1，2，3，4	1.77，2.60，3.00，2.30
		Pd^{2+}	1，2，3，4	5.17，9.42，12.70，14.90
		Rh^{3+}	2，3，4，5，6	14.3，16.3，17.6，18.4，17.2
		Sc^{3+}	1，2	2.08，3.08
		Sn^{2+}	1，2，3	1.11，1.81，1.46
		Tl^{3+}	1，2，3，4，5，6	9.7，16.6，21.2，23.9，29.2，31.6
		U^{4+}	1	0.18
		Y^{3+}	1	1.32
3	Cl^{-}	Ag^{+}	1，2，4	3.04，5.04，5.30
		Bi^{3+}	1，2，3，4	2.44，4.7，5.0，5.6
		Cd^{2+}	1，2，3，4	1.95，2.50，2.60，2.80
		Co^{3+}	1	1.42
		Cu^{+}	2，3	5.5，5.7
		Cu^{2+}	1，2	0.1，-0.6

续附录 6

序号	配位体	金属离子	配位体数目 n	$\lg\beta_n$
3	Cl^-	Fe^{2+}	1	1.17
		Fe^{3+}	2	9.8
		Hg^{2+}	1，2，3，4	6.74，13.22，14.07，15.07
		In^{3+}	1，2，3，4	1.62，2.44，1.70，1.60
		Pb^{2+}	1，2，3	1.42，2.23，3.23
		Pd^{2+}	1，2，3，4	6.1，10.7，13.1，15.7
		Pt^{2+}	2，3，4	11.5，14.5，16.0
		Sb^{3+}	1，2，3，4	2.26，3.49，4.18，4.72
		Sn^{2+}	1，2，3，4	1.51，2.24，2.03，1.48
		Tl^{3+}	1，2，3，4	8.14，13.60，15.78，18.00
		Th^{4+}	1，2	1.38，0.38
		Zn^{2+}	1，2，3，4	0.43，0.61，0.53，0.20
		Zr^{4+}	1，2，3，4	0.9，1.3，1.5，1.2
4	CN^-	Ag^+	2，3，4	21.1，21.7，20.6
		Au^+	2	38.3
		Cd^{2+}	1，2，3，4	5.48，10.60，15.23，18.78
		Cu^+	2，3，4	24.0，28.59，30.30
		Fe^{2+}	6	35.0
		Fe^{3+}	6	42.0
		Hg^{2+}	4	41.4
		Ni^{2+}	4	31.3
		Zn^{2+}	1，2，3，4	5.3，11.70，16.70，21.60
5	F^-	Al^{3+}	1，2，3，4，5，6	6.11，11.12，15.00，18.00，19.40，19.80
		Be^{2+}	1，2，3，4	4.99，8.80，11.60，13.10
		Bi^{3+}	1	1.42
		Co^{2+}	1	0.4
		Cr^{3+}	1，2，3	4.36，8.70，11.20
		Cu^{2+}	1	0.9
		Fe^{2+}	1	0.8
		Fe^{3+}	1，2，3，5	5.28，9.30，12.06，15.77
		Ga^{3+}	1，2，3	4.49，8.00，10.50
		Hf^{4+}	1，2，3，4，5，6	9.0，16.5，23.1，28.8，34.0，38.0
		Hg^{2+}	1	1.03
		In^{3+}	1，2，3，4	3.70，6.40，8.60，9.80
		Mg^{2+}	1	1.30
		Mn^{2+}	1	5.48

续附录6

序号	配位体	金属离子	配位体数目 n	$\lg\beta_n$
5	F^-	Ni^{2+}	1	0.50
		Pb^{2+}	1，2	1.44，2.54
		Sb^{3+}	1，2，3，4	3.0，5.7，8.3，10.9
		Sn^{2+}	1，2，3	4.08，6.68，9.50
		Th^{4+}	1，2，3，4	8.44，15.08，19.80，23.20
		TiO^{2+}	1，2，3，4	5.4，9.8，13.7，18.0
		Zn^{2+}	1	0.78
		Zr^{4+}	1，2，3，4，5，6	9.4，17.2，23.7，29.5，33.5，38.3
6	I^-	Ag^+	1，2，3	6.58，11.74，13.68
		Bi^{3+}	1，4，5，6	3.63，14.95，16.80，18.80
		Cd^{2+}	1，2，3，4	2.10，3.43，4.49，5.41
		Cu^+	2	8.85
		Fe^{3+}	1	1.88
		Hg^{2+}	1，2，3，4	12.87，23.82，27.60，29.83
		Pb^{2+}	1，2，3，4	2.00，3.15，3.92，4.47
		Pd^{2+}	4	24.5
		Tl^+	1，2，3	0.72，0.90，1.08
		Tl^{3+}	1，2，3，4	11.41，20.88，27.60，31.82
7	OH^-	Ag^+	1，2	2.0，3.99
		Al^{3+}	1，4	9.27，33.03
		As^{3+}	1，2，3，4	14.33，18.73，20.60，21.20
		Be^{2+}	1，2，3	9.7，14.0，15.2
		Bi^{3+}	1，2，4	12.7，15.8，35.2
		Ca^{2+}	1	1.3
		Cd^{2+}	1，2，3，4	4.17，8.33，9.02，8.62
		Ce^{3+}	1	4.6
		Ce^{4+}	1，2	13.28，26.46
		Co^{2+}	1，2，3，4	4.3，8.4，9.7，10.2
		Cr^{3+}	1，2，4	10.1，17.8，29.9
		Cu^{2+}	1，2，3，4	7.0，13.68，17.00，18.5
		Fe^{2+}	1，2，3，4	5.56，9.77，9.67，8.58
		Fe^{3+}	1，2，3	11.87，21.17，29.67
		Hg^{2+}	1，2，3	10.6，21.8，20.9
		In^{3+}	1，2，3，4	10.0，20.2，29.6，38.9
		Mg^{2+}	1	2.58
		Mn^{2+}	1，3	3.9，8.3

续附录 6

序号	配位体	金属离子	配位体数目 n	$\lg\beta_n$
7	OH^-	Ni^{2+}	1, 2, 3	4.97, 8.55, 11.33
		Pa^{4+}	1, 2, 3, 4	14.04, 27.84, 40.7, 51.4
		Pb^{2+}	1, 2, 3	7.82, 10.85, 14.58
		Pd^{2+}	1, 2	13.0, 25.8
		Sb^{3+}	2, 3, 4	24.3, 36.7, 38.3
		Sc^{3+}	1	8.9
		Sn^{2+}	1	10.4
		Th^{3+}	1, 2	12.86, 25.37
		Ti^{3+}	1	12.71
		Zn^{2+}	1, 2, 3, 4	4.40, 11.30, 14.14, 17.66
		Zr^{4+}	1, 2, 3, 4	14.3, 28.3, 41.9, 55.3
8	NO_3^-	Ba^{2+}	1	0.92
		Bi^{3+}	1	1.26
		Ca^{2+}	1	0.28
		Cd^{2+}	1	0.40
		Fe^{3+}	1	1.0
		Hg^{2+}	1	0.35
		Pb^{2+}	1	1.18
		Tl^+	1	0.33
		Tl^{3+}	1	0.92
9	$P_2O_7^{4-}$	Ba^{2+}	1	4.6
		Ca^{2+}	1	4.6
		Cd^{3+}	1	5.6
		Co^{2+}	1	6.1
		Cu^{2+}	1, 2	6.7, 9.0
		Hg^{2+}	2	12.38
		Mg^{2+}	1	5.7
		Ni^{2+}	1, 2	5.8, 7.4
		Pb^{2+}	1, 2	7.3, 10.15
		Zn^{2+}	1, 2	8.7, 11.0
10	SCN^-	Ag^+	1, 2, 3, 4	4.6, 7.57, 9.08, 10.08
		Bi^{3+}	1, 2, 3, 4, 5, 6	1.67, 3.00, 4.00, 4.80, 5.50, 6.10
		Cd^{2+}	1, 2, 3, 4	1.39, 1.98, 2.58, 3.6
		Cr^{3+}	1, 2	1.87, 2.98
		Cu^+	1, 2	12.11, 5.18
		Cu^{2+}	1, 2	1.90, 3.00

续附录 6

序号	配位体	金属离子	配位体数目 n	$\lg\beta_n$
10	SCN^-	Fe^{3+}	1，2，3，4，5，6	2.21，3.64，5.00，6.30，6.20，6.10
		Hg^{2+}	1，2，3，4	9.08，16.86，19.70，21.70
		Ni^{2+}	1，2，3	1.18，1.64，1.81
		Pb^{2+}	1，2，3	0.78，0.99，1.00
		Sn^{2+}	1，2，3	1.17，1.77，1.74
		Th^{4+}	1，2	1.08，1.78
		Zn^{2+}	1，2，3，4	1.33，1.91，2.00，1.60
11	$S_2O_3^{2-}$	Ag^+	1，2	8.82，13.46
		Cd^{2+}	1，2	3.92，6.44
		Cu^+	1，2，3	10.27，12.22，13.84
		Fe^{3+}	1	2.10
		Hg^{2+}	2，3，4	29.44，31.90，33.24
		Pb^{2+}	2，3	5.13，6.35
12	SO_4^{2-}	Ag^+	1	1.3
		Ba^{2+}	1	2.7
		Bi^{3+}	1，2，3，4，5	1.98，3.41，4.08，4.34，4.60
		Fe^{3+}	1，2	4.04，5.38
		Hg^{2+}	1，2	1.34，2.40
		In^{3+}	1，2，3	1.78，1.88，2.36
		Ni^{2+}	1	2.4
		Pb^{2+}	1	2.75
		Pr^{3+}	1，2	3.62，4.92
		Th^{4+}	1，2	3.32，5.50
		Zr^{4+}	1，2，3	3.79，6.64，7.77

附录 7　金属-有机配位体配合物的稳定常数（25℃）

（表中离子强度都是在有限的范围内，$I\approx0$）

序号	配　位　体	金属离子	配位体数目 n	$\lg\beta_n$
1	乙二胺四乙酸（$[(HOOCCH_2)_2NCH_2]_2$）	Ag^+	1	7.32
		Al^{3+}	1	16.11
		Ba^{2+}	1	7.78
		Be^{2+}	1	9.3
		Bi^{3+}	1	22.8
		Ca^{2+}	1	11.0
		Cd^{2+}	1	16.4
		Co^{2+}	1	16.31

续附录 7

序号	配位体	金属离子	配位体数目 n	$\lg\beta_n$
1	乙二胺四乙酸 ($[(HOOCCH_2)_2NCH_2]_2$)	Co^{3+}	1	36.0
		Cr^{3+}	1	23.0
		Cu^{2+}	1	18.7
		Fe^{2+}	1	14.83
		Fe^{3+}	1	24.23
		Ga^{3+}	1	20.25
		Hg^{2+}	1	21.80
		In^{3+}	1	24.95
		Li^{+}	1	2.79
		Mg^{2+}	1	8.64
		Mn^{2+}	1	13.8
		Mo(Ⅴ)	1	6.36
		Na^{+}	1	1.66
		Ni^{2+}	1	18.56
		Pb^{2+}	1	18.3
		Pd^{2+}	1	18.5
		Sc^{2+}	1	23.1
		Sn^{2+}	1	22.1
		Sr^{2+}	1	8.80
		Th^{4+}	1	23.2
		TiO^{2+}	1	17.3
		Tl^{3+}	1	22.5
		U^{4+}	1	17.50
		VO^{2+}	1	18.0
		Y^{3+}	1	18.32
		Zn^{2+}	1	16.4
		Zr^{4+}	1	19.4
2	乙酸 (CH_3COOH)	Ag^{+}	1，2	0.73，0.64
		Ba^{2+}	1	0.41
		Ca^{2+}	1	0.6
		Cd^{2+}	1，2，3	1.5，2.3，2.4
		Ce^{3+}	1，2，3，4	1.68，2.69，3.13，3.18
		Co^{2+}	1，2	1.5，1.9
		Cr^{3+}	1，2，3	4.63，7.08，9.60
		Cu^{2+}(20℃)	1，2	2.16，3.20
		In^{3+}	1，2，3，4	3.50，5.95，7.90，9.08

续附录7

序号	配 位 体	金属离子	配位体数目 *n*	$\lg\beta_n$
2	乙酸 (CH_3COOH)	Mn^{2+}	1，2	9.84，2.06
		Ni^{2+}	1，2	1.12，1.81
		Pb^{2+}	1，2，3，4	2.52，4.0，6.4，8.5
		Sn^{2+}	1，2，3	3.3，6.0，7.3
		Tl^{3+}	1，2，3，4	6.17，11.28，15.10，18.3
		Zn^{2+}	1	1.5
3	乙酰丙酮 ($CH_3COCH_2CH_3$)	Al^{3+}(30℃)	1，2	8.6，15.5
		Cd^{2+}	1，2	3.84，6.66
		Co^{2+}	1，2	5.40，9.54
		Cr^{2+}	1，2	5.96，11.7
		Cu^{2+}	1，2	8.27，16.34
		Fe^{2+}	1，2	5.07，8.67
		Fe^{3+}	1，2，3	11.4，22.1，26.7
		Hg^{2+}	2	21.5
		Mg^{2+}	1，2	3.65，6.27
		Mn^{2+}	1，2	4.24，7.35
		Mn^{3+}	3	3.86
		Ni^{2+}(20℃)	1，2，3	6.06，10.77，13.09
		Pb^{2+}	2	6.32
		Pd^{2+}(30℃)	1，2	16.2，27.1
		Th^{4+}	1，2，3，4	8.8，16.2，22.5，26.7
		Ti^{3+}	1，2，3	10.43，18.82，24.90
		V^{2+}	1，2，3	5.4，10.2，14.7
		Zn^{2+}(30℃)	1，2	4.98，8.81
		Zr^{4+}	1，2，3，4	8.4，16.0，23.2，30.1
4	草酸 (HOOCCOOH)	Ag^{+}	1	2.41
		Al^{3+}	1，2，3	7.26，13.0，16.3
		Ba^{2+}	1	2.31
		Ca^{2+}	1	3.0
		Cd^{2+}	1，2	3.52，5.77
		Co^{2+}	1，2，3	4.79，6.7，9.7
		Cu^{2+}	1，2	6.23，10.27
		Fe^{2+}	1，2，3	2.9，4.52，5.22
		Fe^{3+}	1，2，3	9.4，16.2，20.2
		Hg^{2+}	1	9.66
		Hg_2^{2+}	2	6.98

续附录 7

序号	配位体	金属离子	配位体数目 n	$\lg\beta_n$
4	草酸 ($HOOCCOOH$)	Mg^{2+}	1，2	3.43，4.38
		Mn^{2+}	1，2	3.97，5.80
		Mn^{3+}	1，2，3	9.98，16.57，19.42
		Ni^{2+}	1，2，3	5.3，7.64，~8.5
		Pb^{2+}	1，2	4.91，6.76
		Sc^{3+}	1，2，3，4	6.86，11.31，14.32，16.70
		Th^{4+}	4	24.48
		Zn^{2+}	1，2，3	4.89，7.60，8.15
		Zr^{4+}	1，2，3，4	9.80，17.14，20.86，21.15
5	乳酸 ($CH_3CHOHCOOH$)	Ba^{2+}	1	0.64
		Ca^{2+}	1	1.42
		Cd^{2+}	1	1.70
		Co^{2+}	1	1.90
		Cu^{2+}	1，2	3.02，4.85
		Fe^{3+}	1	7.1
		Mg^{2+}	1	1.37
		Mn^{2+}	1	1.43
		Ni^{2+}	1	2.22
		Pb^{2+}	1，2	2.40，3.80
		Sc^{2+}	1	5.2
		Th^{4+}	1	5.5
		Zn^{2+}	1，2	2.20，3.75
6	水杨酸 ($C_6H_4(OH)COOH$)	Al^{3+}	1	14.11
		Cd^{2+}	1	5.55
		Co^{2+}	1，2	6.72，11.42
		Cr^{2+}	1，2	8.4，15.3
		Cu^{2+}	1，2	10.60，18.45
		Fe^{2+}	1，2	6.55，11.25
		Mn^{2+}	1，2	5.90，9.80
		Ni^{2+}	1，2	6.95，11.75
		Th^{4+}	1，2，3，4	4.25，7.60，10.05，11.60
		TiO^{2+}	1	6.09
		V^{2+}	1	6.3
		Zn^{2+}	1	6.85
7	磺基水杨酸 ($HO_3SC_6H_3(OH)COOH$)	Al^{3+}(0.1mol/L)	1，2，3	13.20，22.83，28.89
		Be^{2+}(0.1mol/L)	1，2	11.71，20.81

续附录7

序号	配位体	金属离子	配位体数目 n	$\lg\beta_n$
7	磺基水杨酸（$HO_3SC_6H_3(OH)COOH$）	Cd^{2+}(0.1mol/L)	1，2	16.68，29.08
		Co^{2+}(0.1mol/L)	1，2	6.13，9.82
		Cr^{3+}(0.1mol/L)	1	9.56
		Cu^{2+}(0.1mol/L)	1，2	9.52，16.45
		Fe^{2+}(0.1mol/L)	1，2	5.9，9.9
		Fe^{3+}(0.1mol/L)	1，2，3	14.64，25.18，32.12
		Mn^{2+}(0.1mol/L)	1，2	5.24，8.24
		Ni^{2+}(0.1mol/L)	1，2	6.42，10.24
		Zn^{2+}(0.1mol/L)	1，2	6.05，10.65
8	酒石酸（$(HOOCCHOH)_2$）	Ba^{2+}	2	1.62
		Bi^{3+}	3	8.30
		Ca^{2+}	1，2	2.98，9.01
		Cd^{2+}	1	2.8
		Co^{2+}	1	2.1
		Cu^{2+}	1，2，3，4	3.2，5.11，4.78，6.51
		Fe^{3+}	1	7.49
		Hg^{2+}	1	7.0
		Mg^{2+}	2	1.36
		Mn^{2+}	1	2.49
		Ni^{2+}	1	2.06
		Pb^{2+}	1，3	3.78，4.7
		Sn^{2+}	1	5.2
		Zn^{2+}	1，2	2.68，8.32
9	丁二酸（$HOOCCH_2CH_2COOH$）	Ba^{2+}	1	2.08
		Be^{2+}	1	3.08
		Ca^{2+}	1	2.0
		Cd^{2+}	1	2.2
		Co^{2+}	1	2.22
		Cu^{2+}	1	3.33
		Fe^{3+}	1	7.49
		Hg^{2+}	2	7.28
		Mg^{2+}	1	1.20
		Mn^{2+}	1	2.26
		Ni^{2+}	1	2.36
		Pb^{2+}	1	2.8
		Zn^{2+}	1	1.6

续附录 7

序号	配 位 体	金属离子	配位体数目 n	$\lg\beta_n$
10	硫脲 ($H_2NC(=S)NH_2$)	Ag^+	1，2	7.4，13.1
		Bi^{3+}	6	11.9
		Cd^{2+}	1，2，3，4	0.6，1.6，2.6，4.6
		Cu^+	3，4	13.0，15.4
		Hg^{2+}	2，3，4	22.1，24.7，26.8
		Pb^{2+}	1，2，3，4	1.4，3.1，4.7，8.3
11	乙二胺 ($H_2NCH_2CH_2NH_2$)	Ag^+	1，2	4.70，7.70
		Cd^{2+}(20℃)	1，2，3	5.47，10.09，12.09
		Co^{2+}	1，2，3	5.91，10.64，13.94
		Co^{3+}	1，2，3	18.7，34.9，48.69
		Cr^{2+}	1，2	5.15，9.19
		Cu^+	2	10.8
		Cu^{2+}	1，2，3	10.67，20.0，21.0
		Fe^{2+}	1，2，3	4.34，7.65，9.70
		Hg^{2+}	1，2	14.3，23.3
		Mg^{2+}	1	0.37
		Mn^{2+}	1，2，3	2.73，4.79，5.67
		Ni^{2+}	1，2，3	7.52，13.84，18.33
		Pd^{2+}	2	26.90
		V^{2+}	1，2	4.6，7.5
		Zn^{2+}	1，2，3	5.77，10.83，14.11
12	吡啶 (C_5H_5N)	Ag^+	1，2	1.97，4.35
		Cd^{2+}	1，2，3，4	1.40，1.95，2.27，2.50
		Co^{2+}	1，2	1.14，1.54
		Cu^{2+}	1，2，3，4	2.59，4.33，5.93，6.54
		Fe^{2+}	1	0.71
		Hg^{2+}	1，2，3	5.1，10.0，10.4
		Mn^{2+}	1，2，3，4	1.92，2.77，3.37，3.50
		Zn^{2+}	1，2，3，4	1.41，1.11，1.61，1.93
13	甘氨酸 (H_2NCH_2COOH)	Ag^+	1，2	3.41，6.89
		Ba^{2+}	1	0.77
		Ca^{2+}	1	1.38
		Cd^{2+}	1，2	4.74，8.60
		Co^{2+}	1，2，3	5.23，9.25，10.76
		Cu^{2+}	1，2，3	8.60，15.54，16.27
		Fe^{2+}(20℃)	1，2	4.3，7.8

续附录 7

序号	配　位　体	金属离子	配位体数目 n	$\lg\beta_n$
13	甘氨酸 (H_2NCH_2COOH)	Hg^{2+}	1，2	10.3，19.2
		Mg^{2+}	1，2	3.44，6.46
		Mn^{2+}	1，2	3.6，6.6
		Ni^{2+}	1，2，3	6.18，11.14，15.0
		Pb^{2+}	1，2	5.47，8.92
		Pd^{2+}	1，2	9.12，17.55
		Zn^{2+}	1，2	5.52，9.96
14	2-甲基-8-羟基喹啉 (50%二噁烷)	Cd^{2+}	1，2，3	9.00，9.00，16.60
		Ce^{3+}	1	7.71
		Co^{2+}	1，2	9.63，18.50
		Cu^{2+}	1，2	12.48，24.00
		Fe^{2+}	1，2	8.75，17.10
		Mg^{2+}	1，2	5.24，9.64
		Mn^{2+}	1，2	7.44，13.99
		Ni^{2+}	1，2	9.41，17.76
		Pb^{2+}	1，2	10.30，18.50
		UO_2^{2+}	1，2	9.4，17.0
		Zn^{2+}	1，2	9.82，18.72

附录 8　标准电极电位表（18~25℃）

半　　反　　应	$\varphi^{\ominus}$/V
F_2(气)$+2H^+ +2e$ ══ $2HF$	3.06
$O_3+4H^+ +4e$ ══ O_2+2H_2O	2.07
$S_2O_8^{2-}+2e$ ══ $2SO_4^{2-}$	2.01
$H_2O_2+2H^+ +2e$ ══ $2H_2O$	1.77
$MnO_4^-+4H^+ +3e$ ══ MnO_2(固)$+2H_2O$	1.695
PbO_2(固)$+SO_4^{2-}+4H^+ +2e$ ══ $PbSO_4$(固)$+2H_2O$	1.685
$HClO_2+2H^+ +2e$ ══ $HClO+H_2O$	1.64
$HClO+H^+ +e$ ══ $1/2Cl_2+H_2O$	1.63
$Ce^{4+}+e$ ══ Ce^{3+}	1.61
$H_5IO_6+H^+ +2e$ ══ $IO_3^-+3H_2O$	1.6
$HBrO+H^+ +e$ ══ $1/2Br_2+H_2O$	1.59
$BrO_3^-+6H^+ +5e$ ══ $1/2Br_2+3H_2O$	1.52
$MnO_4^-+8H^+ +5e$ ══ $Mn^{2+}+4H_2O$	1.51
Au(Ⅲ)$+3e$ ══ Au	1.5
$HClO+H^+ +2e$ ══ $Cl^- +H_2O$	1.49

续附录 8

半　反　应	$\varphi^{\ominus}$/V
$ClO_3^- + 6H^+ + 5e = 1/2Cl_2 + 3H_2O$	1.47
PbO_2(固)$ + 4H^+ + 2e = Pb^{2+} + 2H_2O$	1.455
$HIO + H^+ + e = 1/2I_2 + H_2O$	1.45
$ClO_3^- + 6H^+ + 6e = Cl^- + 3H_2O$	1.45
$BrO_3^- + 6H^+ + 6e = Br^- + 3H_2O$	1.44
Au(Ⅲ)+2e ═ Au(Ⅰ)	1.41
Cl_2(气)$ + 2e = 2Cl$	1.3595
$ClO_4^- + 8H^+ + 7e = 1/2Cl_2 + 4H_2O$	1.34
$Cr_2O_7^{2-} + 14H^+ + 6e = 2Cr^{3+} + 7H_2O$	1.33
MnO_2(固)$ + 4H^+ + 2e = Mn^{2+} + 2H_2O$	1.23
O_2(气)$ + 4H^+ + 4e = 2H_2O$	1.229
$IO_3^- + 6H^+ + 5e = 1/2I_2 + 3H_2O$	1.2
$ClO_4^- + 2H^+ + 2e = ClO_3^- + H_2O$	1.19
Br_2(水)$ + 2e = 2Br^-$	1.087
$NO_2 + H^+ + e = HNO_2$	1.07
$Br_3^- + 2e = 3Br^-$	1.05
$HNO_2 + H^+ + e = NO$(气)$ + H_2O$	1
$VO_2^+ + 2H^+ + e = VO^{2+} + H_2O$	1
$HIO + H^+ + 2e = I^- + H_2O$	0.99
$NO_3^- + 3H^+ + 2e = HNO_2 + H_2O$	0.94
$ClO^- + H_2O + 2e = Cl^- + 2OH^-$	0.89
$H_2O_2 + 2e = 2OH^-$	0.88
$Cu^{2+} + I^- + e = CuI$(固)	0.86
$Hg^{2+} + 2e = Hg$	0.845
$NO_3^- + 2H^+ + e = NO_2 + H_2O$	0.8
$Ag^+ + e = Ag$	0.7995
$Hg_2^{2+} + 2e = 2Hg$	0.793
$Fe^{3+} + e = Fe^{2+}$	0.771
$BrO^- + H_2O + 2e = Br^- + 2OH^-$	0.76
O_2(气)$ + 2H^+ + 2e = H_2O_2$	0.682
$AsO_2^- + 2H_2O + 3e = As + 4OH^-$	0.68
$2HgCl_2 + 2e = Hg_2Cl_2$(固)$ + 2Cl^-$	0.63
Hg_2SO_4(固)$ + 2e = 2Hg + SO_4^{2-}$	0.6151
$MnO_4^- + 2H_2O + 3e = MnO_2$(固)$ + 4OH^-$	0.588
$MnO_4^- + e = MnO_4^{2-}$	0.564
$H_3AsO_4 + 2H^+ + 2e = HAsO_2 + 2H_2O$	0.559

续附录8

半　反　应	$\varphi^{\ominus}$/V
$I_3^- + 2e = 3I^-$	0.545
I_2(固)$+2e = 2I^-$	0.5345
Mo(Ⅵ)+e = Mo(Ⅴ)	0.53
$Cu^+ + e = Cu$	0.52
$4SO_2$(水)$+4H^+ + 6e = S_4O_6^{2-} + 2H_2O$	0.51
$HgCl_4^{2-} + 2e = Hg + 4Cl^-$	0.48
$2SO_2$(水)$+2H^+ + 4e = S_2O_3^{2-} + H_2O$	0.4
$Fe(CN)_6^{3-} + e = Fe(CN)_6^{4-}$	0.36
$Cu^{2} + 2e = Cu$	0.337
$VO^{2+} + 2H^+ + e = V^{3+} + H_2O$	0.337
$BiO + 2H^+ + 3e = Bi + H_2O$	0.32
Hg_2Cl_2(固)$+2e = 2Hg + 2Cl^-$	0.2676
$HAsO_2 + 3H^+ + 3e = As + 2H_2O$	0.248
AgCl(固)$+e = Ag + Cl^-$	0.2223
$SbO^+ + 2H^+ + 3e = Sb + H_2O$	0.212
$SO_4^{2-} + 4H^+ + 2e = SO_2$(水)$+2H_2O$	0.17
$Cu^{2+} + e = Cu^+$	0.159
$Sn^{4+} + 2e = Sn^{2+}$	0.154
$S + 2H^+ + 2e = H_2S$(气)	0.141
$Hg_2Br_2 + 2e = 2Hg + 2Br^-$	0.1395
$TiO^{2+} + 2H^+ + e = Ti^{3+} + H_2O$	0.1
$S_4O_6^{2-} + 2e = 2S_2O_3^{2-}$	0.08
AgBr(固)$+e = Ag + Br^-$	0.071
$2H^+ + 2e = H_2$	0
$O_2 + H_2O + 2e = HO_2^- + OH^-$	−0.067
$TiOCl^+ + 2H^+ + 3Cl^- + e = TiCl_4^- + H_2O$	−0.09
$Pb^{2+} + 2e = Pb$	−0.126
$Sn^{2+} + 2e = Sn$	−0.136
AgI(固)$+e = Ag + I^-$	−0.152
$Ni^{2+} + 2e = Ni$	−0.246
$H_3PO_4 + 2H^+ + 2e = H_3PO_3 + H_2O$	−0.276
$Co^{2+} + 2e = Co$	−0.277
$Tl^+ + e = Tl$	−0.336
$In^{3+} + 3e = In$	−0.345
$PbSO_4$(固)$+2e = Pb + SO_4^{2-}$	−0.3553
$SeO_3^{2-} + 3H_2O + 4e = Se + 6OH^-$	−0.366

续附录 8

半　　反　　应	$\varphi^{\ominus}$/V
$As+3H^{+}+3e = AsH_3$	-0.38
$Se+2H^{+}+2e = H_2Se$	-0.4
$Cd^{2+}+2e = Cd$	-0.403
$Cr^{3+}+e = Cr^{2+}$	-0.41
$Fe^{2+}+2e = Fe$	-0.44
$S+2e = S^{2-}$	-0.48
$2CO_2+2H^{+}+2e = H_2C_2O_4$	-0.49
$H_3PO_3+2H^{+}+2e = H_3PO_2+H_2O$	-0.5
$Sb+3H^{+}+3e = SbH_3$	-0.51
$HPbO_2^{-}+H_2O+2e = Pb+3OH^{-}$	-0.54
$Ga^{3+}+3e = Ga$	-0.56
$TeO_3^{2-}+3H_2O+4e = Te+6OH^{-}$	-0.57
$2SO_3^{2-}+3H_2O+4e = S_2O_3^{2-}+6OH^{-}$	-0.58
$SO_3^{2-}+3H_2O+4e = S+6OH^{-}$	-0.66
$AsO_4^{3-}+2H_2O+2e = AsO_2^{-}+4OH^{-}$	-0.67
Ag_2S(固)$+2e = 2Ag+S^{2-}$	-0.69
$Zn^{2+}+2e = Zn$	-0.763
$2H_2O+2e = H_2+2OH^{-}$	-8.28
$Cr^{2+}+2e = Cr$	-0.91
$HSnO_2^{+}+H_2O+2e = Sn^{-}+3OH^{-}$	-0.91
$Se+2e = Se^{2-}$	-0.92
$Sn(OH)_6^{2-}+2e = HSnO_2^{-}+H_2O+3OH^{-}$	-0.93
$CNO^{-}+H_2O+2e = CN^{-}+2OH^{-}$	-0.97
$Mn^{2+}+2e = Mn$	-1.182
$ZnO_2^{2-}+2H_2O+2e = Zn+4OH^{-}$	-1.216
$Al^{3+}+3e = Al$	-1.66
$H_2AlO_3^{-}+H_2O+3e = Al+4OH^{-}$	-2.35
$Mg^{2+}+2e = Mg$	-2.37
$Na^{+}+e = Na$	-2.714
$Ca^{2+}+2e = Ca$	-2.87
$Sr^{2+}+2e = Sr$	-2.89
$Ba^{2+}+2e = Ba$	-2.9
$K^{+}+e = K$	-2.925
$Li^{+}+e = Li$	-3.042

附录9　某些氧化还原电对的条件电位 $\varphi'^{\ominus}$

半反应	$\varphi'^{\ominus}$/V	介质
$Ag(II)+e \rightleftharpoons Ag^+$	1.927	4mol/L HNO_3
$Ce(IV)+e \rightleftharpoons Ce(III)$	1.74	1mol/L $HClO_4$
	1.44	0.5mol/L H_2SO_4
	1.28	1mol/L HCl
$Co^{3+}+e \rightleftharpoons Co^{2+}$	1.84	3mol/L HNO_3
$Co(乙二胺)_3^{3+}+e \rightleftharpoons Co(乙二胺)_3^{2+}$	-0.2	0.1mol/L KNO_3+0.1mol/L 乙二胺
$Cr(III)+e \rightleftharpoons Cr(II)$	-0.40	5mol/L HCl
$Cr_2O_7^{2-}+14H^++6e \rightleftharpoons 2Cr^{3+}+7H_2O$	1.08	3mol/L HCl
	1.15	4mol/L H_2SO_4
	1.025	1mol/L $HClO_4$
$CrO_4^{2-}+2H_2O+3e \rightleftharpoons CrO_2^-+4OH^-$	-0.12	1mol/L NaOH
$Fe(III)+e \rightleftharpoons Fe^{2+}$	0.767	1mol/L $HClO_4$
	0.71	0.5mol/L HCl
	0.68	1mol/L H_2SO_4
	0.68	1mol/L HCl
	0.46	2mol/L H_3PO_4
	0.51	1mol/L HCl - 0.25mol/L H_3PO_4
$Fe(EDTA)^-+e \rightleftharpoons Fe(EDTA)^{2-}$	0.12	0.1mol/L EDTA　pH=4~6
$Fe(CN)_6^{3-}+e \rightleftharpoons Fe(CN)_6^{4-}$	0.56	0.1mol/L HCl
$FeO_4^{2-}+2H_2O+3e \rightleftharpoons FeO_2^-+4OH^-$	0.55	10mol/L NaOH
$I_3^-+2e \rightleftharpoons 3I^-$	0.5446	0.5mol/L H_2SO_4
$I_2(水)+2e \rightleftharpoons 2I^-$	0.6276	0.5mol/L H_2SO_4
$MnO_4^-+8H^++5e \rightleftharpoons Mn^{2+}+4H_2O$	1.45	1mol/L $HClO_4$
$SnCl_6^{2-}+2e \rightleftharpoons SnCl_4^{2-}+2Cl^-$	0.14	1mol/L HCl
$Sb(V)+2e \rightleftharpoons Sb(III)$	0.75	3.5mol/L HCl
$Sb(OH)_6^-+2e \rightleftharpoons SbO_2^-+2OH^-+2H_2O$	-0.428	3mol/L NaOH
$SbO_2^-+2H_2O+3e \rightleftharpoons Sb+4OH^-$	-0.675	10mol/L KOH
$Ti(IV)+e \rightleftharpoons Ti(III)$	-0.01	0.2mol/L H_2SO_4
	0.12	2mol/L H_2SO_4
	-0.04	1mol/L HCl
	-0.05	1mol/L H_3PO_4
$Pb(II)+2e \rightleftharpoons Pb$	-0.32	1mol/L NaAc

附录 10　微溶化合物的溶度积（18~25℃，$I=0$）

微溶化合物	K_{sp}	pK_{sp}	微溶化合物	K_{sp}	pK_{sp}
Ag_3AsO_4	1.0×10^{-22}	22.0	$Ca_3(PO_4)_2$	2.0×10^{-29}	28.70
AgBr	5.0×10^{-13}	12.30	$CaSO_4$	9.1×10^{-6}	5.04
Ag_2CO_3	8.1×10^{-12}	11.09	$CaWO_4$	8.7×10^{-9}	8.06
AgCl	1.8×10^{-10}	9.75	$CdCO_3$	5.2×10^{-12}	11.28
Ag_2CrO_4	2.0×10^{-12}	11.71	$Cd_2[Fe(CN)_6]$	3.2×10^{-17}	16.49
AgCN	1.2×10^{-16}	15.92	$Cd(OH)_2$新析出	2.5×10^{-14}	13.60
AgOH	2.0×10^{-8}	7.71	$CdC_2O_4\cdot3H_2O$	9.1×10^{-8}	7.04
AgI	9.3×10^{-17}	16.03	CdS	8.0×10^{-27}	26.1
$Ag_2C_2O_4$	3.5×10^{-11}	10.46	$CoCO_3$	1.4×10^{-13}	12.84
Ag_3PO_4	1.4×10^{-16}	15.84	$Co_2[Fe(CN)_6]$	1.8×10^{-15}	14.74
Ag_2SO_4	1.4×10^{-5}	4.48	$Co(OH)_2$新析出	2.0×10^{-15}	14.7
Ag_2S	2.0×10^{-49}	48.7	$Co(OH)_3$	2.0×10^{-44}	43.7
AgSCN	1.0×10^{-12}	12.00	$Co[Hg(SCN)_4]$	1.5×10^{-3}	5.82
$Al(OH)_3$无定形	1.3×10^{-33}	32.9	α-CoS	4.0×10^{-21}	20.4
As_2S_3	2.1×10^{-22}	21.68	β-CoS	2.0×10^{-25}	24.7
$BaCO_3$	5.1×10^{-9}	8.29	$Co_3(PO_4)_2$	2.0×10^{-35}	34.7
$BaCrO_4$	1.2×10^{-10}	9.93	$Cr(OH)_3$	6×10^{-31}	30.2
BaF_2	1.0×10^{-6}	6.0	CuBr	5.2×10^{-9}	8.28
$BaC_2O_4\cdot H_2O$	2.3×10^{-8}	7.64	CuCl	1.2×10^{-8}	5.92
$BaSO_4$	1.1×10^{-10}	9.96	CuCN	3.2×10^{-20}	19.49
$Bi(OH)_3$	4.0×10^{-31}	30.4	CuI	1.1×10^{-12}	11.96
BiOOH	4.0×10^{-10}	9.4	CuOH	1.0×10^{-14}	14.0
BiI_3	8.1×10^{-19}	18.09	Cu_2S	2.0×10^{-48}	47.7
BiOCl	1.8×10^{-31}	30.75	CuSCN	4.8×10^{-15}	14.32
$BiPO_4$	1.3×10^{-23}	22.89	$CuCO_3$	1.4×10^{-10}	9.86
Bi_2S_3	1.0×10^{-97}	97.0	$Cu(OH)_2$	2.2×10^{-20}	19.66
$CaCO_3$	2.9×10^{-9}	8.54	CuS	6.0×10^{-36}	35.2
CaF_2	2.7×10^{-11}	10.57	$FeCO_3$	3.2×10^{-11}	10.50
$CaC_2O_4\cdot H_2O$	2.0×10^{-9}	8.70	$Fe(OH)_2$	8.0×10^{-16}	15.1
PbClF	2.4×10^{-9}	8.62	FeS	6×10^{-15}	17.2
$PbCrO_4$	2.8×10^{-13}	12.55	$Fe(OH)_3$	4.0×10^{-38}	37.4
PbF_2	2.7×10^{-8}	7.57	$FePO_4$	1.3×10^{-22}	21.89
$Pb(OH)_2$	1.2×10^{-15}	14.93	Hg_2Br_2	5.8×10^{-23}	22.24
PbI_2	7.1×10^{-9}	8.15	Hg_2CO_3	8.9×10^{-17}	16.05
$PbMoO_4$	1.0×10^{-13}	13.0	Hg_2Cl_2	1.3×10^{-18}	17.88
$Pb_3(PO_4)_2$	8.0×10^{-43}	42.10	$Hg_2(OH)_2$	2.0×10^{-24}	23.7

续附录 10

微溶化合物	K_{sp}	pK_{sp}	微溶化合物	K_{sp}	pK_{sp}
$PbSO_4$	1.6×10^{-8}	7.79	Hg_2I_2	4.5×10^{-29}	28.35
PbS	8.0×10^{-28}	27.9	Hg_2SO_4	7.4×10^{-7}	6.13
$Pb(OH)_4$	3.0×10^{-66}	65.5	Hg_2S	1.0×10^{-47}	47.0
$Sb(OH)_3$	4.0×10^{-42}	41.4	$Hg(OH)_2$	3.0×10^{-26}	25.52
Sb_2S_3	2.0×10^{-93}	92.8	HgS(红色)	4.0×10^{-53}	52.4
$Sn(OH)_2$	1.4×10^{-28}	27.85	HgS(黑色)	2.0×10^{-52}	51.7
SnS	1.0×10^{-25}	25.0	$MgNH_4PO_4$	2.0×10^{-13}	12.7
$Sn(OH)_4$	1.0×10^{-56}	56.0	$MgCO_3$	3.5×10^{-8}	7.46
SnS_2	2.0×10^{-27}	26.7	MgF_2	6.4×10^{-9}	8.19
$SrCO_3$	1.1×10^{-10}	9.96	$Mg(OH)_2$	1.8×10^{-11}	10.74
$SrCrO_4$	2.2×10^{-5}	4.65	$MgCO_3$	1.8×10^{-11}	10.74
SrF_2	2.4×10^{-9}	8.61	$Mn(OH)_2$	1.9×10^{-13}	12.72
$SrC_2O_4\cdot H_2O$	1.6×10^{-7}	6.80	MnS 无定形	2.0×10^{-10}	9.7
$Sr_3(PO_4)_2$	4.1×10^{-28}	27.39	MnS 晶形	2.0×10^{-13}	12.7
$SrSO_4$	3.2×10^{-7}	6.49	$NiCO_3$	6.6×10^{-9}	8.18
$Ti(OH)_3$	1.0×10^{-40}	40.0	$Ni(OH)_2$新析出	2.0×10^{-15}	14.7
$TiO(OH)_2$	1.0×10^{-29}	29.0	$Ni_3(PO_4)_2$	5.0×10^{-31}	30.3
$ZnCO_3$	1.4×10^{-11}	10.84	α-NiS	3.0×10^{-19}	18.5
$Zn_2[Fe(CN)_3]$	4.1×10^{-16}	15.39	β-NiS	1.0×10^{-24}	24.0
$Zn(OH)_2$	1.2×10^{-17}	16.92	γ-NiS	2.0×10^{-36}	25.7
$Zn_3(PO_4)_2$	9.1×10^{-33}	32.04	$PbCO_3$	7.4×10^{-14}	13.13
ZnS	2.0×10^{-22}	21.7	$PbCl_2$	1.6×10^{-5}	4.79

参 考 文 献

[1] 祁新萍，李永霞. 化工产品分析与检测［M］. 北京：化学工业出版社，2018.

[2] 董艳杰，陈亚东. 化工产品检验［M］. 北京：高等教育出版社，2013.

[3] 周洪燕. 冶金工业分析［M］. 北京：化学工业出版社，2011.

[4] 杨小林. 分析检验的质量保证与计量认证［M］. 北京：化学工业出版社，2018.

[5] 张荣. 计量与标准化基础知识［M］. 北京：化学工业出版社，2011.

[6] 吴明珠，曹子英. 分析化学及实验［M］. 北京：科学出版社，2016.

[7] 江洪文，曹子英. 化验室组织与管理［M］. 北京：化学工业出版社，2013.

[8] 周霞，柳滢春，杨懋勋. 化学检验工培训教材（中级、高级）［M］. 武汉：华中科技大学出版社，2011.

[9] 李淑荣. 化学检验工（中级）［M］. 北京：化学工业出版社，2008.

[10] 季剑波. 化学检验工考级实用书册［M］. 北京：化学工业出版社，2011.